国家社科基金青年项目阶段性成果（项目批准号：13CGJ012）
对外经济贸易大学校级科研课题研究成果（项目批准号：12YBGJWT01）
北京高等学校“青年英才计划”资助（项目编号：YETP0915）

阿尔及利亚柏柏尔主义研究

A STUDY ON BERBERISM IN ALGERIA

黄慧/著

社会科学文献出版社
SOCIAL SCIENCES ACADEMIC PRESS (CHINA)

序　言

我参加了黄慧的博士论文答辩，在她的论文印书之际，她希望我为之写个序言。对阿尔及利亚这个国家我还是有所了解的，上世纪五十年代我在埃及学习时，就知道一些中国同阿临时政府接触的事，后来在工作中同阿方的往来更多，为恢复中国在联合国的合法席位，“两阿提案”国人尽知，说明双方关系好。但是，说实话，对阿柏柏尔人问题没什么研究，因为参加了答辩，只有答应，写个短文作序，哪怕很肤浅。

阿尔及利亚是一个多民族的国家，柏柏尔人是最大的少数族群，其人口占全阿总人口的 20%。关于这个民族有以下几点有必要提一下：

第一，这是一个古老的民族，曾在公元前建立过自己的王国。

第二，当阿尔及利亚人民于 1954 年开展反法国殖民主义的武装斗争时，就是在阿东部柏柏尔人聚居区奥雷斯山区开的第一枪，得到了柏柏尔人的支持，他们是反殖民主义统治的，并在斗争中做出了积极贡献。

第三，阿独立后，政府推行阿拉伯化，阿拉伯民族同柏柏尔人产生了矛盾，柏柏尔人为维护自己的文化传统和政治上的平等地位同政府进行了斗争，有时甚至以激烈的形式出现。最终阿尔及利亚议会于 2002 年确定柏柏尔语及阿拉伯语同为阿民族语言，柏柏尔人的政党也获得合法地位。

第四，柏柏尔人是反对政教合一的。在近五年阿拉伯世界出现的动荡中，世俗派和宗教势力的较量几乎在各国都有发生。阿尔及利亚的柏柏尔人主张建立世俗国家，是和阿军队的立场一致的，这也是在中东动荡中，阿国内局势基本保持稳定的一个主要原因。

对黄慧的这本著述，在参加论文答辩时我有一个发言，现把它引录如下，作为对本书的扼要评述。

阿尔及利亚问题我比较熟悉。柏柏尔人研究是阿尔及利亚研究的一个新颖的角度，国内鲜有文献谈及柏柏尔问题。黄慧的论文选题得当，不落俗套，是研究北非问题的一篇非常有价值的论文。

研究柏柏尔问题有现实意义。其一，民族问题是各个国家都面临的较难解决的一个问题，处理不当容易造成严重的政治问题。其二，柏柏尔问题关系到阿尔及利亚的发展和安全稳定。其三，族群之间的关系影响地区的稳定和周边国家。柏柏尔问题由来已久，对北非的影响巨大，与此相似的库尔德问题，也是跨国界的，处理得当有利于地区稳定。比较土耳其当局对库尔德人的态度，我们可以发现，阿尔及利亚当局对待柏柏尔人的态度更积极一些。因此，研究柏柏尔问题对处理整个中东地区的民族问题都具有重要的借鉴意义。伊拉克、土耳其乃至伊朗都可以借鉴。

全文紧扣三个认同，即族群认同、宗教认同、国家认同，具有很强的可读性和知识性。族群认同林林总总；宗教认同徘徊不定，来回游走；国家认同基本实现但诉求不断。结论是三项认同基本完成，但矛盾不时出现，这样的结论符合实际情况。

一个国家的民族问题取决于三个方面。一是主体民族对少数民族的政策。主体民族的政策对于解决民族问题还是起主要作用的，阿拉伯主体民族对柏柏尔人的政策相对宽容，因此双方之间的矛盾在缩小。二是少数民族的要求是否得当、合理。现在来看，阿尔及利亚柏柏尔人的要求相对合理，并不过分。三是外界的干预程度。特别是现在的国际政治情况，有外界力量刻意将民族问题复杂化，而阿尔及利亚的柏柏尔问题相对来说受到的外界干预、破坏较少。由此三方面分析，当前阿尔及利亚的柏柏尔问题并不是特别尖锐。

柏柏尔主义运动的发展有新的动向，但还没有成为主流。卡比利亚地区出现了分裂倾向。分离行动之所以没有起色，主要原因在于柏柏尔主义运动在力量方面不够强大，分离不得人心，也不会有更多起色。在2012年的议会选举中，柏柏尔主义社会主义力量阵线获得462个议席中的27席，反映出整个阿尔及利亚人心思定。

从当前看，柏柏尔主义主要是语言和文化上的诉求，是否就此而止？对柏柏尔主义运动发展的估计，要看国家未来的发展状况，是否具有向心力。国家的稳定和发展对少数民族的诉求具有影响。同时，也取决于柏柏尔人本民族的情况。

另外，军队、军人在社会中起着非常重要的作用，这在中东地区很多国家中都有体现。在阿尔及利亚的历史中，军人的作用不容忽视。从埃及、巴林等国也可以看到军人在政治和国家事务中的作用。黄慧的论文对阿尔及利亚的历史、社会等方面都有涉及，也可以考虑进一步阐述军人在国家政治和社会中扮演的角色。

总之，以前我没有看过关于柏柏尔人的专门论述，读了黄慧的论文，感觉论述非常详尽、系统，文字通畅，紧扣主题，是一篇好的、有价值的论文，是未来研究很好的参考资料。

仅以上文，作为序言，同时对黄慧的著述出版表示祝贺。

杨福昌

2015年7月1日

目　录

导 论

一 选题意义

柏柏尔人是北非的土著居民和主要少数族群，广泛分布在东起埃及西瓦绿洲、西至大西洋，北起地中海、南到尼日尔河流域的区域。他们主要集中在阿尔及利亚和摩洛哥两国，零星分布在埃及、突尼斯和利比亚。另有图阿雷格人分布在阿尔及利亚南部至马里、尼日尔的沙漠之中。

阿尔及利亚柏柏尔人约占阿尔及利亚总人口的15%，[①] 其中绝大多数是聚居在东北部卡比利亚（Kabylia）地区 [②] 的卡比尔人（Kabyles），[③] 他们是柏柏尔主义的主要主张者。根据美国中央情报局的统计数据，2012 年阿尔及利亚人口为

① 阿尔及利亚政府在 1966 年取消了人口普查中柏柏尔人与阿拉伯人的分类，因此无法从阿尔及利亚官方人口普查数据中获得柏柏尔人的准确数量。本文中 15% 的数据是根据美国中央情报局的调查数据，参见 CIA, "The World Factbook: Algeria," https://www.cia.gov/library/publications/the-world-factbook/geos/ag.html, 2012-03-11。联合国难民署估计柏柏尔人占阿尔及利亚人口的 20%~30%，参见 UNHCR, "World Directory of Minorities and Indigenous Peoples," http://www.unhcr.org/refworld/country,COUNTRYPROF, DZA, 4954ce2fc, 0.html, 2012-03-11。

② 今阿尔及利亚东北部山区，毗邻阿尔及尔，分为大、小卡比利亚。从贝贾亚到阿尔及尔的山区，称为"大卡比利亚"，贝贾亚和君士坦丁之间的山区，称为"小卡比利亚"。

③ 阿尔及利亚的柏柏尔人主要有四支：卡比利亚（Kabylia）地区的卡比尔人（Kabyle）、奥雷斯（Aures）地区的沙维亚人（Shawiya）、盖尔达耶（Ghardaia）附近的穆扎比人（Mozabite）和阿哈加尔沙漠（Ahajar）地区的图阿雷格人（Tuareg）。

3540.6303 万。[①] 综合上述两个数据，阿尔及利亚柏柏尔人口约为 530 万。

阿尔及利亚的柏柏尔主义（Berberism）是以柏柏尔认同为基础，以维护柏柏尔人在阿尔及利亚的政治、文化、社会及经济权利为目标而产生的一种思潮，并表现为柏柏尔人为此目的而发起的政治、文化和社会运动，即柏柏尔主义运动。

柏柏尔认同包括族群认同、穆斯林认同和阿尔及利亚认同三个方面。其中穆斯林认同和阿尔及利亚认同有助于维护阿尔及利亚民族国家认同，族群认同则有可能削弱阿尔及利亚民族国家认同。

在阿尔及利亚独立后，阿尔及利亚阿拉伯民族主义者取得胜利，阿尔及利亚被定义为阿拉伯伊斯兰国家，柏柏尔人的政治和文化权利受到压制，这激化了柏柏尔认同与阿尔及利亚民族国家认同之间的矛盾，柏柏尔主义由此兴起。但是由于穆斯林认同和阿尔及利亚认同的存在，柏柏尔主义在很长一段时期内并未突破阿尔及利亚民族国家的框架。

2001 年"黑色春天"事件发生后，柏柏尔主义运动出现了三种取向："柏柏尔主义阿尔及利亚祖国派"、"柏柏尔主义卡比利亚地方派"和"国际柏柏尔主义"。后两派分别主张卡比利亚地区自治和全球柏柏尔人建立共同体，柏柏尔主义运动由此出现了突破阿尔及利亚民族国家框架的苗头。2010 年底中东变局发生以来，利比亚、突尼斯的柏柏尔人问题凸现。利比亚柏柏尔部落参与推翻卡扎菲政权，并要求新政权承认其作为少数族群的文化权利；突尼斯柏柏尔人建立文化组织，呼吁重视突尼斯的柏柏尔属性。事实证明，随着地区、国际形势的变化，柏柏尔主义运动的政治化程度加深，波及范围扩大，已成为影响北非局势不可忽略的一个因素。尽管如此，柏柏尔主义运动兴起以来，阿尔及利亚政府采取了适当的措施，某种程度上满足了柏柏尔主义的诉求，缓和了柏柏尔认同与阿尔及利亚民族国家认同之间的紧张关系。

深入研究阿尔及利亚的柏柏尔主义具有重要的现实意义和学术价值。

首先，该问题的研究有助于理解西亚北非地区族群关系。西亚北非地区的

---

① "The World Factbook: Algeria," CIA, https://www.cia.gov/library/publications/the-world-factbook/geos/ag.html, 2012-03-11.

主体族群是阿拉伯人，阿拉伯伊斯兰文化在该地区占主要地位。但该地区同样生活着其他非阿拉伯穆斯林族群，它们与主体族群阿拉伯人之间的关系是影响西亚北非地区民族国家稳定的重要因素。柏柏尔人是非阿拉伯穆斯林族群的一个代表，阿尔及利亚柏柏尔主义是该地区其他国家少数族群问题的缩影。研究柏柏尔认同构建的过程，并在此基础上研究阿尔及利亚柏柏尔主义运动兴起和发展的脉络，有助于发现西亚北非地区族群关系发展的历史规律，把握族群关系的发展趋势。

其次，该问题的研究有助于把握阿尔及利亚政治局势。阿尔及利亚独立以来，柏柏尔主义运动已成为影响阿尔及利亚政治稳定不可忽视的一个因素。从独立以来的反政府文化运动，到1980年的“柏柏尔之春”事件和2001年的“黑色春天”事件，以至最近十年以来的卡比利亚柏柏尔人自治运动，柏柏尔主义运动长期挑战着阿尔及利亚的国家安定与民族团结。阿尔及利亚开启民主化进程以来，社会主义力量阵线和争取文化与民主联盟两个柏柏尔主义政党成为主要反对派，柏柏尔政党政治发展起来。2010年底中东变局发生以来，争取文化与民主联盟组织了多次要求推进民主化进程的群众示威活动。两个柏柏尔主义政党对于布特弗利卡提出的改革方案持怀疑态度，批评政治改革不过是拖延时间的一种手段。能否处理好与两个柏柏尔主义政党及其背后的柏柏尔人之间的关系是未来阿尔及利亚政治改革无法回避的问题之一。

最后，该问题的研究有助于深化我国学术界关于阿尔及利亚的国别研究和阿拉伯世界的少数族群问题研究。我国学术界关于阿尔及利亚的国别研究尚处于起步阶段。1958年世界知识出版社出版了《阿尔及利亚人民的民族解放斗争》，这本著作研究了当时阿尔及利亚民族解放战争的状况。1965年中国青年出版社出版了《阿尔及利亚》，这是一本概况介绍性质的著作，描述了阿尔及利亚的自然条件、风土人情。最近一部有关阿尔及利亚的专著是中国社会科学院西亚非洲研究所赵慧杰副研究员编著、2006年社会科学文献出版社出版的《列国志·阿尔及利亚》。这本著作涉及面较广泛，包含阿尔及利亚的历史、政治、经济、军事、科教文卫、外交等各个方面，为后来的研究者提供了广阔的空间，有利于从各个不同的领域对阿尔及利亚进行深入研究。阿拉伯世界的少数族群问题也是一个较新的课题。国内对于柏柏尔人这个北非地区最主要的少数族群的研究尚处于起步阶段。

二 文献综述

我国学术界目前尚无研究阿尔及利亚柏柏尔主义的专著，但对西亚北非地区少数族群，北非历史、政治问题的研究已进行较长时间，成果较丰硕。关于西亚北非少数族群的研究可分两类：一类为总论性研究，这类研究全面分析了阿拉伯世界少数族群与民族国家之间冲突的总体特征、主要类型；一类为个案研究，比较突出的是关于库尔德人的研究。在北非史研究方面，杨人楩先生所著的《非洲通史简编：从远古至一九一八年》（人民出版社，1984 年版），对柏柏尔人在 1918 年之前的历史进行了梳理，为后人研究柏柏尔人问题奠定了基础。此外，由马坚先生翻译的美国学者菲利浦·希提所著的《阿拉伯通史》亦是本研究的重要基础。本书中的人名、地名翻译主要参照马坚先生在《阿拉伯通史》中的译法。

我国学者关于西亚北非国家政治的研究有些亦涉及柏柏尔人，一般将该问题作为北非国家国内政治冲突的一个方面。例如上海外国语大学中东研究所刘中民教授在其撰写的论文《从族群与国家认同矛盾看阿拉伯国家的国内冲突》（《阿拉伯世界研究》2008 年第 3 期）中将阿尔及利亚的柏柏尔人问题归入阿拉伯国家国内冲突中的“主体民族与少数民族族裔群体的冲突”这一类型。

国外学者对柏柏尔主义进行了广泛探讨，普遍承认柏柏尔主义影响北非国家的稳定。但他们对该问题性质、成因的判定有所不同，据此可将他们分为两派。一派认为柏柏尔主义是法国殖民政策的后果，是西方分裂北非国家的阴谋。该派学者多为阿拉伯学者，代表学者为穆罕默德·穆赫塔尔·阿尔巴维（Muḥammad Mukhtār ‘Arbāwī）、艾哈迈德·阿米尔（Aḥmad ‘Āmir）等人。该派学者强调柏柏尔人与阿拉伯人的共性，包括人种上的同化和宗教上的同一，回避当代北非的族群矛盾。他们的研究因此偏重柏柏尔人伊斯兰化、参与北非民族解放运动的历史。

穆罕默德·穆赫塔尔·阿尔巴维所著的《论应对柏柏尔主义及其分裂危

险》(*Fī Muwājahah al-Naz'ah al-Barbariyyah wa Akhṭārihā al-Inqisāmiyyah*)对柏柏尔人的起源、柏柏尔语的本质以及北非柏柏尔人的历史进行了研究，反驳了柏柏尔主义者关于柏柏尔人与阿拉伯人相互区别的观点，证明了柏柏尔人与阿拉伯人的共性，并强调“柏柏尔主义是法国殖民主义者制造出来的”。① 他的著作提出了不少证明柏柏尔人与阿拉伯人之间密切关系的证据，但在一定程度上忽视了柏柏尔人与阿拉伯人之间的客观差异。艾哈迈德·阿米尔所著的《马格里布国家的阿马齐格人（柏柏尔人）、政治和统治：起源、发展与未来》[*al-Amāzīgh (al-Barbar) wa al-Siyāsah wa al-Ḥukm fī Buldān al-Maghrib: al-Judhūr, al-Taṭauwur, al-Mustaqbal*]，则从阿拉伯征服马格里布到柏柏尔人伊斯兰王朝建立的历史开始论述，重点分析了柏柏尔人在阿尔及利亚革命、摩洛哥独立中发挥的作用。这本著作主要偏重历史，对当代问题的分析较少。

另一派主张柏柏尔主义是作为主体族群的阿拉伯人对柏柏尔人实行文化压迫的结果，是北非国家片面追求民族的单一性、忽视族群多样性导致的认同危机。西方学者多持这一观点，他们的研究侧重当代问题，代表学者有英国学者休·罗伯茨（Hugh Roberts）和美国学者简·E. 古德曼（Jane E. Goodman）。

休·罗伯茨长期从事北非伊斯兰主义和柏柏尔人问题研究。他对阿尔及利亚的卡比尔人问题进行了深入的调查和研究。1972 年，休·罗伯茨首次前往阿尔及利亚，在那里进行了 6 年的研究，其间对卡比利亚地区的地方政治进行了实地调查。1980 年他完成了题为《阿尔及利亚的政治发展：大卡比利亚地区》(*Political Development in Algeria: The Region of Greater Kabylia*) 的博士论文。1982 年 6 月，他发表了《当代阿尔及利亚卡比尔人问题的意外发展》(*The Unforeseen Development of the Kabyle Question in Contemporary Algeria*)，他在文中分析了 20 世纪 80 年代兴起的柏柏尔主义运动对阿尔及利亚阿拉伯人与柏柏尔人族群关系及阿尔及利亚未来政局的影响。1983 年 4 月，他发表了《柏柏尔主义经济学：当代阿尔及利亚卡比尔人问题的物质基础》(*The Economics of Berberism: The Material Basis of the Kabyle Question in Contemporary Algeria*)，

① Muḥammad al-Mukhtār al-'Arbāwī, *Fī Muwājahah al-Naz'ah al-Barbariyyah wa Akhṭārihā al-Inqisāmiyyah*, Ittiḥād al-Kuttāb al-'Arab, 2005, p. 113.

从经济角度探讨了柏柏尔主义运动如何在卡比利亚地区兴起并迅速发展成一股影响阿尔及利亚政治的力量。2003 年，休・罗伯茨出版了《战场：1988~2002 年的阿尔及利亚，关于一个破裂政治实体的研究》(*The Battlefield: Algeria 1988-2002, Studies in a Broken Polity*)。这本著作收录了休・罗伯茨自 20 世纪 80 年代以来发表的多篇关于阿尔及利亚的论文，研究了阿尔及利亚伊斯兰主义的兴起、阿尔及利亚民族主义的困境以及柏柏尔主义对阿尔及利亚民族国家认同的挑战等问题，重点分析了 1988~2002 年阿尔及利亚政治动荡的原因。

休・罗伯茨的研究涉及了阿尔及利亚独立以来柏柏尔主义运动的主要事件，为后人的研究提供了丰富的资料。但其研究忽视了对柏柏尔主义运动的历史、文化成因的研究。

简・E. 古德曼（Jane E. Goodman）是美国较早涉足柏柏尔主义问题研究的学者。她的专著《世界舞台上的柏柏尔文化：从乡村到影像》(*Berber Culture on the World Stage: From Village to Video*）探讨了当代阿尔及利亚柏柏尔人与阿尔及利亚阿拉伯民族主义和伊斯兰主义的矛盾与冲突、柏柏尔村落的文化功能以及柏柏尔文化的现代化问题。此外，她的论文《1985 年受审的伊马齐根：阿尔及利亚的人权和柏柏尔认同》(*Imazighen on Trial: Human Rights and Berber Identity in Algeria, 1985*)，回顾了 20 世纪 80 年代以来柏柏尔主义运动与人权运动相结合的历史，并重点分析了 1985 年阿尔及利亚国家安全法庭审判柏柏尔“烈士子女组织”和“人权组织”骨干所产生的国内和国际影响。

简・E. 古德曼的研究多采用民族志的研究方法，为后人的研究提供了丰富的田野调查资料。她的研究主要从文化人类学视角对阿尔及利亚卡比尔人进行描述研究，存在一定局限性，没有对柏柏尔主义产生的历史、现实原因、影响及发展趋势进行更广泛的研究。

此外，美国学者约翰・鲁迪（John Ruedy）的《现代阿尔及利亚：一个民族的起源和发展》(*Modern Algeria: The Origins and Development of a Nation*)、英国学者阿卜杜・拉赫曼・德拉吉（Abder Rahmane Derradji）的《1954—2000 年阿尔及利亚政治暴力简史》(*A Concise History of Political Violence in Algeria 1954-2000*)、马丁・埃文斯（Martin Evans）和约翰・菲利浦斯（John Phillips）

合著的《阿尔及利亚：被剥夺者的愤怒》（*Algeria: Anger of the Dispossessed*）、马丁·斯通（Martin Stone）的《阿尔及利亚之痛》（*The Agony of Algeria*）等关于阿尔及利亚当代政治问题的著作也不同程度地论及柏柏尔主义问题。

除直接涉及阿尔及利亚柏柏尔主义问题的著作外，一些国外学者关于阿拉伯、北非、阿尔及利亚以及柏柏尔人的通史类研究也值得关注。其中比较重要的有：

1. 阿拉伯学者

伊本·赫勒敦的《伊本·赫勒敦历史》（*Tārīkh Ibn Khaldūn*），是研究马格里布历史、柏柏尔人历史的权威著作。他在第三卷第二章“易弗里基叶和马格里布的柏柏尔居住地”中详细记载了柏柏尔人的古代历史及其与马格里布地区的渊源，对柏柏尔人的起源、谱系及部族、王朝进行了研究。他的研究为后世学者提供了柏柏尔古代社会的第一手资料。

埃及学者阿卜杜·麦格苏德·阿卜杜·哈米德（‘Abd al-Maqṣūd ‘Abd al-Ḥamīd）所著的《伊斯兰征服北非以来柏柏尔人的立场》（*Mauqif al-Barbar min al-Fatḥ al-Islāmī li al-Shimāl al-Ifrīqī*）是一部阿拉伯征服马格里布地区的专门史，对伊斯兰征服时期阿拉伯人与柏柏尔人之间发生的主要战役、伊斯兰教早期传播的状况进行了研究。

阿尔及利亚学者阿马尔·布胡什（‘Ammār Buḥūsh）的《阿尔及利亚政治史：从开端到1962》（*al-Tārīkh al-Siyāsī li al-Jazā’ir: Min al-Bidāyah wa li Ghāyah 1962*）全面回顾了阿尔及利亚从罗马时期到1962年独立的完整历史。这部著作淡化阿拉伯人与柏柏尔人的差异，在论述民族解放运动历史的过程中，将一些与族群矛盾有关的事件完全解读为政治斗争。

2. 法国学者

法国史学家夏尔–安德烈·朱利安（Ch.-Andre Julien）的《北非史：突尼斯、阿尔及利亚、摩洛哥》是北非史的经典之作，主要涉及摩洛哥、阿尔及利亚和突尼斯三个国家的历史。夏尔–安德烈·朱利安曾任法兰西第三共和国地中海和北非最高委员会秘书长，其研究站在法国殖民主义的立场，过分强调柏柏尔人与阿拉伯人的区别和对立。

法国社会学家皮埃尔·布迪厄（Pierre Bourdieu）曾对阿尔及利亚柏柏尔人聚居区卡比利亚进行研究，他的著作《1960年的阿尔及利亚：世界之幻灭、荣誉感、卡比尔人之家或颠倒的世界》（*Algeria 1960: The Disenchantment of the World, the Sense of Honour, the Kabyle House or the World Reversed*）以社会学的视角，对卡比利亚的柏柏尔社会进行了解构主义分析。简·E. 古德曼与保罗·A. 西维斯坦（Paul A. Silverstein）合作编著了《布迪厄在阿尔及利亚：殖民政治、民族志实践、理论发展》（*Bourdieu in Algeria: Colonial Politics, Ethnographic Practices, Theoretical Developments*）。在这本论文集中，简·E. 古德曼与其他六位学者重新解读了布迪厄对阿尔及利亚卡比利亚社会的研究，进一步研究了卡比利亚地区柏柏尔人的社会结构和文化传统。

3. 英美学者

美国学者菲利浦·C. 奈勒（Phillip C. Naylor）的《北非：从古至今的历史》（*North Africa: A History from Antiquity to the Present*）是北非史研究较新的著作，提供了大量关于北非的史料。此外，他还著有《阿尔及利亚历史辞典》（*Historical Dictionary of Algeria*）。

美国学者约翰·B. 沃尔夫（John B. Wolf）所著的《柏柏尔海岸：土耳其统治下的阿尔及尔，1500—1830》（*The Barbary Coast: Algiers Under the Turks 1500 to 1830*）详尽记录了奥斯曼统治时期阿尔及利亚省建立、发展以及终结的始末。这本著作按照历史线索写成，对事件的描述多于分析。

柏柏尔人通史研究的成果主要有两部。美国学者侯赛因·伊拉西奈 (Hsain Ilahiane) 所著的《柏柏尔人（伊马齐根）历史辞典》[*Historical Dictionary of the Berbers (Imazighen)*] 是一部按照英文字母排序的柏柏尔人大事记；英国历史学家迈克·布赖特（Michael Brett）和考古学家伊丽莎白·范切斯（Elizabeth Fentress）合著的《柏柏尔人》（*The Berbers*）综述了柏柏尔人从石器时代开始至今的历史。

三 研究方法及本书结构

本书以史料梳理为基础，进行史论结合的研究。以历史资料为基础梳理阿尔及利亚柏柏尔人族群认同、穆斯林认同、阿尔及利亚认同形成的过程。在此基础上，运用民族主义、族群社会学相关理论，结合阿尔及利亚政治、经济、文化环境，研究阿尔及利亚柏柏尔主义运动的兴起和发展，讨论该问题对阿尔及利亚民族团结与政治稳定的影响。

本书结构上分为导论、六章正文和结论，正文各章主要内容如下。

第一章立足阿拉伯征服之前的北非历史，分析柏柏尔人族群认同构建的历史基础。第一节考察柏柏尔人的名称、起源、语言、谱系、部落结构等体现柏柏尔人特性的问题。第二节梳理柏柏尔人在阿拉伯人征服北非之前与迦太基人、罗马人等其他民族的交往史，研究柏柏尔人在阿拉伯人到来之前的基本面貌，分析柏柏尔人对待异族文化的心理特征。

第二章通过回顾柏柏尔人皈依伊斯兰教的历史，分析柏柏尔人穆斯林认同构建的过程与特征。第一节讨论柏柏尔各部落在接受伊斯兰教的过程中分别选择哈瓦利吉派和什叶派以及柏尔加瓦塔人创造柏柏尔人"伊斯兰教"的历史，梳理柏柏尔人从被动接受伊斯兰教，到为保护部落利益选择不同教派，直至皈依伊斯兰教的历史脉络。第二节以穆拉比兑（Murābiṭ）运动[①]和穆瓦希德（Muwaḥḥid）运动[②]为中心，探究柏柏尔人在皈依逊尼派伊斯兰教后对伊斯兰文明的发展。

第三章研究阿尔及利亚形成过程中的柏柏尔认同。第一节通过研究奥斯曼土耳其统治时期的阿尔及利亚历史，研究阿拉伯人与柏柏尔人阿尔及利亚认同的形成过程。第二节分析法国殖民政策与阿尔及利亚民族觉醒的关系。第三节分析法国对阿拉伯人和柏柏尔人实行的"分而治之"政策与阿尔及利亚阿拉伯人和柏柏尔人之间出现内部族群认同分化之间的关系。

第四章分析柏柏尔认同与阿尔及利亚民族解放运动之间的关系。第一节分

---

① 穆拉比兑运动是自公元 11 世纪开始，桑哈贾人在逊尼派马立克学派学说的指导下发起的一场宗教政治运动。桑哈贾人在这场运动中建立了宗教、军事合一的"拉巴特"（Ribāṭ），穆拉比兑人由此得名。

② 穆瓦希德运动是公元 11 世纪晚期由马斯穆达人艾布·阿卜杜拉·穆罕默德·本·图马尔特（Abū 'Abdulla Muḥammad b. Tūmart）发起的一场宗教政治运动。穆罕默德·本·图马尔特崇尚绝对的信主独一（Tauḥīd），穆瓦希德人由此得名。

析阿尔及利亚民族主义兴起过程中的民族国家认同争鸣和斗争路线分歧。第二节分析在阿尔及利亚民族独立逐步实现的过程中阿拉伯人与柏柏尔人之间族群矛盾上升的原因。第三节分析代表阿尔及利亚阿拉伯民族主义派的本·贝拉和代表阿尔及利亚民族主义派的本·赫达之间的权力斗争。

第五章研究当代阿尔及利亚柏柏尔主义运动的兴起过程。第一节研究柏柏尔主义运动兴起的标志，即阿尔及利亚第一个柏柏尔主义政党社会主义力量阵线的建立过程以及柏柏尔主义运动在20世纪60~70年代的主要活动。第二节研究布迈丁时期的政治经济政策及其在1980年引发的被称为“柏柏尔之春”的大规模动荡。第三节研究沙德利时期的柏柏尔主义运动。

第六章研究当代阿尔及利亚柏柏尔主义运动的发展。第一节研究柏柏尔主义运动从群众运动走向政党政治的过程以及柏柏尔主义政党政治在阿尔及利亚内战中遭遇的挫折。第二节研究布特弗利卡时期柏柏尔主义运动出现的三种取向，即“柏柏尔主义阿尔及利亚祖国派”、“柏柏尔主义卡比利亚地方派”及“国际柏柏尔主义”。第三节分析2010年底以来中东变局中阿尔及利亚柏柏尔主义运动较为平静以及阿尔及利亚政局基本稳定的原因。

第一章　柏柏尔人族群认同的历史基础

柏柏尔人的族群认同是在长期的历史演变中构建出来的，要研究柏柏尔人的族群认同，必须对柏柏尔人的起源、谱系、部落传统以及阿拉伯人到来之前的历史进行探究。

第一节　柏柏尔人的起源、语言和部落结构

柏柏尔人（The Berbers）是北非地区的土著居民。一般认为罗马人借用希腊语中意为“野蛮人”的单词“Barbaroi”，并将其拉丁化为“Barbari”，用来指称不使用拉丁语或希腊语的人。罗马人征服北非时，使用“Barbari”指称迦太基境内的非腓尼基人，即北非的土著居民。

关于阿拉伯人将北非土著居民冠以“柏柏尔人”称谓的缘起主要有两种观点。第一种观点认为，阿拉伯人征服北非后，沿袭了罗马人对当地人的称谓。“Barbari”一词因此获得了阿拉伯语的形式，即“Barābir 或 Barābirah”。[①] 多数历史学家认为，阿拉伯语中“Barābir”一词是在西罗马帝国灭亡之后才首次出现的。

---

① Hsain Ilahiane, *Historical Dictionary of the Berbers (Imazighen)*, Lanham, Toronto and Oxford: The Scarecrow Press, 2006, Introduction, p. xxx.

伊本·赫勒敦提出了第二种观点："据说土伯尔王[①]艾弗里基什·本·盖斯·本·萨伊非（Afrīqish b. Qays b. Ṣayfī）在进攻马格里布和非洲时遇见了他们，听到他们的语言后，他意识到他们的不同，惊叹道：'你们说话真是柏柏尔'，于是他们就被叫作柏柏尔人。柏柏尔一词在阿拉伯语中的本意是说话嘟囔、含混不清，当狮子发出咕噜咕噜低沉的喉音时，人们会说狮子在柏柏尔[②]。"[③]他的这段记载暗示阿拉伯语中本就有"柏柏尔"一词的动词形式，表达"说话含混"或"狮子低吼"的意思，阿拉伯人称北非居民为"柏柏尔人"是因为他们的语言符合"柏柏尔"一词描述的特征。

新中国建立以来，我国学术界对"Berber"一词的翻译最初为"柏柏尔人"。在我国学者言金 1958 年 3 月出版的《阿尔及利亚人民的民族解放斗争》一书中首次出现了"柏柏尔"的译法。我国学者维泽从法文版翻译过来的、1958 年 9 月由世界知识出版社出版的《阿尔及利亚民族真相》亦采用"柏柏尔"的译法。上海新闻出版系统"五·七"干校翻译组从法文版翻译过来的夏尔－安德烈·朱利安的《北非史：突尼斯、阿尔及利亚、摩洛哥》，于 1973 年 3 月由上海人民出版社出版，其中采用了"柏柏尔"的译法，此后"柏柏尔"逐渐成为我国学术界普遍采用的译法。

"柏柏尔"显然是外来文明对北非居民的称谓。所谓的"柏柏尔人"自称"阿马齐格"（Amazigh），阴性为"塔马齐格特"（Tamazight），复数为"伊马齐根"（Imazighen），在柏柏尔语中意为"自由、高贵的人"。[④]阴性形式"塔马齐格特"（Tamazight）还表示"柏柏尔语"。

"Amazigh"一词在腓尼基时代已为人所知。当时这个词有多种形式，"Mazices"是其中最普遍的一种。有学者认为"Mazices"原是一个部落的名称，到了罗马时期，成为北非土著居民的一般称谓之一。[⑤]也有学者认为，该

① 古代也门国王的称号。

② 此处"柏柏尔"为动词。

③ 'Abd al-Raḥmān b. Muḥammad b. Khaldūn, *Tārīkh Ibn Khaldūn*, al-Maktabah al-'Aṣriyyah, 2009, p. 1826.

④ Phillip C. Naylor, *Historical Dictionary of Algeria* (The Third Edition), Lanham, Toronto, and Oxford: The Scarecrow Press, 2006, p. 121.

⑤ Michael Brett and Elizabeth Fentress, *The Berbers*, Oxford & Cambridge: Blackwell Publishers Ltd., 1996, pp. 5-6.

词在罗马入侵之前，已是北非许多部落的统称。[1]

16世纪时，柏柏尔地理学家利奥·阿非利加努斯（Leo Africanus）[2]称“Amazigh”与“自由”之意相关。[3]除了“自由”之意外，柏柏尔语中“高贵”一词“Amajegh”也与“Amazigh”同源。[4]也有学者认为，北非土著居民将他们的祖居土地称为“塔玛兹卡”（Tamazgha），“Amazigh”是“土地主人”的意思，当地土著居民用“Amazigh”将自己与从腓尼基人开始的外来入侵者区分开来，柏柏尔人的自由、高贵等性格特征也逐渐成为“Amazigh”一词的义项。[5]

阿拉伯学者一般认为柏柏尔人起源于东方。比较主流的一种观点认为，他们是迦南人的一支，从巴勒斯坦地区迁徙到北非。泰伯里力主柏柏尔人源自迦南人，伊本·赫勒敦采纳了他的观点，认为柏柏尔人是“巴勒斯坦人的亲戚，而不是巴勒斯坦人”[6]。谱系学家艾尤布·本·艾比·叶齐德·穆哈拉德·本·基达德·哈里齐·伊巴迪（Ayyūb b. Abī Yazīd Mukhallad b. Kīdād al-Khārījī al-Ibāḍī）指出柏柏尔人的祖先是马齐格·本·迦南·本·哈姆·本·努哈（Māzīgh b. Kan ‘ān b. Ḥām b. Nūḥ），伊本·赫勒敦赞同这一观点。[7]黎巴嫩学者法赫米·海希姆（Fahmī Khashīm）在其所著的《阿马齐格阿拉伯人的语言》（*Lisān al-‘Arab al-Amāzīgh*）和《阿马齐格阿拉伯人之旅》（*Safar al-‘Arab al-Amāzīgh*）两本著作中，通过对语言的比较和历史遗迹的考证，进一步论证了北非阿马齐格人（柏柏尔人）的起源是以巴勒斯坦地区为中心的迦南文明的

① Muḥammad al-Mukhtār al-‘Arbāwī, *Fī Muwājahah al-Naz‘ah al-Barbariyyah wa Akhṭārihā al-Inqisāmiyyah*, p. 6.

② 利奥·阿非利加努斯是桑哈贾人，公元1494年出生于格拉纳达。他在非斯接受教育，成年后游历了非洲和欧洲等地，著有《非洲纪实》（*Waṣf Ifrīqiyā*）。

③ Michael Brett and Elizabeth Fentress, *The Berbers*, pp. 5-6.

④ Muḥammad al-Mukhtār al-‘Arbāwī, *Fī Muwājahah al-Naz‘ah al-Barbariyyah wa Akhṭārihā al-Inqisāmiyyah*, p. 6.

⑤ Hsain Ilahiane, *Historical Dictionary of the Berbers (Imazighen)*, Introduction, p. xxx.

⑥ 〔埃及〕萨阿德·扎格卢勒·阿卜德·哈米德:《阿拉伯马格里布史》（第一卷），上海外国语学院《阿拉伯马格里布史》翻译组译，上海人民出版社，1975，上册，第34页。

⑦ Muḥammad al-Mukhtār al-‘Arbāwī, *Fī Muwājahah al-Naz‘ah al-Barbariyyah wa Akhṭārihā al-Inqisāmiyyah*, p. 7.

说法。[①] 此外，开罗大学教授易卜拉欣·艾哈迈德·阿达维（Ibrāhīm Aḥmad al-'Adawī）也赞同柏柏尔人是马齐格·本·迦南·本·哈姆·本·努哈的子孙的观点。[②]

法国学者倾向于认为柏柏尔人与欧洲人之间存在血缘关系。曾任法国驻北非殖民总督的马塞尔·佩鲁东（Marcel Peyrouton）指出："柏柏尔人属于白种人，起源于欧洲南部，是阿尔卑斯族人；而阿拉伯人则是闪米特族人……虽然经过希拉勒人（Banū Hilāl）[③] 的入侵并由此引起了通婚，使他们成了混血种，但是，今天一个目光犀利的人，还是能够把一个柏柏人从阿拉伯人中区别出来。"[④] 法国人类学家夏尔－安德烈·朱利安在承认柏柏尔人并非由同一人种构成的同时，推测他们主要源于两种人种类型——马什塔阿比人和地中海原始人。[⑤] 另有法国学者认为，柏柏尔人中有一支来自西班牙，他们是金发的柏柏尔人，来到北非后，他们与来自亚洲的棕发柏柏尔人发生了融合。[⑥]

法国学者关于柏柏尔人起源的研究主要集中在 19 世纪，这些研究主要为殖民统治服务，带有明显的东方主义色彩。当时的殖民杂志，例如《非洲》、《穆斯林世界》和《两个世界》成为柏柏尔人起源研究争鸣的阵地。[⑦] 尽管柏柏尔人与阿拉伯人之间的确存在差异，但是经过长期的伊斯兰化，他们之间的共性

---

① 'Izz al-Dīn al-Munāṣarah, *al-Mas'alah al-Amāzīghiyyah fī al-Jazā'ir wa al-Maghrib*, Dār al-Shurūq li al-Nashr wa al-Tauzī', 1999, p. 7.

② Ibrāhīm Aḥmad al-'Adawī, *Bilād al-Jazā'ir: Takwīnuhā al-Islāmī wa al-'Arabī*, Maktabah al-Anjlū al-Miṣriyyah, 1970, p. 14.

③ 希拉勒人是一个以劫掠为生的游牧部落，最初生活在阿拉伯半岛纳季德中部，后迁往沙姆地区，在法蒂玛王朝的引导下，他们逐渐向北非迁徙。

④ ［法］马塞尔·佩鲁东：《马格里布通史：从古代到今天的摩洛哥、阿尔及利亚、突尼斯》，上海师范大学《马格里布通史》翻译组译，上海人民出版社，1974，第 20 页。

⑤ ［法］夏尔－安德烈·朱利安：《北非史：突尼斯、阿尔及利亚、摩洛哥》（第一卷），上海新闻出版系统"五·七"干校翻译组译，上海人民出版社，1973，上册，第 79 页。

⑥ ［法］亨利·康崩：《摩洛哥史》，上海外国语学院法语系翻译组译，上海人民出版社，1975，上册，第 13 页。

⑦ Paul A. Silverstein, "The Kabyle Myth: Colonization and the Production of Ethnicity," in Brian Keith Axel ed., *From the Margins: Historical Anthropology and Its Futures*, Durham & London: Duke University Press, 2002, p. 144.

远大于差异。通过证明柏柏尔人与欧洲人的血缘关系，法国殖民者在柏柏尔人和阿拉伯人之间做出了优劣区分，将柏柏尔人定为优先同化的对象。

当代英美学者倾向于一种折中的观点，认为柏柏尔人是多民族融合的产物。美国乔治城大学历史学教授约翰·鲁迪（John Ruedy）指出，“有关柏柏尔人起源的文献充满争议、含混不明。目前比较中性的观点认为，历史上的柏柏尔人是旧石器时代多种族融合的后代，小部分来自西欧、撒哈拉以南，主要的两支来自东北部和东南部”。① 美国马凯特大学历史学教授菲利浦·C. 奈勒认为，柏柏尔人极有可能是来自东北非洲、东南非洲、撒哈拉以南和西欧移民融合的后代。② 遗传学和考古学的研究数据是柏柏尔人起源的重要科学依据。英国格拉斯哥大学的一个研究小组在 1999 年对阿尔及利亚柏柏尔人的分支穆扎比人进行了线粒体 DNA 的研究，结果显示穆扎比人 1/3 有近东祖先，1/8 有撒哈拉以南非洲人的祖先，剩下的序列中有不少似乎来自欧洲。③

综合现有材料可以断定，柏柏尔人是以东方迦南人为主的混血人种。由于地理位置的原因，非洲人、欧洲人的血统都有可能融入其中。无论柏柏尔人起源如何，他们都是北非地区最早的居民。“考古发现证明，公元前 15 世纪，柏柏尔人已经在现代阿尔及利亚的疆域内建立了农业和畜牧业混合的经济模式，建立了许多王国。”④ 正如伊本·赫勒敦所记载的那样：“自古以来，这一人种——柏柏尔人——就已遍布马格里布的平原、山川、高原、乡村和城镇……他们强大、有力、勇敢且人数众多，他们是真实存在的人种，就像阿拉伯人、波斯人、希腊人和罗马人一样……”⑤

柏柏尔语是构成柏柏尔人族群认同的重要元素之一，是柏柏尔人最醒目

① John Ruedy, *Modern Algeria: The Origins and Development of a Nation*, Bloomington and Indianapolis: Indiana University Press, 2005, p. 9.

② Phillip C. Naylor, *Historical Dictionary of Algeria* (The Third Edition), p. 122.

③ Vincent Macaulay, “The Emerging Tree of West Eurasian mtDNAs: A Synthesis of Control-Region Sequences and RFLPs,” http://www.stats.gla.ac.uk/~vincent/papers/980656.web.pdf, 2010-11-18.

④ John Ruedy, *Modern Algeria: The Origins and Development of a Nation*, p. 10.

⑤ ‘Abd al-Raḥmān b. Muḥammad b. Khaldūn, *Tārīkh Ibn Khaldūn*, p. 1826.

的身份标识。柏柏尔语属于闪含语系中的含语族。它与腓尼基语、阿拉伯语存在亲缘关系，此外与古埃及语、科普特语以及一些非洲黑人语言存在一定联系。柏柏尔语主要是一种口头交际用语。“已知的首位柏柏尔作家生活在罗马和拜占庭时期，以拉丁语或希腊语写作。当今柏柏尔人的大部分智力成果以阿拉伯语、法语和西班牙语写成……更为丰富的是口头文学。”① 柏柏尔人中的图阿雷格人的语言是唯一可以书写的柏柏尔语，他们的文字被称为“提菲纳格文”（Tifinagh）。这种文字主要由图阿雷格人中的女性掌握，这与女性在图阿雷格人中的崇高地位有关。② 尽管这种文字传承至今，但图阿雷格人的文学作品却大多为口传文学。20 世纪 60 年代以来，柏柏尔主义运动的活跃分子开始致力于柏柏尔语的标准化，发明了“新提菲纳格文”（Neo-Tifinagh）。

柏柏尔语有各种分支，虽然各分支间存在一定差别，但具有相同的基本特征，不同部落的柏柏尔人能够进行交流。北非地区柏柏尔语的适用范围主要集中在阿尔及利亚和摩洛哥，阿尔及利亚东部是北非最大的柏柏尔语通用区。阿尔及利亚有四种柏柏尔方言，即卡比尔人的卡比尔语（Kabyle）、沙维亚人的沙维亚语（Shawiya）、穆扎比人的图姆扎卜特语（Tumzabt）和图阿雷格人的塔马哈格语（Tamahaq）。在摩洛哥，柏柏尔语的通用范围包括：安蒂阿特拉斯山脉西段和苏斯河谷，方言为塔希利特语（Tashilit）；大阿特拉斯山区，方言为塔马齐格特语（Tamazight）；北部的里夫山区，方言为扎马齐格斯语（Dhamazighth）。③

争取柏柏尔语的官方地位，是阿尔及利亚柏柏尔主义运动的基本目标之一。柏柏尔主义者对柏柏尔语的地位问题有两派意见：一派认为柏柏尔语应当享有与阿拉伯语同等的地位；较为温和的一派则承认阿拉伯、伊斯兰是柏柏尔人的两个属性，希望在多元文化框架内实现柏柏尔语的地位。阿尔及利亚阿拉伯民

---

① Hsain Ilahiane, *Historical Dictionary of the Berbers (Imazighen)*, Introduction, p. xxxii.

② Muḥammad al-Mukhtār al-‘Arbāwī, *Fī Muwājahah al-Naz‘ah al-Barbariyyah wa Akhṭārihā al-Inqisāmiyyah*, p. 35.

③ Michael Brett and Elizabeth Fentress, *The Berbers*, p. 3.

族主义者对此也有两派观点：一派坚决否认柏柏尔语问题的存在，认为这是法国人的阴谋；另一派认为柏柏尔语是迦南语的分支，阿拉伯语是马格里布地区统一的语言，但可以用一种古代文明语言的形式在大学开设柏柏尔语专业。①

柏柏尔人独立于阿拉伯人的谱系及部落构成，是柏柏尔人作为一个族群而非阿拉伯人分支存在的历史依据，也是柏柏尔人族群认同的起点和根本所在。古代柏柏尔谱系学家将柏柏尔人分成两个大的分支：巴拉尼斯人（al-Barānis）和巴特尔人（al-Batr）。② 巴拉尼斯人定居在土地肥沃的地区，以农耕为生；巴特尔人是游牧民，逐水草而居。哥提埃由此推断“这两种人不是根据亲属关系，而是根据生活方式区分的”。③

阿拉伯古代谱系学家对两支柏柏尔人是否存在亲属关系有两派意见。艾尤布·本·艾比·叶齐德·穆哈拉德·本·基达德·哈里齐·伊巴迪认为巴拉尼斯人和巴特尔人拥有共同的祖先。而萨利姆·本·赛利姆·马塔马提（Sālim b. Salīm al-Maṭāmāṭī）和哈尼·本·马斯鲁尔（Hānī b. Masrūr）、卡赫兰·本·艾比·拉瓦（Kahlān b. Abī Lawā）等人认为巴拉尼斯人是马齐格·本·迦南·本·哈姆·本·努哈的后代，而巴特尔人则是巴尔·本·盖斯·本·伊兰（Barr b. Qays b. ʻĪlān）的后代。④ 值得一提的是《阿拉伯语言》（*Lisān al-ʻArab*）一书关于“Barbarī”一词的解释，将“巴尔·本·盖斯·本·伊兰”作为柏柏尔人的共同祖先。⑤ 根据这些谱系学家的观点，巴拉尼斯人与巴特尔人之间的区别是由血缘关系造成的。但伊本·赫勒敦认为艾尤布的观点更加可信，当代的阿拉伯学者多采纳伊本·赫勒敦的观点，认为巴拉尼斯人和巴特尔人同根同源。由此可见，认为他们的区分主要源于生活方式的不同具有一定的科学性。

---

① ʻIzz al-Dīn al-Munāṣarah, *al-Mas'alah al-Amāzīghiyyah fī al-Jazā'ir wa al-Maghrib*, p. 9.

② ʻAbd al-Raḥmān b. Muḥammad b. Khaldūn, *Tārīkh Ibn Khaldūn*, p. 1826.

③ 〔法〕夏尔－安德烈·朱利安：《北非史：突尼斯、阿尔及利亚、摩洛哥》（第一卷），上册，第 27 页。

④ ʻAbd al-Raḥmān b. Muḥammad b. Khaldūn, *Tārīkh Ibn Khaldūn*, p. 1826.

⑤ Ibn Manẓūr, *Lisān al-ʻArab*, Dār al-Ṣādir, 1997, p. 190.

但巴拉尼斯人和巴特尔人之间生活方式的区分并不是绝对的，巴拉尼斯人中不乏游牧部落，而巴特尔人中也有从事农业者。① 由此，一些学者试图从语言和社会的角度解释柏柏尔人两支之间的差别。这些学者认为巴拉尼斯人得名于他们穿着的一种带帽的斗篷（Burnus），而巴特尔人则得名于他们穿着的无帽短衫（Mabtūr）。② 这种解释存在一定漏洞，两种人穿不同服饰的原因并没有得到解释。

无论根据何种标准，谱系学家一致认为柏柏尔人分成上述两支，他们各有若干分支。巴拉尼斯人有十个分支：伊兹达加人（Izdājah）、马斯穆达人（Maṣmūdah）、欧尔巴人（Ūrbah）③、阿吉萨人（‘Ajīsah）、库塔马人（Kutāmah）、桑哈贾人（Ṣanhājah）、欧里卡人（Ūrīghah）、拉姆塔人（Lamṭah）、哈克苏拉人（Haksūrah）和卡祖拉人（Kazūlah）。④ 其中的马斯穆达人、欧尔巴人、库塔马人和桑哈贾人比较强大，北非伊斯兰化开始后，这些部落曾经建立过王朝。

巴特尔人有四个分支：阿达萨人（Adāsah）、内富萨人（Nafūsah）、达里亚人（Ḍariyyah）和拉瓦·艾克巴尔人（Lawā al-Akbar）。⑤ 其中内富萨人曾在伊斯兰时期支持鲁斯塔姆王朝，他们是伊巴德派穆斯林。开罗大学教授易卜拉欣·艾哈迈德·阿达维认为，巴拉尼斯人中的库塔马人、阿吉萨人、伊兹达加人以及巴特尔人中的拉瓦·艾克巴尔人和达里亚人分布在现代阿尔及利亚境内。⑥ 但必须指出的是，在漫长的历史中，柏柏尔各部落常常发生迁徙，因此不能认定阿尔及利亚境内现存的柏柏尔人是这几支的直接后代。

伊斯兰征服开始后，柏柏尔人与阿拉伯人发生了民族融合，北非地区

---

① Ibrāhīm Aḥmad al-‘Adawī, *Bilād al-Jazā’ir: Takwīnuhā al-Islāmī wa al-‘Arabī*, p. 15.

② Ibid.

③ 另译为“阿乌拉伯人”，参见〔法〕夏尔－安德烈·朱利安《北非史突尼斯、阿尔及利亚、摩洛哥》（第一卷），上册，第62页；“乌尔贝族”，参见〔埃及〕萨阿德·扎格卢勒·阿卜德·哈米德《阿拉伯马格里布史》（第一卷），上册，第578页；“奥赖巴人”，参见〔法〕亨利·康崩《摩洛哥史》，上册，第33页。

④ ‘Abd al-Raḥmān b. Muḥammad b. Khaldūn, *Tārīkh Ibn Khaldūn*, p. 1826.

⑤ Ibid.

⑥ Ibrāhīm Aḥmad al-‘Adawī, *Bilād al-Jazā’ir: Takwīnuhā al-Islāmī wa al-‘Arabī*, p. 15.

形成了大量混血的柏柏尔 – 阿拉伯穆斯林，时至今日，这些人大多以阿拉伯语为母语，自认为是阿拉伯人。根据美国学者马丁 · N. 麦格（Martin N. Marger）总结的族群同化的四个维度——文化、结构、生物和心理，①这些柏柏尔 – 阿拉伯穆斯林几乎已被阿拉伯人完全同化。但阿拉伯人与柏柏尔人的融合并不彻底，征服伊始，拒绝同化的柏柏尔人便迁入深山、沙漠之中，封闭的自然环境帮助他们保持了血统、文化传统、生活习俗和语言。保持着柏柏尔传统的群体的存在是影响北非国家族群关系的一个因素，他们是北非柏柏尔属性的主要主张者，他们所发起的柏柏尔主义运动或多或少会影响拥有柏柏尔血统的北非人。

柏柏尔人的古代部族在经历伊斯兰征服、法国殖民的过程中发生了多次重构。北非现代国家建立后，柏柏尔人首先以国别为基础分为若干分支，一国之内的柏柏尔人根据生活区域的不同又有分支。在当代北非柏柏尔人中，图阿雷格人分布在多个国家。亨利 · 康崩认为，他们是进入撒哈拉沙漠的桑哈贾游牧部落的后裔。②希提进一步指出，图阿雷格人是桑哈贾人分支拉姆图纳人（Lamtūnah）的后裔。③柏柏尔人的其他现代分支一般集中于某一国家。就摩洛哥和阿尔及利亚两国而言，摩洛哥的柏柏尔人主要包括安蒂阿特拉斯山脉西段和苏斯河谷的查卢赫人（Chleuh）、大阿特拉斯山区的阿马齐格人（Amazigh）、里夫山区的里夫人（Rifain）三支；阿尔及利亚的柏柏尔人主要包括卡比利亚（Kabylia）地区的卡比尔人（Kabyle）、奥雷斯（Aures）地区的沙维亚人（Shawiya）、盖尔达耶（Ghardaia）附近的穆扎比人（Mozabite）和阿哈加尔沙漠（Ahajar）地区的图阿雷格人（Tuareg）四支。柏柏尔人各分支之间所操语言略有不同，但能相互沟通。

柏柏尔人延续至今的原因除退避深山、沙漠之外，还在于其严密的社会组织形式及权力机制。传统柏柏尔社会组织的基础是父系制家族，即在父系亲属

① 〔美〕马丁 · N. 麦格：《族群社会学》，祖力亚提 · 司马义译，华夏出版社，2007，第95~98页。

② 〔法〕亨利 · 康崩：《摩洛哥史》，上册，第32页。

③ 〔美〕菲利浦 · 希提：《阿拉伯通史》（第十版），马坚译，新世界出版社，2008，第493页。

关系基础上建立起来的父权制结合体，成员包括所有来源于同一始祖的男性后代的亲属。家长的权力不容置疑，他对家族内的所有成员，包括妻子、儿女、女婿和儿媳等拥有绝对的权力，家族成员都必须服从家族纪律，听从家长的命令、接受家长的支配。家长死后，由家族男性成员中最年长者继承，其他男性成员充当工人或者战士。这种制度是“出于确保集团的经济生活和防御一切外来侵犯的需要”。[①] 皮埃尔·布迪厄曾提到:“男孩被取名后，就必须为自己和自己的家族负责……我听说在大卡比利亚的一个村子里有个 10 岁的小男孩，他是家族中唯一的男性，因此他必须出席离家很远的村子里举行的葬礼、与成年人一道参加各种仪式。成年人的活动以及各种仪式强调了这个男孩作为男人的地位，同时也意味着他需要承担责任和义务。”[②] 虽然父系制家族是社会组织的基础，但女性在柏柏尔社会中的地位也比较高。例如，“在撒哈拉沙漠的图阿雷格人的一些集团里，母系制度迄今仍很流行”。[③] 柏柏尔人在婚姻家庭上实行一夫一妻制，妇女出门不戴面纱，行动也比较自由。

多个家族的联合构成了高一级的社会组织——氏族。柏柏尔氏族有两种:定居农民的村落和牧人组成的游牧群体。氏族由“一些公认为有能力处理公共事务的老人和有名望的人组成的元老院执行政务，宣布有关司法、财产、农事安排、福利分配、税收、战争与和平等事项的决定，又是世世代代口头传下来的习惯法的唯一解释者”。[④] 各家族间出现矛盾时，元老们出面调停，帮助达成和解。

家族和氏族是柏柏尔人社会组织的第一个层次，第二个层次是部落和部落联盟。部落是根据农业定居或游牧生活的需要，由农村村落或牧人群体在家族

① 〔法〕马塞尔·佩鲁东:《马格里布通史：从古代到今天的摩洛哥、阿尔及利亚、突尼斯》，第 24 页。

② Pierre Bourdieu, translated by Richard Nice, *Algeria 1960: The Disenchantment of the World, the Sense of Honour, the Kabyle House or the World Reversed*, Cambridge, London, New York and Melbourne: Cambridge University Press, 1979, p. 126.

③ 〔埃及〕萨阿德·扎格卢勒·阿卜德·哈米德:《阿拉伯马格里布史》（第一卷），上册，第 84 页。

④ 〔法〕马塞尔·佩鲁东:《马格里布通史：从古代到今天的摩洛哥、阿尔及利亚、突尼斯》，第 25 页。文中所谓“元老院”，实际上指的是柏柏尔人的“杰马”。

基础上组建的大于氏族的联合体，主要任务是保卫共同的牧场、村庄，抵御敌人的侵袭。每个家族派出自己的代表出席部落“杰马”（jamā ‘ah），但同时保留家族的自治权。在战争期间，部落选出首领，首领们一般都会设法将自己的权力传给子孙。部落组织并不稳固，它可能由于战争失败等因素而分裂，也可能会产生派系纠纷。

某个部落的首领会利用暴力或者个人威望联合其他部落建立部落联盟。部落联盟的首领即部落酋长，称为“阿盖利德”（Aguellid）。阿盖利德的权力基础不是官吏，而是自己的亲属与奴仆，他一般通过协商取得其他部落首领的支持。阿盖利德的权力与其武装力量密不可分，他是军事统帅，指挥本部落的军队，在紧急情况下还可指挥从其他部落招募的后备军。其他部落的后备军服从纪律的程度视战争给他们带来的利益的大小而定。部落联盟通常因某些很有限的目的（比如应对危机）而组织起来，时分时合。与部落相比，部落联盟是更不稳定、更为松散的联合体。

在柏柏尔人传统社会中，家族是最稳固的组织。其他组织都是在其基础上建立的或大或小的联合体，越大的联合体越不稳定，相同层次或不同层次的联合体之间会发生争斗。家族以上的联合体通行一种被称为“杰马”的权力机制。这是一种议事会制度。杰马是一个权力机构，带有现代议会的某些特征，是“各个家族的族长或代言人、某些情况下是所有男性成员参加的集会”。[①] 杰马在柏柏尔社会组织的不同层面上发挥作用，很大程度上代表了柏柏尔人的政治制度。[②] 杰马的权力范围包括土地占有、部落联盟的组建以及社会生活中的各种仪式。杰马制使柏柏尔人生活在闭合的政治空间内，并使之具有很强的自治性和独立性，外来者很难破除杰马的权威。阿尔及利亚民族解放运动时期，民族解放阵线（FLN）在柏柏尔人聚居区组织武装斗争时，就因杰马制而遇到不少困难。这种传统至今仍在阿尔及利亚的柏柏尔村落中流行。

将杰马制度发挥到极致的是大卡比利亚地区的定居山民，特别是朱尔朱拉

① Hugh Roberts, *The Battlefield: Algeria 1988-2002, Studies in a Broken Polity*, London and New York: Verso, 2003, p. 43.

② Michael Brett and Elizabeth Fentress, *The Berbers*, Introduction, p. xxxv.

山脉（Jurjurah）的伊格瓦万（Iqwāwan）部落。① 当地的各个村子都有一名“保证人”（ta’ mīn），他在杰马中为自己的家族负责，并向自己的村子传达杰马的决议。但他首先是杰马的一名官员，而不是自己家族利益的代言人。杰马的机制是所有的决定都要反映全体成员的共识，只有与会“保证人”都代表自己的家族表示同意，决议才有效，未出席杰马的家族不受决议约束。在部落和部落之间还有更高层次的部落联盟，每个部落都派出自己的“保证人”参加部落联盟的杰马。此外，杰马内部在遇到某些事件时，会因观点的差异而形成不同“党派”（ṣaff），虽然这些“党派”并不固定，但集体意志的形成必须是各派协调的结果。②

第二节 阿拉伯人征服前柏柏尔人与其他民族的交往

在阿拉伯人征服北非前，柏柏尔人曾与东方的腓尼基人、西方的罗马人与汪达尔人等长期相处。腓尼基人和罗马人统治北非分别长达 600 余年和 700 余年，东方的闪族文化和西方的罗马文化因此融入柏柏尔文化之中。但柏柏尔人仍然保持很强的独立性，柏柏尔人努米底亚王国（Numidia，前 203~ 前 46 年）在东西方两大帝国的夹缝中崛起、柏柏尔人为反抗罗马皇帝而接受基督教是两个典型的例证。努米底亚王国的建立者马西尼萨（Massinissa，前 238~ 前 148 年）和反抗罗马人的朱古达（Jugurtha，前 118~ 前 105 年在位）成为柏柏尔人的英雄。努米底亚王国代表了柏柏尔古代文化发展的高峰，成为柏柏尔人共享的历史记忆和荣誉感的重要来源。

公元前 9 世纪末或公元前 8 世纪初，腓尼基人开始在北非建造迦太基城。③ 迦太基城的土地是腓尼基人向当地柏柏尔人租赁来的，腓尼基人在约三个半世纪的时间里每年向柏柏尔人缴纳地租。随着时间的推移，迦太基凭借其优越的沿海地理位置和居民的勤勉，发展成北非重镇。公元前 450 年前后，迦太基人

① Hugh Roberts, *The Battlefield: Algeria 1988-2002, Studies in a Broken Polity*, p. 43.
② Ibid., pp. 44-45.
③ Elsa Marston, *The Phoenicians*, New York: Marshall Cavendish Corporation, 2002, p. 19.

停止向柏柏尔人缴纳地租。[①] 通过公元前 5 世纪和公元前 4 世纪抵抗希腊人的西侵，以及征服柏柏尔人的土地，“在公元前 3 世纪的时候，一个成熟的迦太基帝国建立起来，控制了突尼斯大部和阿尔及利亚东部”。[②]

史料证明，迦太基人并不谋求完全征服柏柏尔人使他们腓尼基化，而是对柏柏尔人进行控制和利用以谋求经济利益。柏柏尔人首先是他们的贸易伙伴，迦太基人一方面充任柏柏尔人地中海贸易的中间商，另一方面保护其跨撒哈拉沙漠的贸易。作为回报，柏柏尔人向迦太基人提供奴隶和骑兵。奴隶们进入迦太基贵族在北非建立的农庄劳作，而骑兵则成为迦太基军事力量的一部分。

由于没有将统治北非地区作为战略目标，“迦太基统治者对当地居民采取了宽松的统治政策，他们没有试图摆脱部落领袖，而是设法融入当地社会，北非居民和腓尼基人的合作和友好关系通过通婚、共同进行商业活动不断增强”。[③] 许多柏柏尔人来到迦太基居住，甚至给孩子起腓尼基人的名字，闪族崇拜的神也被柏柏尔人膜拜。

作为一个海上商业帝国，迦太基还给北非地区带来了经济的繁荣。北非地区特别是沿海地区柏柏尔人的教育水平也获得提高。穿梭于北非各个城市的商贾在出售商品的同时带去了腓尼基人的风俗习惯、思想和信仰。在迦太基军队服役的柏柏尔人完全适应了腓尼基人的习俗，并将这些习俗融入本族的属性中，退役时他们把这些习俗带回家乡。[④]

迦太基人作为第一个在北非地区建立政权的外来民族，总体上与柏柏尔人保持了良好关系。公元前 146 年，罗马灭迦太基，罗马人统治北非的历史由此开启。罗马人的统治使马格里布脱离东方的影响达 7 个世纪，直到阿拉伯人征服北非。法国著名古非洲史学家斯特凡讷·格塞尔（Stéphane Gsell）曾以敏锐

---

① 〔德〕特奥多尔·蒙森:《罗马史》(第三卷)，李稼年译，商务印书馆，2007，第 7 页。

② Michael Brett and Elizabeth Fentress, *The Berbers*, p. 24.

③ ‘Ammār Buḥūsh, *al-Tārīkh al-Siyāsī li al-Jazā’ir: Min al-Bidāyah wa li Ghāyah 1962*, Dār al-Gharb al-Islāmī, 2005, p. 10.

④ ‘Uthmān al-Ka‘āk, *Mūjaz al-Tārīkh al-‘Āmm li al-Jazā’ir: Min al-‘Aṣr al-Ḥajarī ilā al-Iḥtilāl al-Faransī*, Dār al-Gharb al-Islāmī, 2003, p. 47.

的眼光概括迦太基文明对柏柏尔人的影响:"迦太基早就为柏柏尔人接受《古兰经》——神圣的经典和法典——准备了条件。"①

罗马人与腓尼基人截然不同，他们的统治旨在占有北非的财富和资源。通过一百年左右的征服开拓，罗马人的统治范围从突尼斯延伸到当今的阿尔及利亚和摩洛哥北部。但罗马人的势力范围并未跨越撒哈拉沙漠。②罗马人曾在北非建立四个行省：总督领行省（今突尼斯）、努米底亚省（今阿尔及利亚东北部）、恺撒摩尔塔尼省和丁吉塔那摩尔塔尼省（今阿尔及利亚西北至摩洛哥北部）。③

罗马人入侵北非时国内正遭遇粮食危机，权贵阶级不断圈地导致其国内出现大量失地农民，占有土地因此成为罗马征服者首要的目的。他们直接占领柏柏尔王公贵族的肥沃土地、没收抵抗罗马人的柏柏尔家庭的地产，甚至夺走柏柏尔游牧民的可耕地，然后将这些抢占的土地分配给罗马人。除了被剥夺土地外，北非的柏柏尔居民还需缴纳名目繁多的赋税。罗马人还在他们之中强制征兵，参与帝国的海外开拓。阿尔及利亚历史学家、乌莱玛协会（Jam ‘iyyah al- ‘Ulamā’）领袖穆巴拉克·本·穆罕默德·希拉利·米利（Mubārak b. Muḥammad al-Hilālī al-Mīlī）认为，"罗马统治之后，柏柏尔人的生活幸福程度由罗马人势力的大小而决定。罗马人影响力较小或没有进入的地区，柏柏尔人幸福地生活，而罗马统治地区的柏柏尔人则过着奴隶的生活"。④不堪忍受罗马压迫的失地柏柏尔人被迫迁往北非腹地，从而与罗马人结下深仇。

在城市管理中，罗马人遵循严格的等级制度，他们将城市分成直接统治和间接统治两种类型，在两大类下又各分若干小类，不同类型的城市居民在赋税

① 〔法〕马塞尔·佩鲁东:《马格里布通史：从古代到今天的摩洛哥、阿尔及利亚、突尼斯》，第 27 页。

② ‘Uthmān al-Ka‘āk, *Mūjaz al-Tārīkh al-‘Āmm li al-Jazā’ir: Min al-‘Aṣr al-Ḥajarī ilā al-Iḥtilāl al-Faransī*, p. 61.

③ 〔法〕马塞尔·佩鲁东:《马格里布通史：从古代到今天的摩洛哥、阿尔及利亚、突尼斯》，第 53 页。

④ Mubārak b. Muḥammad al-Hilālī al-Mīlī, *Tārīkh al-Jazā’ir fī al-Qadīm wa al-Ḥadīth*, Maktabah al-Nahḍah al-Jazā’iriyyah, 1963, p. 203.

和权利方面的待遇不同。直接统治的城市有三种类型：一是完全的罗马城市，那里的居民享受罗马人的所有权利，可以参加选举，免除赋税；二是本地城市，那里的居民可以享受除选举外的罗马公民的所有待遇；三是拉丁城市，那里的居民可以自由从事贸易，拥有物产，但不能参加选举，必须缴纳赋税。除了直接统治的城市，还有罗马人间接统治的城市，也分为三类：一是与罗马结盟的城市，二是自由城市，三是免收赋税的城市。① 一些间接统治城市由罗马当局举行封地仪式，委任本土领袖，授予他们权力，或追认他们的世袭权力。还有一些城市被允许保留迦太基时代以来的政府，包括总督、法官、议事委员会，至少保留“苏非特”（Suffetes）② 的称号。还有一些城市实行罗马皇帝任命柏柏尔总督的制度。

罗马人致力于推动柏柏尔人的罗马化，主要有三个方面：有条件给予柏柏尔人罗马公民身份、推行拉丁语和鼓励崇拜罗马皇帝。柏柏尔人获得罗马公民身份的条件是效忠罗马统治。获得罗马公民身份的柏柏尔人还常获得罗马当局的委任，出任地方各级公务人员。在语言方面，罗马当局规定拉丁文为官方文字，官方场合不容许使用别的语言。城市生活迫使一些柏柏尔人学会并使用拉丁语。尽管如此，许多柏柏尔人仍使用自己的语言甚至腓尼基语，只在正式的社交场合讲拉丁语。在山区和偏远农村，几乎无人会讲拉丁语。在宗教方面，罗马当局允许柏柏尔人信仰除基督教外的一切宗教，并鼓励他们膜拜罗马皇帝。但是柏柏尔人“参加官定膜拜仪式只是为了玩乐一场，这种宗教仪式并没有深入到土著居民中去”。③

历史证明，罗马化并没有获得成功，柏柏尔人从未放弃摆脱罗马人的统治。公元 395 年，罗马帝国分裂，柏柏尔人开始谋求独立。汪达尔人的出现给柏柏尔人提供了机会。公元 429 年，该撒里克（Genseric，428~477 年在位）率汪达尔人和阿兰人从西班牙半岛渡海迁往北非，之后一路向东进军。439 年他们

① ‘Ammār Buḥūsh, *al-Tārīkh al-Siyāsī li al-Jazā’ir: Min al-Bidāyah wa li Ghāyah 1962*, p. 15.
② 由贵族组成的议会（元老院）每年选举产生的两名行政长官，称为“苏非特”。
③〔法〕夏尔 – 安德烈 · 朱利安：《北非史：突尼斯、阿尔及利亚、摩洛哥》（第一卷），上册，第 341 页。

摆脱了罗马帝国的宗主权，占领迦太基城，并以该地为首府建立了汪达尔王国（439~534 年）。

柏柏尔人最初是汪达尔人的同盟。他们帮助汪达尔人打败罗马人并在北非扩张领土，汪达尔人的舰队也主要由柏柏尔人组成。迦太基陷落以后，汪达尔人统治了阿尔及利亚东部和突尼斯，阿尔及利亚西部沿海地区和整个北非腹地成了柏柏尔部落的势力范围。442 年，罗马正式承认汪达尔王国对迦太基的占领，罗马帝国在北非的统治宣告结束。汪达尔人在北非的统治稳固后，开始对柏柏尔人进行压迫，柏柏尔人再次走上反抗之路。

公元 533 年，拜占庭皇帝查士丁尼（527~565 年在位）决意收复北非，元帅贝利萨留（Belisarius）率军攻克迦太基，534 年汪达尔国王盖利默 (Gelimer，530~534 年在位) 被俘，汪达尔王国灭亡。征服之初，拜占庭人向北非居民示好，试图给当地居民留下他们到来的目的是将北非从汪达尔人暴政中解救出来的印象。① 平定汪达尔王国后，查士丁尼决定降服具有反叛传统的柏柏尔人。柏柏尔人进行了顽强的抵抗，遭遇失败时，柏柏尔人总是逃到山区或沙漠，重整旗鼓后卷土重来。

拜占庭帝国在北非遭遇了各种困难，包括柏柏尔人坚持多那图斯教义引发的宗教冲突、缺少军饷引发的军队哗变、北非与帝国中央距离遥远带来的统治不便等，这些因素最终促成阿拉伯人成功将罗马人彻底赶出北非。

柏柏尔人的努米底亚王国崛起自迦太基时代。王国位于迦太基领地和摩洛哥东部的木卢亚河（Moulouya）之间。努米底亚王国是柏柏尔人历史上首个由部落联盟发展而来的王国。公元前 3 世纪时，努米底亚地区由马赛西里亚人（Massaesylians）以及马西里亚人（Massylians）统治。前者位于木卢亚河到阿尔及利亚东部的鲁姆迈勒河（Rhummel）之间，“大概占有现代阿尔及利亚的北半部”，② 首府在西加（Siga）③。后者位于阿尔及利亚东部，与突尼斯西部边界为

① ‘Ammār Buḥūsh, *al-Tārīkh al-Siyāsī li al-Jazā’ir: Min al-Bidāyah wa li Ghāyah 1962*, p. 23.

② Michael Brett and Elizabeth Fentress, *The Berbers*, p. 25.

③ 位于今奥兰以西的塔夫纳河口。统治地域相当于现在阿尔及利亚的奥兰、阿尔及尔两省。

邻，首府在塞达（Cirta）[①]。马赛西里亚人国力较强，与罗马人友善，在约前213年与罗马建立了同盟关系。马西里亚人与迦太基地理位置接近，亲迦太基，为迦太基的盟友。

马西里亚人一度与迦太基保持着十分友好的关系，迦太基商贾和农民给当地带来了经济繁荣，当地人认为腓尼基人是来帮助他们实现富裕的。[②]但在第二次布匿战争期间（前218~前201年），迦太基人为抵御罗马远征军入侵北非，决定与努米底亚西部的马赛西里亚人结盟，舍弃了原先的盟友马西里亚人。马赛西里亚人的君主赛法克斯（Syphax）在迦太基的支持下，夺取了马西里亚人的领土，马西里亚人的君主马西尼萨只得在北非的沙漠中辗转流徙。罗马远征军在非洲登陆之后，马西尼萨立即归附。第二次布匿战争以迦太基求和结束，赛法克斯也被罗马人所擒。马西尼萨因援助罗马远征军有功，获得罗马当局承认。公元前203年，马西里亚人击败了其西部对手马赛西里亚人，努米底亚的所有领土都转到了马西尼萨的手中。马西尼萨由此建立了努米底亚王国，定都塞达。王国的疆域由木卢亚河延伸到突尼斯西部的塔巴尔卡（Tabarka），相当于今阿尔及利亚的东部和中部，境内人口大约有10万。王国对外与罗马人结盟。

马西里亚王国原本是柏柏尔部落联盟，马西尼萨是部落联盟首领。努米底亚王国建立之后，马西尼萨致力于实施集权统治，力图突破部落联盟首领的限制而成为君主。马西尼萨使柏柏尔游牧民定居下来，“用种植小麦、大麦和其他粮食作物来代替带有侥幸性的畜牧业”，[③]以提高柏柏尔人的生活水平。在马西尼萨之前，柏柏尔人很少从事农业，马西尼萨使努米底亚的柏柏尔人成了定居居民，并证明了努米底亚在种植农作物方面的潜力。农业方面的成就被视为“他重大的、最非凡的成就”。[④]他建立了有效的税收制度。为巩固他的事业，他改变了政权的性质，自己成为终身制的君主，并以长子为继承者。“马

① 今君士坦丁。统治地域相当于现在阿尔及利亚的君士坦丁省。

② Ibrāhīm Aḥmad al-‘Adawī, *Bilād al-Jazā’ir: Takwīnuhā al-Islāmī wa al-‘Arabī*, p. 34.

③〔法〕马塞尔·佩鲁东:《马格里布通史：从古代到今天的摩洛哥、阿尔及利亚、突尼斯》，第45页。

④ Phillip C. Naylor, *North Africa: A History from Antiquity to the Present*, Austin: University of Texas Press, 2009, p. 41.

西里亚人的国王马西尼萨建立的努米底亚王国，是第一个被人们承认的柏柏尔王国。”[①] 史学界一般认为，“通过这一事件，就形成了阿尔及利亚国家的雏形，后来经过若干世纪，这个国家就确定地形成了”。[②] 斯特凡讷·格塞尔认为，“在柏柏里亚那些和他在许多方面相似的伟大统治者，如穆拉比特王朝的优素福·伊本·塔士芬、穆瓦希德王朝的阿卜德·穆明和摩洛哥王朝的贵族穆莱·伊斯梅尔等人中，他（指马西尼萨）也是最伟大的。……对马西尼萨的膜拜持续了许多世纪”。[③]

罗马人忌惮一个统一的柏柏尔王国，即使它是罗马的盟友。在马西尼萨统治努米底亚期间，罗马的一贯策略是让迦太基与努米底亚相互争斗、罗马居中取利。公元前 148 年马西尼萨去世，罗马人埃米利安·西庇阿（Emilien Scipio）充当其遗嘱执行人。根据埃米利安·西庇阿的安排，马西尼萨的儿子米齐普撒（Micipsa）继承王位，但是王国由米齐普撒与其两兄弟分治。分治并非领土的分割，而是权力与责任的分担，三人分别执掌王国的军事、行政和司法。这一安排保证了罗马的安全。通过这一手段，罗马有效削弱了努米底亚的国力。

公元前 118 年米齐普撒去世，他的两个儿子与过继的侄子朱古达都是合法继承人。由于继承人间不合，罗马乘机分割了努米底亚王国。朱古达不满王国被分割，力图重建一个统一、独立的努米底亚王国，于是举兵反抗罗马。战争从公元前 111 年持续到公元前 105 年初，朱古达一度打败了罗马军队，柏柏尔部落也在朱古达的周围团结起来。但朱古达最终还是在公元前 105 年初败于罗马军团。努米底亚因此被分成两个部分：西半部给了波库斯（Bocchus），东半部给了朱古达的兄弟伽乌达（Gauda）。努米底亚沦为罗马的保护地。公元前 46 年，努米底亚被合并到罗马在非洲的行省。

努米底亚代表了柏柏尔文化发展的顶峰之一。斯特凡讷·格塞尔指出：

---

① Phillip C. Naylor, *Historical Dictionary of Algeria* (The Third Edition), p. 122.

② 〔法〕马赛尔·艾格列多：《阿尔及利亚民族真相》，维泽译，世界知识出版社，1958，第 10 页。

③ 〔法〕夏尔 – 安德烈·朱利安：《北非史：突尼斯、阿尔及利亚、摩洛哥》（第一卷），上册，第 180~181 页。

“公元前二世纪到公元前一世纪中叶，努米底亚在柏柏尔人国王们统治下取得的进展，比它沦为罗马共和国行省时的进展来得大。”[①] 马赛尔·艾格列多认为，“阿尔及利亚的稼穑，阿尔及利亚经济、社会和文化的繁荣，并不是始于罗马的占领，而是始于这个古老的时代”。[②] 夏尔－安德烈·朱利安认为，“也许除了桑哈贾人兴盛时期，马格里布从来没有这样接近于实现建立一个自由发展本身文明的国家的理想”。[③] 菲利浦·C. 奈勒认为，“朱古达对罗马帝国主义的抵抗，和他祖父的杰出统治，在阿尔及利亚人的记忆中产生了共鸣，鼓舞了20世纪反对法国殖民统治的民族主义者”。[④] 阿尔及利亚著名诗人、散文家让·阿姆鲁什（Jean Amrouche，1906~1962年）在《永恒的朱古达》（1943）中，把朱古达与现代阿尔及利亚认同联系起来。[⑤] 努米底亚作为阿尔及利亚历史上的第一个国家，是阿尔及利亚人特别是柏柏尔人永远的光辉记忆，它已成为阿尔及利亚民族国家认同和柏柏尔族群认同的一个文化标识。朱古达更是以其坚决反对罗马人的精神成为柏柏尔人记忆中的民族英雄，当代柏柏尔主义运动的一个重要口号就是“追随永恒的朱古达精神”，为自由、尊严与独立而战。

柏柏尔人反抗精神的另一个表现是对基督教的接受。在当时的历史背景下，基督教很大程度上是作为一种反对罗马人的意识形态为柏柏尔人所接受的。

关于基督教传入北非存在三种观点。第一种观点认为基督教创立后，传教士在意大利和北非同时传播基督教思想，伊本·赫勒敦对此有所记载。[⑥] 第二种观点认为基督教由来自东方的商人带入迦太基，犹太人在其中发挥了重要作用。鉴于迦太基人与东方的密切联系和重商传统，这种观点不无道理。突尼斯早期教堂的遗址和遗留的艺术品也证明曾有大量当地人信奉基督教。第三种观

① 转引自〔法〕夏尔－安德烈·朱利安《北非史：突尼斯、阿尔及利亚、摩洛哥》（第一卷），上册，第180~181页。

② 〔法〕马赛尔·艾格列多：《阿尔及利亚民族真相》，第11页。

③ 〔法〕夏尔－安德烈·朱利安：《北非史：突尼斯、阿尔及利亚、摩洛哥》（第一卷），上册，第174页。

④ Phillip C. Naylor, *North Africa: A History from Antiquity to the Present*, p. 42.

⑤ Ibid., p. 260.

⑥ Mubārak b. Muḥammad al-Hilālī al-Mīlī, *Tārīkh al-Jazā'ir fī al-Qadīm wa al-Ḥadīth*, p. 219.

点认为基督教随着罗马征服传入北非。

无论基督教通过何种途径进入北非，可以肯定的是柏柏尔人接受了这种信仰。公元 197 年前后，柏柏尔基督教神学家特尔图良 (Tertullien，160~230 年) 宣称基督教徒已遍布四野，不同性别、年龄和社会阶层的人都信奉了基督教。① 夏尔 – 安德烈 · 朱利安指出，在公元 3 世纪初的非洲教会迦太基会议上，以阿格里平主教为首的 70 名总督领行省与努米底亚的主教参加了会议。② 埃及学者萨阿德 · 扎格卢勒 · 阿卜德 · 哈米德（Sa ‘d Zaghlūl ‘Abd al-Ḥamīd）也曾记录，圣徒基普里安（St. Cyprian）在 3 世纪中期着手组织非洲的教会。③

值得注意的是，关于北非基督教的记载几乎都与罗马镇压和柏柏尔人反抗有关。罗马皇帝接受基督教之前，柏柏尔人选择了基督教，因而遭到罗马当局的迫害。“柏柏尔人为传播这种宗教付出生命，许多伟大的人物为基督教殉葬。” ④ 罗马皇帝接受基督教后，柏柏尔人又被主张对罗马统治者发动革命的基督教异端多那图斯教派所吸引。

罗马皇帝接受基督教前，北非的罗马统治当局对基督徒进行了残暴的镇压。据夏尔 – 安德烈 · 朱利安所著的《北非史：突尼斯、阿尔及利亚、摩洛哥》记载，公元 180 年，在斯齐里城有 12 名基督徒被判斩首；公元 203 年，在总督领行省的土布尔波 – 米努斯市，有 6 名基督徒被判投给野兽。⑤ 早期的镇压主要针对个体的基督徒。随着基督教的传播，罗马帝国开始对北非基督徒进行大规模迫害。公元 250 年，罗马皇帝戴克优斯颁布敕令，要求臣民摒弃一切其他信仰，特别是放弃基督教，同时强迫每人书写一份效忠于帝国的声明。“303 年，戴克里先颁布敕令，禁止基督教徒举行宗教仪式。基督教徒被排除

① 〔法〕夏尔 – 安德烈 · 朱利安：《北非史：突尼斯、阿尔及利亚、摩洛哥》（第一卷），上册，第 343 页。

② 同上。

③ 〔埃及〕萨阿德 · 扎格卢勒 · 阿卜德 · 哈米德：《阿拉伯马格里布史》（第一卷），上册，第 85 页。

④ Mubārak b. Muḥammad al-Hilālī al-Mīlī, *Tārīkh al-Jazā'ir fī al-Qadīm wa al-Ḥadīth,* p. 220.

⑤ 〔法〕夏尔 – 安德烈 · 朱利安：《北非史：突尼斯、阿尔及利亚、摩洛哥》（第一卷），上册，第 345~346 页。

到军队和官吏的队伍之外。基督教公社的社址被捣毁，它们的财产被没收。某些最顽强的基督教徒则被处死刑。”① 有学者认为，“这是基督教教会在其存在的全部期间所受到的最大的一次迫害”。② 在罗马治下的北非，捣毁教堂、没收财产、强迫基督徒改宗等活动大规模展开。

戴克里先在大规模迫害基督教时期（303~305 年），要求主教交出《圣经》，北非的主教由此发生了分化。一部分人宁死不屈，另一部分人为求生交出了《圣经》。公元 305 年，努米底亚首府塞达主教布鲁什（Būlūsh）去世，萨尔法努斯（Salfānūs）成为该教区主教的热门人选。③ 但有人指控他曾向罗马当局屈服、交出了《圣经》，北非基督徒的内部分化始见端倪。公元 311 年，君士坦丁继任罗马皇帝。他对基督徒采取了温和的态度。罗马与北非基督教会的关系得到改善。但公元 305 年以来基督徒内部的分化，却随着罗马皇帝对基督教态度的改变而愈演愈烈。君士坦丁即位当年，迦太基主教去世，苏莱曼（Sulaymān）成为继承者。70 余名主教指控苏莱曼向罗马人效忠，并要求当面对质。苏莱曼对此表示拒绝后，他们宣布苏莱曼的地位无效。这些主教推举多那图斯（Dūnatūs）为领袖，多那图斯教派由此发展起来。

在大规模迫害时期，下层教徒对一些主教交出《圣经》的行为不满，多那图斯派因此很快获得北非柏柏尔人的支持。多那图斯派反对对罗马当局妥协，反对教会拥有财产，④ 倡导均贫富、平等和解放奴隶。⑤ 一些激进的多那图斯教徒坚持清修、排斥其他基督徒和富人。⑥313 年，罗马帝国承认基督教的合法地位，同时宣布多那图斯派为非法教派，联合基督教正统派非洲教会迫害多那图斯派。

公元 4 世纪中叶，多那图斯派支持不甘心受罗马压迫的柏柏尔人掀起了大规

① 〔俄〕科瓦略夫:《古代罗马史》，王以铸译，上海书店出版社，2007，第 817 页。
② 同上。
③ Mubārak b. Muḥammad al-Hilālī al-Mīlī, *Tārīkh al-Jazā'ir fī al-Qadīm wa al-Ḥadīth*, p. 221.
④ 〔俄〕科瓦略夫:《古代罗马史》，第 838 页。
⑤ 〔埃及〕萨阿德·扎格卢勒·阿卜德·哈米德:《阿拉伯马格里布史》（第一卷），上册，第 88 页。
⑥ Mubārak b. Muḥammad al-Hilālī al-Mīlī, *Tārīkh al-Jazā'ir fī al-Qadīm wa al-Ḥadīth*, p. 222.

模的“争取正当信仰战士”运动。这场运动除了要求承认多那图斯派合法之外，还要求恢复柏柏尔人的土地所有权。这场运动一直持续到5世纪初。此后，多那图斯派又支持了另一次柏柏尔人大起义——公元372~375年的费尔姆斯（Firmus）起义。这场起义动摇了罗马的统治，加速了5世纪罗马人的溃退。① 由于支持柏柏尔人收复土地、坚定地与罗马当局抗争，多那图斯派的信众越来越多。

4世纪晚期，北非基督教正统派出现了一名著名主教奥古斯丁（Augustine，354~430年）。奥古斯丁是一名罗马化的柏柏尔人，33岁在米兰接受基督教洗礼，34岁回到北非过修道生活，42岁出任希波（Hippo）② 主教。奥古斯丁著书立说，与多那图斯派教徒进行论战，驳斥了多那图斯派的宗教观点，试图保护正统教会的权威。奥古斯丁以其不倦的热情、出色的辩才和组织管理能力恢复了非洲教会的统一，保证了正统教派的主导地位。多那图斯教派在奥古斯丁时代走向衰败。

汪达尔人占领北非后，信仰异端阿里乌派，对正统派进行了迫害，多那图斯派一度在北非复燃。拜占庭人收复北非后，试图恢复基督教正统，多那图斯派再次遭到迫害。然而正统派却未能在北非恢复统治地位，非洲教会陷入基督神性与人性的无休止争吵。内部四分五裂的北非基督教失去了吸引力，柏柏尔人逐渐放弃这种信仰。这一切为伊斯兰教在北非的传播奠定了基础。公元7世纪中叶，阿拉伯人以摧枯拉朽之势席卷马格里布，摧毁了北非的基督教。

综上，在阿拉伯人征服北非之前，柏柏尔人主要与东方的迦太基人和西方的罗马人共处于北非。对于以经济利益为主的迦太基人，柏柏尔人基本上采取了合作、共存的态度；对待以侵略和统治为目的的罗马人，绝大多数柏柏尔人采取了对抗的态度。无论异族的目的如何，柏柏尔人都表现出对独立、自由的渴望，建立努米底亚王国即是明证。柏柏尔人对基督教工具主义的态度同样在伊斯兰教在北非传播的最初阶段显现出来，类似于柏柏尔人创立基督教多那图

① Phillip C. Naylor, *Historical Dictionary of Algeria* (The Third Edition), p. 122.

② 今阿尔及利亚安纳巴。

斯派的历史也在柏柏尔人接受伊斯兰教的过程中重演。诚然，彼时的柏柏尔人还不具备现代意义上的族群意识，但反抗强权、渴望独立的心理特征无疑是柏柏尔文化和语言传承至今的一个重要原因。阿拉伯人到来前的这段经历为柏柏尔族群认同的构建提供了历史基础。

第二章　柏柏尔人穆斯林认同的历史渊源

穆斯林认同是柏柏尔认同的一个方面，是柏柏尔人与阿拉伯人的共同身份，阿尔及利亚民族国家认同在很大程度上是依靠阿拉伯人与柏柏尔人共同的穆斯林认同构建起来的。柏柏尔人穆斯林认同的关键之处在于它是柏柏尔人与阿拉伯人两个族群连接的纽带，是在柏柏尔主义运动的冲击下，维持阿尔及利亚民族国家认同的重要因素。尽管如此，穆斯林认同并非一直是柏柏尔人首选的认同，当阿尔及利亚民族主义试图将穆斯林认同与阿拉伯属性结合起来，从而向阿尔及利亚阿拉伯民族主义演化时，柏柏尔人并未因穆斯林认同而妥协，反而开始强调其自身的族群认同。

最初，柏柏尔人对待伊斯兰教的态度与其当年对待基督教的态度十分相似，很大程度上是工具性的。伊斯兰教在北非传播的初期，柏柏尔各部落大多为了部落利益选择某一教派，利用教派间的竞争，壮大本部落实力。随着伊斯兰教传播的深入，柏柏尔人中产生了自己的宗教学者，丰富了伊斯兰教的教义。柏柏尔人在此基础上建立了穆拉比兑、穆瓦希德两个北非古代史上最强盛的伊斯兰王朝。可以说柏柏尔人在伊斯兰化的过程中成为穆斯林，但并没有成为阿拉伯人。

第一节　柏柏尔人对伊斯兰教的接受

柏柏尔人皈依伊斯兰教始于阿拉伯人对马格里布的军事征服，完成于公元

11世纪前后。他们的伊斯兰化涉及阿拉伯人与柏柏尔人之间、柏柏尔人不同分支之间的复杂关系。柏柏尔人最早接触的是逊尼派，但诸多柏柏尔部落在很长一段时期内选择了哈瓦利吉派或什叶派，并通过依附或支持这两个教派在北非建立了多个伊斯兰王朝。柏柏尔人在接受伊斯兰教过程中在各教派间游走，主要出于反抗阿拉伯统治者和保护部落利益的目的。除了选择受中央政权反对的教派外，柏尔加瓦塔部落的柏柏尔人甚至尝试创造柏柏尔人独特的“伊斯兰教”。

柏柏尔人在接受伊斯兰教的过程中，表现出三个特征。其一是部落利益至上，高于王朝的利益和作为一个整体的柏柏尔人的利益。伊斯兰教在很长时间内无法使以部落为单位、相互独立的柏柏尔各部落形成统一体，部落间选择不同的教派即是明证。柏柏尔人伊斯兰化进程中的各个王朝实为某一柏柏尔部落所控制，这是柏柏尔社会自古以来部落均势的一种表现。这也证明，当时柏柏尔人的社会结构以部落为主线，各部落之间没有形成共同体，因此并不存在柏柏尔人和阿拉伯人的整体性对抗。

其二是对伊斯兰教由被动到主动的接受。尽管柏柏尔人在接受伊斯兰教的初期多带有审时度势的考虑，但不可否认的是，柏柏尔人最终在伊斯兰的社会秩序下完成了新的身份定位。该地区的各种教派活动和王朝更迭是本土柏柏尔人在伊斯兰范畴内反对中央权威、进行自我定义的表现。各教派、各王朝都不同程度地促进了伊斯兰教在马格里布地区的传播和发展。

其三是在与阿拉伯人共同居住生活、以伊斯兰为共同宗教信仰的同时，拒绝被阿拉伯人完全同化。族群性对抗一直是马格里布各种宗教运动及王朝更迭的一条暗线。柏柏尔人依附中央政权之外的势力的做法，体现了其保护本族群独立性的诉求。而柏柏尔人建立相对独立的齐里王朝与哈马德王朝，则是这种诉求付诸实践的例证。

一　阿拉伯人征服北非后柏柏尔人与阿拉伯人的对抗与交流

阿拉伯人征服马格里布始于第二任正统哈里发欧麦尔时期。公元639年，阿慕尔·本·阿绥（‘Amr b. al-‘Āṣī）率领阿拉伯军队穿过苏伊士地峡进入拜占庭帝国统治下的非洲，642年9月征服埃及。[①] 在埃及站稳脚跟后，阿慕尔·本·阿绥于642~643年率领骑兵向西进军，占领了巴尔卡和的黎波里。[②] 奥斯曼继任哈里发以后，因麦地那的哈里发政府陷入政治斗争，阿拉伯人对马格里布的行动主要是以埃及为基地进行军事侦察和侵袭劫掠。

伍麦叶王朝建立后，迁都大马士革。660~670年，伍麦叶王朝与拜占庭帝国为夺取地中海霸权而相互争斗。[③] 为了控制地中海，伍麦叶王朝决定在早期征服的基础上向马格里布进军，谋求对整个地区的控制权。670年，阿慕尔·本·阿绥的部下欧格白·本·纳菲阿（'Uqbah b. Nāfi '）被任命为伍麦叶王朝远征军将领。欧格白·本·纳菲阿在军事征服的同时，开始有意识地推进伊斯兰教在北非的传播。据雅古布（Ya 'qūb）记载，"欧格白·本·纳菲阿召集部下并对他们说：'此地居民不晓伦理，面对利剑便皈依伊斯兰教，穆斯林一走就回到自己的传统和宗教中，我在他们之中看不到穆斯林的身影，我决定在这里建一座穆斯林居住的城市。'"[④] 欧格白·本·纳菲阿选择地理位置优越的凯鲁万建城，并在城中修建清真寺和各种建筑。凯鲁万很快发展成阿拉伯人在马格里布的重要传教据点和伊斯兰文化中心。这座城市至今仍是马格里布地区的一座重要城市，欧格白清真寺则成为伊斯兰教和穆斯林的灯塔。[⑤] 凯鲁万城的兴建是柏柏尔人皈依伊斯兰教的起点，它的发展有力地促进了柏柏尔人的伊斯兰化。

随着阿拉伯人的不断深入，柏柏尔人的抵抗也强烈起来。674年，艾布·穆哈吉尔·迪纳尔（Abū al-Muhājir Dinār）接替欧格白·本·纳菲阿继续西征。艾布·穆哈吉尔·迪纳尔行至阿尔及利亚东部时，遭到信仰基督教的柏柏尔部落的激烈反抗。这些分布在奥雷斯山西部和瓦利利（Walīl）之间的部落，在库

---

① 〔美〕菲利浦·希提：《阿拉伯通史》（第十版），第146~150页。

② 同上书，第153页。

③ Jamil M. Abun-Nasr, *A History of the Maghrib in the Islamic Period*, Cambridge, New York, and Oakleigh: Cambridge University Press, 1987, p. 33.

④ 'Abd al-Maqṣūd 'Abd al-Ḥamīd Bāshā, *Mauqif al-Barbar min al-Fatḥ al-Islāmī li al-Shimāl al-Ifrīqī*, Maṭba'ah al-Jablāwī, 1989, p. 51.

⑤ Ibid., p. 53.

塞拉·本·拉姆敦（Kusaylah b. Lamtun）领导下结成部落联盟，以阿尔及利亚西部城市特莱姆森（Tlemcen）为据点，反抗艾布·穆哈吉尔·迪纳尔的征服。尽管艾布·穆哈吉尔·迪纳尔最终击败库塞拉·本·拉姆敦，但并没有将其诛杀，库塞拉·本·拉姆敦在皈依伊斯兰教之后仍然保持着部落联盟首领的地位。柏柏尔人将艾布·穆哈吉尔·迪纳尔的缓和措施理解为阿拉伯人放弃征服的征兆，从而加强了游击战。①

681 年欧格白·本·纳菲阿复职，库塞拉·本·拉姆敦被捕。682 年欧格白·本·纳菲阿发起了新一轮西征。在西征归途中，他遭遇柏柏尔人和拜占庭人组成的联军进攻，在塔胡达（Tahūdah）②附近被杀。库塞拉·本·拉姆敦趁势占领了凯鲁万并将其变为自己的首府，许多改宗的柏柏尔人因此放弃了伊斯兰教，欧格白·本·纳菲阿取得的征服成果几乎化为乌有。奥雷斯也因此获得了"柏柏尔人反抗之心"③的地位。欧格白·本·纳菲阿之死对于伍麦叶王朝而言是莫大的耻辱，此后"穆斯林征服者与柏柏尔领袖之间不再有媾和的空间，阿拉伯人坚定了以军事征服在马格里布建立伊斯兰的信念"。④

欧格白·本·纳菲阿的副手祖海尔·本·盖斯（Zuhayr b. Qays）在一支阿拉伯援军的帮助下重返凯鲁万。库塞拉·本·拉姆敦率领柏柏尔与拜占庭联军撤退到凯鲁万西部的山区。双方在凯鲁万附近的马姆斯（Mems）展开决战，库塞拉·本·拉姆敦兵败被杀。当祖海尔·本·盖斯在突尼斯采取行动时，拜占庭军队重新占领了昔兰尼加。祖海尔·本·盖斯率军从凯鲁万东返，在拜占庭军队的攻击下，寡不敌众，战败身亡。⑤

经过库塞拉·本·拉姆敦事件，哈里发阿卜杜·马立克意识到，长久征服马格里布并使之成为伊斯兰国家的一部分，主要障碍是拜占庭帝国在海岸

---

① 参见〔法〕马塞尔·佩鲁东《马格里布通史：从古代到今天的摩洛哥、阿尔及利亚、突尼斯》，第 152 页。

② 塔胡达为拜占庭帝国要塞，位于今阿尔及利亚比斯克拉（Biskra）附近。

③〔法〕夏尔－安德烈·朱利安：《北非史：突尼斯、阿尔及利亚、摩洛哥》（第二卷），上海新闻出版系统"五·七"干校翻译组译，上海人民出版社，1974，上册，第 18 页。

④ Jamil M. Abun-Nasr, *A History of the Maghrib in the Islamic Period*, p. 30.

⑤ Ibid.

线上的据点。[1]693 年，哈桑·本·努阿曼（Ḥasan b. al-Nu ‘mān）被任命为伍麦叶王朝易弗里基叶（Ifrīqiyah）[2] 地区长官。[3] 他率领大约四万大军穿越昔兰尼加和的黎波里。进入突尼斯之后，哈桑·本·努阿曼直接向北进军。[4]698 年，占领了拜占庭帝国阿非利加省的首府迦太基，在宾泽特（Bizerte）击败了拜占庭人与柏柏尔人的联军。[5] 在随后进行的与柏柏尔人的决战中，哈桑·本·努阿曼遭遇另一位柏柏尔人反抗首领卡希娜（al-Kahīnah）女王。卡希娜是柏柏尔杰瓦拉（Jawara）部落的首领兼祭司，其驻地为阿尔及利亚东北部的贝贾亚（Bijāyah）。拜占庭在突尼斯的统治崩溃后，阿拉伯军队的打击目标转到卡希娜身上。在加贝斯（Gabis）附近的战役中，卡希娜女王兵败被杀。

消灭卡希娜之后，哈桑·本·努阿曼重新占领了被拜占庭人收复的迦太基，将其夷为平地。之后在附近修建了突尼斯城。从此阿拉伯人结束了拜占庭帝国在北非的统治。阿拉伯人还以突尼斯为海军基地逐步掌握了地中海霸权。“在荡平柏柏尔人、驱逐拜占庭人之时，阿拉伯人将利比亚西部（的黎波里塔尼亚）、突尼斯、阿尔及利亚东部连成一片，建立易弗里基叶省。”[6]705 年，穆萨·本·努赛尔（Mūsā b. Nuṣayr）就任易弗里基叶总督。易弗里基叶从此脱离埃及成为独立的总督区，以凯鲁万为首府，归大马士革的哈里发直接管辖。[7] 穆萨·本·努赛尔将易弗里基叶的西部边界扩展到丹吉尔城（Ṭanjah），南部边

① Jamil M. Abun-Nasr, *A History of the Maghrib in the Islamic Period*, p. 30.

② “易弗里基叶”是拉丁语“阿非利加”的阿拉伯语形式。阿拉伯征服初期，易弗里基叶所指的区域包括的黎波里、突尼斯、阿尔及利亚东部。随着征服的深入，其范围一度包括中马格里布、西马格里布、西班牙。公元 800 年，马格里布地区的艾格莱卜王朝建立，易弗里基叶的范围固定下来，指称相当于当今突尼斯和阿尔及利亚东部（一般以君士坦丁为界）的地域。

③〔美〕菲利浦·希提:《阿拉伯通史》（第十版），第 195 页。

④ Jamil M. Abun-Nasr, *A History of the Maghrib in the Islamic Period*, p.31.

⑤〔埃及〕萨阿德·扎格卢勒·阿卜德·哈米德:《阿拉伯马格里布史》（第一卷），上册，第 248 页。

⑥ Phillip C. Naylor, *North Africa: A History from Antiquity to the Present*, p. 65.

⑦〔美〕菲利浦·希提:《阿拉伯通史》（第十版），第 196 页。

界拓展到苏斯地区和塔菲拉勒特（Tāfīlālt）绿洲。[①] 马格里布地区终于纳入阿拉伯帝国的版图。

除了抵抗阿拉伯人征服北非外，一些柏柏尔部落充当起阿拉伯人与撒哈拉以南地区贸易的向导。世代生活在毛里塔尼亚至阿哈加尔沙漠之间的游牧的桑哈贾人是其中的代表。游牧的桑哈贾人包括三个主要分支：拉姆图纳部落、库达拉（Kudālah）部落和马苏法（Masūfah）部落。这些部落控制着马格里布与加纳索宁卡（Soninke）之间的跨撒哈拉贸易。马苏法部落控制着主要贸易线路，充当商队向导。拉姆图纳部落控制着贸易线路的南端重镇奥达古斯特（Awdaghust），对与马格里布商人进行贸易的黑人有较强的影响力。[②] 库达拉部落居住在西南撒哈拉地区的大西洋沿岸，对跨撒哈拉贸易影响力较小，是拉姆图纳部落和马苏法部落的同盟者。

这些充当跨撒哈拉沙漠贸易向导的桑哈贾部落正是后来穆拉比兑王朝的建立者。这一史实说明，贸易交流是促进阿拉伯人与柏柏尔人之间的文化交流和柏柏尔人伊斯兰化的因素之一。此外，这些柏柏尔部落的商业活动还促进了伊斯兰教在西非的传播。例如在拉姆图纳人的影响下，加纳王国“内部形成了一些穆斯林的城镇，首都也分为穆斯林和非穆斯林聚居区”。[③]

二　柏柏尔人与哈瓦利吉派

伍麦叶人认为，“穆斯林控制马格里布不是通过归顺，而是通过征服。根据伊斯兰教法，他们有权向柏柏尔人同时征收人丁税和土地税”。[④] 但实际上，这已经超出了伊斯兰教法所允许的范围。除了对柏柏尔人征收重税以外，在征服过程中加入阿拉伯军队的柏柏尔士兵，也未能获得与阿拉伯士兵同样的地位和军饷。与作为征服者的阿拉伯人相比，柏柏尔人即使皈依伊斯兰教也只能成为“麦瓦里”，实际上处于“二等穆斯林”的地位，受到伍麦叶王朝统治者的歧视

---

① Jamil M. Abun-Nasr, *A History of the Maghrib in the Islamic Period*, p. 32.

② Ibid., p. 77.

③ 金宜久主编《伊斯兰教史》，江苏人民出版社，2006，第 349 页。

④ Jamil M. Abun-Nasr, *A History of the Maghrib in the Islamic Period*, p. 33.

和压迫。

伍麦叶王朝后期，哈瓦利吉派渗入人口稀少、远离王朝中心的马格里布地区，开始秘密传教。哈瓦利吉派的教义主张穆斯林人人平等、暴虐的哈里发应被推翻，倡导平均财富、清心寡欲的生活，反对铺张浪费。“哈瓦利吉派的平均主义与伍麦叶阿拉伯人的特权形成鲜明对照，为柏柏尔人提供了一种有吸引力的伊斯兰选择。”① 该派的思想符合柏柏尔人要求平等的心理诉求和反抗压迫的行动需要，“在北非柏柏尔人的政治和经济不满中找到了肥沃的土壤”，② 受到柏柏尔人的欢迎。有美国学者认为，哈瓦利吉派是“第一个成功地在柏柏尔人中争取到皈依者的派别”。③ 具体而言，哈瓦利吉派的两个支派苏福里亚派（Ṣufriyyah）和伊巴德派（Ibāḍiyyah）在柏柏尔人中争取了众多信徒。

柏柏尔人接受哈瓦利吉派后，很快在该派教义的鼓舞下发起了一场反对伍麦叶王朝的大起义，试图在北非建立独立的柏柏尔王朝。这场起义几乎与东方的阿拔斯革命同时发生。公元 740 年，凯鲁万挑水夫、信奉苏福里亚派的麦希拉·穆塔加里（Masīrah al-Muṭaghārī）率领一支由 25000 人组成的柏柏尔军队从阿尔及利亚中部扎卜（al-Zāb）地区首府塔布纳（Ṭabnah）出发，向西马格里布进军。梅克内斯（Maknāsah）、柏尔加瓦塔（Barghawāṭah）等柏柏尔部落相继加入起义军。攻克丹吉尔后，起义军宣布脱离伍麦叶哈里发，拥立麦希拉·穆塔加里为哈里发，他由此成为第一位称“哈里发”的柏柏尔人。④ 之后不久，扎纳塔人哈立德·本·哈米德（Khālid b. Ḥamīd）取代了麦希拉·穆塔加里。742 年，起义军逼近凯鲁万。⑤ 尽管伍麦叶王朝埃及总督竭尽全力保住了凯鲁万，这次起义还是削弱了伍麦叶王朝在马格里布地区的影响力，“摩洛哥和

---

① Phillip C. Naylor, *North Africa: A History from Antiquity to the Present*, p. 69.

② Hsain Ilahiane, *Historical Dictionary of the Berbers (Imazighen)*, Introduction, p. xxxiv.

③〔美〕埃里克·吉尔伯特、乔纳森·T. 雷诺兹:《非洲史》，黄磷译，海南出版社、三环出版社，2007，第 97 页。

④ ‘Ammār Buḥūsh, *al-Tārīkh al-Siyāsī li al-Jazā’ir: Min al-Bidāyah wa li Ghāyah 1962*, p. 32.

⑤ Jamil M. Abun-Nasr, *A History of the Maghrib in the Islamic Period*, p. 39.

阿尔及利亚四分之三的领土都摆脱了阿拉伯人的统治”，[①] 这为后来马格里布地区多个柏柏尔伊斯兰王朝的建立奠定了基础。

阿拔斯王朝取代伍麦叶王朝以后，阿拉伯人未能恢复对马格里布地区的完全控制。757 年，哈瓦利吉派占领凯鲁万。[②] 哈里发曼苏尔于 761 年派出远征军征讨哈瓦利吉派，收复了凯鲁万，但对于凯鲁万以西的区域，哈里发鞭长莫及。阿尔及利亚的扎卜地区，成为阿拔斯总督管辖地区的西部边界。[③] 柏柏尔人的地方王朝开始建立，这些王朝都强调其统治的伊斯兰特性，并拒绝承认哈里发的政治权威。在柏柏尔地方王朝的统治下，伊斯兰教在柏柏尔人中进一步传播。

马格里布地区建立的第一个柏柏尔人地方性伊斯兰王朝是伊巴德派的鲁斯塔姆王朝（776~909 年）。鲁斯塔姆王朝是马格里布地区伊斯兰史上最著名的哈瓦利吉派王朝，[④] 也是阿尔及利亚境内建立的第一个地方性伊斯兰王朝。

鲁斯塔姆王朝的建立者阿卜杜·拉赫曼·本·鲁斯塔姆（‘Abd al-Raḥmān b. Rustam）是在凯鲁万长大的波斯人，成年后到巴士拉学习伊巴德派教义。回到家乡后，他开始宣传伊巴德派教义。在阿拔斯远征军的压力下，阿卜杜·拉赫曼·本·鲁斯塔姆于 761 年率领部分伊巴德派教徒从的黎波里和突尼斯南部迁徙到阿尔及利亚中部。768 年，的黎波里地区的伊巴德派和苏福里亚派教徒联合暴动，遭到阿拔斯王朝凯鲁万总督镇压。暴动失败后，的黎波里、突尼斯南部的伊巴德派部落迁往阿尔及利亚，与阿卜杜·拉赫曼·本·鲁斯塔姆汇合。经过这两次部落迁徙，阿尔及利亚取代的黎波里成为马格里布伊巴德派的主要阵地。[⑤] 阿卜杜·拉赫曼·本·鲁斯塔姆及其追随者在柏柏尔部落中广泛宣传伊巴德派教义，响应号召的柏柏尔部落都来投奔他，伊巴德派在阿尔及利亚地区逐渐发展起来。

776 年，阿尔及利亚的伊巴德派部落拥立阿卜杜·拉赫曼·本·鲁斯塔姆

---

① John Ruedy, *Modern Algeria: The Origins and Development of a Nation*, p. 12.

② ‘Ammār Buḥūsh, *al-Tārīkh al-Siyāsī li al-Jazā’ir: Min al-Bidāyah wa li Ghāyah 1962*, p. 33.

③ Jamil M. Abun-Nasr, *A History of the Maghrib in the Islamic Period*, p. 41.

④ Abdallah Laroui, *The History of the Maghrib: An Interpretive Essay*, p. 114.

⑤ Jamil M. Abun-Nasr, *A History of the Maghrib in the Islamic Period*, p. 43.

为伊马目，建立了柏柏尔人的伊巴德派王朝——鲁斯塔姆王朝。王朝的首都位于塔哈尔特（Tāhart）①，东、西边境分别与逊尼派的艾格莱卜王朝、什叶派的易德里斯王朝接壤，往南深入撒哈拉沙漠的腹地。王朝控制了阿尔及利亚，即中马格里布地区，只有东部被艾格莱卜王朝控制的扎卜、西部与易德里斯王朝存在争议的特莱姆森除外。② 从突尼斯和的黎波里迁徙来的柏柏尔伊巴德派部落居住在塔哈尔特附近。塔哈尔特发展成北非伊巴德派的宗教文化中心和北非重要的商贸中心。

鲁斯塔姆王朝与过去柏柏尔人所建的王国存在天壤之别，它超越了部落联盟，体现了超部落的宗教政治。这可以从王朝伊马目的地位、职权中获知。鲁斯塔姆王朝的最高领导人是伊马目，拥有“信士们的长官”称号。③ 作为政教合一的领袖，他不受柏柏尔部落联盟杰马制度的约束，但在处理经济社会问题时，伊马目须与部落领袖协商；处理宗教事务时，须与舒拉会议协商。

鲁斯塔姆王朝在公共事务中强调教法原则，大法官一职是王朝的首要官职，司法权与中央权力相互独立。大法官被视为伊斯兰教法和伊斯兰道德准则的捍卫者，因此伊马目在任命大法官时十分审慎。在任命新法官前，伊马目都要进行广泛咨询，选择信仰虔诚、公正廉明的人担任这一职务。在税收方面，伊马目严格遵守教法规定，国库收入来自什一税，征收天课分配给穷人。

鲁斯塔姆王朝允许不同教派、种族在其境内居住。塔哈尔特城中居住着伊巴德派、苏福里亚派以及逊尼派马立克教法学派信徒，每个派别都有自己的专属街区和清真寺。来自呼罗珊的波斯人、来自凯鲁万的易弗里基叶人、的黎波里的内富萨人和安达卢西亚人都在城中居住。④ 其中内富萨人（柏柏尔人分支）和波斯富豪是王朝的两大支柱。王朝的重要官职一般由这两大集团的成员充任。两个集团之间常常出现矛盾。此外，王朝境内的各柏柏尔部落彼此分散、相互

① 在今阿尔及利亚西部城市提亚雷特（Tiyārat）附近。

② ‘Uthmān al-Ka‘āk, *Mūjaz al-Tārīkh al-‘Āmm li al-Jazā’ir: Min al-‘Aṣr al-Ḥajarī ilā al-Iḥtilāl al-Faransī*, p. 120.

③ Ibid., p. 125.

④ Ibid., p. 138.

独立，他们除了共同的伊巴德派信仰之外并没有太多的共同之处。因此鲁斯塔姆王朝未能形成强大的国力和统一的军事力量。

在鲁斯塔姆王朝时期，阿尔及利亚迎来了一次思想和文化发展的高潮。关于哈瓦利吉派，特别是伊巴德派宗教思想的研究十分活跃。宗教学者围绕这一议题展开了热烈的讨论。鲁斯塔姆人还建立了一座名叫马阿素马（Ma ‘ṣūmah）的大图书馆，收藏了各种宗教、历史、科学、数学的书籍，这座图书馆后来在什叶派占领塔哈尔特时被烧毁。①

总体而言，鲁斯塔姆王朝在政治、经济、思想领域都实行了一种开明的政策，王朝以其恪守伊斯兰准则的形象成为马格里布地区其他王朝的楷模。② 王朝在处理对外关系时也强调睦邻友好原则，与逊尼派的艾格莱卜王朝、什叶派的易德里斯王朝长期保持友好关系。909 年，军事力量过于弱小的鲁斯塔姆王朝被什叶派的法蒂玛王朝轻而易举地征服，伊巴德派的中心塔哈尔特被摧毁。末代伊马目雅古布（Ya ‘qūb）逃往瓦尔格拉（Wargalah）绿洲，寻求柏柏尔希德拉塔（Sidrātah）部落的庇护。此后一个世纪，瓦尔格拉成为伊巴德派的主要避难地。③

11 世纪以来，伊巴德派开始在瓦尔格拉西北的穆扎卜河谷（Wādī Muzāb）建立新的定居点，穆扎卜河谷逐渐成为伊巴德派的主要聚居区。1053 年，伊巴德派在穆扎卜地区建造了盖尔达耶城。“直至今天，穆扎卜的伊巴德派社会仍然保留着强烈的宗教氛围，宗教领袖在公众生活中依旧居于统治地位。” ④ 居住在那片区域的伊巴德派柏柏尔人，成为现代阿尔及利亚四支柏柏尔人之一穆扎比人，至今仍然信仰伊巴德派。

除了伊巴德派之外，苏福里亚派柏柏尔人也曾建立独立的国家米德拉尔伊马目国（790~977 年）。哈瓦利吉派大起义之后，以梅克内斯部落为主的苏福里亚派柏柏尔人从阿尔及利亚西北部和摩洛哥东北部向南迁徙，来到摩洛哥南

① ‘Uthmān al-Ka‘āk, *Mūjaz al-Tārīkh al-‘Āmm li al-Jazā’ir: Min al-‘Aṣr al-Ḥajarī ilā al-Iḥtilāl al-Faransī*, p. 139.

② Ibrāhīm Aḥmad al-‘Adawī, *Bilād al-Jazā’ir: Takwīnuhā al-Islāmī wa al-‘Arabī*, p. 203.

③ Jamil M. Abun-Nasr, *A History of the Maghrib in the Islamic Period*, p. 48.

④ Ibid., p. 49.

部的塔菲拉勒特绿洲定居。他们的首领是艾布·卡西姆·萨姆库·本·瓦苏勒（Abū al-Qāsim Samkū b. Wasūl），绰号米德拉尔（Midrār）。他于757年开始建造西吉勒马赛（Sijilmāsah）[①]。

雅萨·本·米德拉尔（al-Yasa ‘ b. Midrār）担任伊马目期间（790~823年），完成了西吉勒马赛城的建造，征服了居住在西吉勒马赛以西的德腊（Dar ‘ah）地区的柏柏尔人，并向该地的金银采掘者征税，西吉勒马赛由此日渐繁荣。雅萨·本·米德拉尔还为西吉勒马赛修建了坚固的城墙和清真寺，西吉勒马赛作为穆斯林中心城市的特征日渐清晰。

米德拉尔伊马目国实行宗教宽容政策。米德拉尔伊马目国是一个以西吉勒马赛为中心的城市国家，居民主要以跨撒哈拉贸易为生。西吉勒马赛是跨撒哈拉贸易线路的北部终点、通往黑非洲的门户。那里的居民来自各地，除了梅克内斯部落以外，还有来自马格里布不同地区的柏柏尔人、阿拉伯人，以及黑人、犹太人、安达卢西亚人等。多元文化是西吉勒马赛的重要特征，实行宗教宽容是顺势而为的政策。

作为一个城市国家，米德拉尔伊马目国的立国基础主要在于梅克内斯部落的团结，因此宗教在西吉勒马赛的公众生活中所起的作用远不及鲁斯塔姆王朝。米德拉尔伊马目国原本信奉苏福里亚派。但苏福里亚派后来在教派斗争中败给了伊巴德派，伊本·赫勒敦记载，伊马目“穆罕默德·本·麦蒙（Muḥammad b. Ma’ mūn，877~884年在位）甚至承认了伊巴德派”。[②]米德拉尔伊马目国还与伊巴德派的鲁斯塔姆王朝结成姻亲。[③]虽然在宗教方面施行比较宽松的宗教政策，但米德拉尔伊马目国对什叶派无甚好感。这主要是因为什叶派的易德里斯王朝持续打压其境内的苏福里亚派部落，且易德里斯二世一直谋求向摩洛哥南部扩张，威胁到米德拉尔伊马目国的安全。易德里斯二世死后，米德拉尔伊马目国的安全威胁得以解除，从此与什叶派和睦相处，直到欧贝杜拉的

---

① 位于今摩洛哥南部城市里萨尼（Rīsānī）附近。

② Jamil M. Abun-Nasr, *A History of the Maghrib in the Islamic Period*, p. 50.

③ 〔法〕夏尔－安德烈·朱利安：《北非史：突尼斯、阿尔及利亚、摩洛哥》（第二卷），上册，第56页。

到来。

法蒂玛王朝第一任哈里发什叶派“马赫迪”欧贝杜拉潜入马格里布时，受艾格莱卜王朝所迫，逃至米德拉尔伊马目国寻求庇护，结果在西吉勒马赛遭到囚禁。909 年，什叶派宣教师艾布·阿卜杜拉·侯赛因率军向西吉勒马赛发起进攻，救出了欧贝杜拉，占领了西吉勒马赛。两年后，城内居民起义，推翻了法蒂玛王朝总督的统治。922 年和 960 年，米德拉尔伊马目国在法蒂玛王朝的两次入侵之下生存下来。970 年，西吉勒马赛被安达卢西亚伍麦叶王朝的同盟扎纳塔马格拉瓦（Maghrawa）部落征服，居民皈依了逊尼派。

三　柏柏尔人与什叶派

与哈瓦利吉派一样，什叶派也把视野投向马格里布地区。约在公元 8 世纪末，什叶派开始在马格里布开展宣教活动。[①] 从 910 年起，整个马格里布地区基本被易德里斯和法蒂玛两个什叶派王朝掌控。摩洛哥南部哈瓦利吉派的米德拉尔伊马目国影响力有限。易德里斯王朝衰落后，法蒂玛王朝成为马格里布地区最具影响力的政权。虽然如此，柏柏尔人并没有彻底皈依什叶派，主要原因有三点：一是易德里斯王朝国力有限，仅控制了摩洛哥一带，且王朝实行较开放的宗教政策，并未独尊什叶派；二是法蒂玛王朝建立以后，用强制手段推广什叶派信仰的做法引起柏柏尔人的不满；三是阿拔斯王朝和安达卢西亚伍麦叶王朝对马格里布地区存在影响。

随着易德里斯王朝的灭亡和法蒂玛王朝的东迁，什叶派逐渐失去了对柏柏尔人的影响力。法蒂玛王朝的东迁还产生了与 740 年哈瓦利吉派大起义类似的效果，阿拉伯人对马格里布地区的直接控制减弱，柏柏尔人因此在马格里布建立了什叶派齐里王朝。法蒂玛王朝对此采取反击措施，诱使阿拉伯希拉勒人入侵马格里布。希拉勒人入侵之后，马格里布的人种出现了根本性的变化，柏柏尔人与阿拉伯人发生了广泛的民族融合，阿拉伯语也流行起来。

---

① Abdallah Laroui, *The History of the Maghrib: An Interpretive Essay*, Princeton: Princeton University Press, 1977, p. 110.

（一）欧尔巴人与什叶派

785年，哈桑的曾孙易德里斯·本·阿卜杜拉在麦地那参加了阿里党人暴动。暴动失败后，他逃往摩洛哥。“欧尔巴人是当时摩洛哥北部最有实力的部落。阿拉伯征服时期，他们居住在特莱姆森。公元670~680年，他们在库塞拉·本·拉姆敦的领导下抗击欧格白·本·纳菲阿及艾布·穆哈吉尔·迪纳尔的大军。8世纪下半叶，他们定居摩洛哥。易德里斯·本·阿卜杜拉到达那里时，他们的首领伊斯哈格·本·阿卜杜·哈米德（Isḥāq b. ‘Abd al-Ḥamīd）已在瓦利利建立了自己的据点。”①

欧尔巴人在阿拉伯人征服中马格里布晚期从奥雷斯山迁往西马格里布，曾依附鲁斯塔姆王朝十一年。②伊斯哈格·本·阿卜杜·哈米德看中易德里斯·本·阿卜杜拉的圣裔身份，希望借助他来巩固本部落的势力范围，并获得优于其他柏柏尔部落首领的地位。788年，在伊斯哈格·本·阿卜杜·哈米德的首倡下，欧尔巴人拥立易德里斯·本·阿卜杜拉为伊马目，建立了易德里斯王朝（788~974年），定都瓦利利。这是“有史以来的第一个什叶派王朝。他们的力量是得自柏柏尔人”。③王朝建立后，主要由欧尔巴人组成的穆斯林军队征服了西起萨累河、东至特莱姆森的地区。

征服特莱姆森以后，易德里斯·本·阿卜杜拉的眼光从瓦利利转向东方。这引起了阿拔斯哈里发的担忧。791年，易德里斯·本·阿卜杜拉遭阿拔斯哈里发哈伦·赖世德暗杀。其子易德里斯二世（803~828年在位）继位。易德里斯二世的母亲是柏柏尔人，但他对自己的阿拉伯血统充满感情。“他乐于同周围的阿拉伯人接触，并从他们那里得到一些来自东方的、而在柏柏尔人看来是完全陌生的政府概念。”④他在国内实行宗教宽容政策，容许逊尼派穆斯林开展宗教活动。来自易弗里基叶、安达卢西亚等地的阿拉伯人迁入王朝各地定居。与此同时，他开始试图摆脱伊斯哈格·本·阿卜杜·哈米德的控制。他任命阿拉

① Jamil M. Abun-Nasr, *A History of the Maghrib in the Islamic Period*, p. 51.

② Ibrāhīm Aḥmad al-‘Adawī, *Bilād al-Jazā’ir: Takwīnuhā al-Islāmī wa al-‘Arabī*, p. 205.

③〔美〕菲利浦·希提:《阿拉伯通史》(第十版)，第410页。

④〔法〕亨利·康崩:《摩洛哥史》，上册，第36页。

伯人担任维齐尔和大法官，还组建了一支由500名阿拉伯人组成的军队。伊斯哈格·本·阿卜杜·哈米德与艾格莱卜王朝合谋反对易德里斯二世，结果被易德里斯二世敕令处死。809年，易德里斯二世移居新都非斯城（Fās），以摆脱柏柏尔人的控制，建立自己的独立权威。定都非斯之后，更多的阿拉伯人从马什里克和安达卢西亚来到非斯居住，非斯逐渐发展成一座阿拉伯风格的城市。

易德里斯王朝这个半阿拉伯、半柏柏尔王朝的建立，促进了伊斯兰教在西马格里布生根发芽，加快了柏柏尔人与阿拉伯人的民族融合以及柏柏尔人伊斯兰化的步伐。王朝的首都非斯成为在柏柏尔人基础上建立的伊斯兰学术和文化中心。易德里斯二世之孙叶海亚一世在非斯修建的卡拉维因清真寺至今仍是北非地区最著名的清真寺之一。但易德里斯时期柏柏尔人的伊斯兰化是围绕着城镇展开的。在城镇居住、工作、从事贸易的柏柏尔人多数皈依了伊斯兰教。在伊斯兰文化难以渗入的乡村地区，柏柏尔人仍旧保留着自己的传统信仰和语言。

值得注意的是，易德里斯王朝并没有大力推广什叶派信仰，它对教派的态度是含混的。有学者甚至认为，“将易德里斯王朝视为什叶派王朝是一种流行的错误，易德里斯王朝并非什叶派，而是逊尼派，他们并不了解在法蒂玛王朝盛行的什叶派理论，他们只知道逊尼派马立克学派的教法”。① 这一观点印证了当时易德里斯王朝统治下宽松的宗教环境。

易德里斯二世之子穆罕默德继位后，他的母亲希望他与其他兄弟分治王朝。王朝因此分成非斯和里夫两部分。这种做法大大削弱了易德里斯王朝的国力。959年，非斯的易德里斯王朝被法蒂玛王朝吞并。985年，里夫的易德里斯王朝最终被安达卢西亚伍麦叶王朝消灭。易德里斯王朝灭亡后，受安达卢西亚伍麦叶王朝保护的逊尼派扎纳塔人接管了摩洛哥，但他们没有再建立王朝。

---

① Aḥmad ʻĀmir, *al-Amāzīgh (al-Barbar) wa al-Siyāsah wa al-Ḥukm fī Buldān al-Maghrib: al-Judhūr, al-Taṭawwur, al-Mustaqbal*, p. 508.

（二）库塔马人与什叶派

9 世纪末至 10 世纪初，小卡比利亚地区的定居农民库塔马人支持什叶派在马格里布地区建立了法蒂玛王朝（909~1171 年）。892 年什叶派宣教师艾布·阿卜杜拉·侯赛因在麦加朝觐时，结识了库塔马人的首领。在库塔马人的邀请下，他以宣教师身份来到库塔马人居住的小卡比利亚地区。

库塔马人不满艾格莱卜王朝的苛政，意图摆脱其统治。艾布·阿卜杜拉·侯赛因趁势向他们宣传什叶派的分支伊斯玛仪派教义，称伊斯玛仪派的信条是“合法权威的唯一基础、穆斯林获得正义与社会公平的唯一希望”；①并宣称，“作为哈里发在马格里布的代表，艾格莱卜王朝应当对公众生活中的不公正和独断负责”。②艾布·阿卜杜拉·侯赛因过着苦行的生活，恪守伊斯兰教法，洁身自好。他逐渐获得了库塔马人的支持，统一了小卡比利亚的大部分地区，什叶派的势力在艾格莱卜王朝境内壮大起来。

从 903 年开始，艾布·阿卜杜拉·侯赛因组织军队对艾格莱卜王朝发起进攻。909 年，他的军队获胜，推翻了艾格莱卜王朝。艾布·阿卜杜拉·侯赛因迎立欧贝杜拉，法蒂玛王朝由此建立。910 年 1 月，欧贝杜拉正式宣布自己为马赫迪、正道指导的救世主、信士们的长官。法蒂玛王朝建立以后，很快消灭了伊巴德派的鲁斯塔姆王朝、非斯的易德里斯王朝。法蒂玛王朝的征服行动统一了马格里布大部，在很大程度上恢复了阿拉伯人对马格里布地区的控制。

法蒂玛王朝的长远战略是以马格里布作为基地，尽快攫取埃及，最终推翻阿拔斯哈里发。为了筹集东进军费，法蒂玛王朝对马格里布地区的居民和商队课以重税。除了经济上的剥削外，法蒂玛王朝还以高压政策在马格里布地区推行什叶派信仰。当时王朝境内的逊尼派马立克学派因坚持逊尼派信仰、拒绝改信什叶派而遭到当局迫害。信仰哈瓦利吉派的柏柏尔人也遭到压制。马立克学派因此采取了同情柏柏尔人的态度，在马立克学派学者的鼓动下，马格里布地区的柏柏尔人发动了多次反对法蒂玛王朝的起义。其中最大的一次由扎纳塔人艾布·叶齐德（Abū Yazīd）领导。

---

① Jamil M. Abun-Nasr, *A History of the Maghrib in the Islamic Period*, p. 60.

② Ibid., p. 61.

从公元935年开始，信仰伊巴德派的扎纳塔人艾布·叶齐德在中马格里布进行宣传，号召柏柏尔人驱逐法蒂玛王朝统治者，重建伊巴德派的统治。他的宣传在奥雷斯获得响应。943年，艾布·叶齐德在奥雷斯地区发动起义。946年，领导起义军与法蒂玛王朝的军队在凯鲁万城郊进行决战，结果起义军战败。经此一役，马格里布的伊巴德派彻底衰落。

法蒂玛王朝的宗教高压政策导致多数柏柏尔人不愿皈依什叶派，而哈瓦利吉派在艾布·叶齐德起义失败后也失去了影响力，这两点为柏柏尔人最终选择逊尼派信仰埋下伏笔。在艾布·叶齐德起义中，柏柏尔人与逊尼派马立克学派学者的密切关系为马立克学派在马格里布地区实现伊斯兰教义的统一做了必要的铺垫。

（三）桑哈贾人与什叶派

由于法蒂玛王朝的高压宗教政策，除库塔马人之外的柏柏尔人很少皈依什叶派，但中马格里布桑哈贾人的分支塔尔卡塔人（Talkata）是一个例外。在艾布·叶齐德领导的大起义中，塔尔卡塔人首领齐里·本·马纳德（Zīrī b. Manād）率部驰援法蒂玛军队，帮助他们在凯鲁万城郊取得了决定性的胜利。法蒂玛哈里发嘎义姆（936~946年在位）因此授权齐里·本·马纳德在阿希尔城（‘Ashir）[①]建立了一座地方性的首府。齐里·本·马纳德指定其子统治阿尔及尔等三个新建的城镇，并在货币上铸上自己的名字。

969年法蒂玛王朝征服了埃及，开始向东扩张势力。973年法蒂玛王朝迁都开罗。哈里发穆伊兹（al-Mu‘izz，953~975在位）在东迁前夕正式任命齐里·本·马纳德的儿子布卢金·本·齐里（Bulūjīn b. Zīrī，973~984年在位）为马格里布埃米尔，以阿希尔城为首府，齐里王朝（973~1148年）由此诞生。齐里王朝仅在名义上效忠法蒂玛哈里发，实际上是一个独立的地方王国。

法蒂玛王朝把权力交给布卢金·本·齐里之后，阿拉伯人统治北非的历史宣告结束。[②]在布卢金·本·齐里的领导下，齐里王朝疆界逐步向西扩展，中马格里布很快纳入王朝的版图。984年，布卢金·本·齐里去世，他的儿子曼

① 位于今阿尔及利亚中东部。

② ‘Amār Buḥūsh, *al-Tārīkh al-Siyāsī li al-Jazā’ir: Min al-Bidāyah wa li Ghāyah 1962*, p. 36.

苏尔·本·布卢金（Manṣūr b. Bulūjīn）继位，又战胜库塔马人，夺取了西提夫（Sitif），齐里王朝逐渐成为马格里布强国。

随着法蒂玛王朝的东迁，什叶派在马格里布地区的影响力也日益衰微。逊尼派在齐里王朝境内迅速发展。996 年，曼苏尔·本·布卢金去世，他的儿子巴迪斯（Bādīs）继位。在巴迪斯时代，马立克学派开始公开批评王朝统治者的什叶派信仰。在马立克学派学者的宣传下，齐里王朝境内的柏柏尔人越来越倾向逊尼派，他们对效忠法蒂玛王朝日益不满。这种情况给巴迪斯造成了巨大的政治压力。与此同时，法蒂玛王朝开始倚重库塔马人遏制齐里王朝。此外，西部受安达卢西亚伍麦叶王朝支持的扎纳塔人也开始图谋东进。

面对内忧外患，巴迪斯决定委托自己的叔父哈马德·本·布卢金（Ḥammād b. Bulūjīn，1014~1028 年在位）管理阿尔及利亚东北部地区。1015 年，哈马德·本·布卢金在平定了西部的扎纳塔人后宣布建立哈马德王朝(1015~1152 年)，并审时度势地宣布效忠阿拔斯王朝，放弃什叶派信仰。齐里王朝由此分为东部的巴迪斯王朝和西部的哈马德王朝。哈马德·本·布卢金宣布独立后，巴迪斯曾出兵讨伐，但作为宗主国的法蒂玛王朝作壁上观，巴迪斯最终战死。巴迪斯之子穆伊兹即位后与哈马德王朝媾和，双方达成分立协议。

齐里王朝分裂后，东部的巴迪斯王朝很快爆发了一次由马立克学派宗教领袖领导的大起义。这次起义于 1016 年 10 月在凯鲁万爆发，持续了一年左右。这次起义大大削弱了什叶派在经济、政治方面的影响，显示了逊尼派影响力的增强。1048 年，穆伊兹宣布与什叶派的法蒂玛王朝决裂，承认阿拔斯哈里发的最高权威，效忠阿拔斯哈里发。至此，易弗里基叶、中马格里布地区与什叶派划清了界限，加之西马格里布的扎纳塔人效忠逊尼派的安达卢西亚伍麦叶王朝，整个马格里布地区开始迎来以逊尼派为基础的统一时代。除了宗教上趋同外，柏柏尔人的阿拉伯化也在这一时期加速，“教师们已经不需要使用柏柏尔语解释伊斯兰教的基本精神和《古兰经》”。[①] 随着希拉勒人的入侵，马格里布地区柏柏尔人的血统和社会结构也开始发生彻底改变。

---

① ‘Uthmān al-Ka‘āk, *Mūjaz al-Tārīkh al-‘Āmm li al-Jazā’ir: Min al-‘Aṣr al-Ḥajarī ilā al-Iḥtilāl al-Faransī*, p. 182.

为了惩罚穆伊兹尊奉阿拔斯王朝哈里发的行为，法蒂玛哈里发故意把来自叙利亚边境以劫掠为生的希拉勒部落引到马格里布地区。公元1051年，40万希拉勒人开始向马格里布进发。巴迪斯王朝位于希拉勒人入侵的最前线，因而遭到毁灭性打击，并最终亡国。哈马德王朝虽与希拉勒人达成结盟协议，但被限制在首府贝贾亚附近。

在希拉勒人入侵之前，柏柏尔人与阿拉伯人的民族融合程度较低，主要是对伊斯兰教的接受，而且伊斯兰教主要在城市中传播，乡村地区仍然保持着柏柏尔人的传统习俗。希拉勒人的入侵方式是渗透式的，他们进入了柏柏尔社会的基本单元部落和乡村，与柏柏尔人混居并通婚，马格里布柏柏尔人的血统开始发生变化。混血的阿拉伯－柏柏尔穆斯林逐渐成为马格里布人口中的绝大多数，血统纯正的柏柏尔人只在偏远的山区和沙漠中存续。这一点对当代马格里布居民的认同具有重要意义，从理论上讲，他们既可以是阿拉伯人，也可以是柏柏尔人，还可以是超越阿拉伯人与柏柏尔人界限的“马格里布人”。在现实中，混血的“马格里布人”不像血统纯正的柏柏尔人那样对阿拉伯伊斯兰文化保持警惕，他们越来越倾向于比柏柏尔人古代文明更强大的阿拉伯伊斯兰文明，马格里布地区开始真正融入阿拉伯伊斯兰文化之中。这为包括现代阿尔及利亚在内的马格里布国家作为阿拉伯国家的存在奠定了历史基础，而混血的事实又使马格里布国家具备了与其他阿拉伯国家不同的风貌。

四 柏尔加瓦塔人的“伊斯兰教”

8世纪中期，生活在西马格里布塔马斯纳（Tāmasnā）地区的柏尔加瓦塔人创造了柏柏尔化的“伊斯兰教”。柏尔加瓦塔人是马斯穆达人的一支。[①] 这种异端之举是当时柏柏尔人在伊斯兰教范畴内反对哈里发国家的一系列行动中最具创造性的一个案例。很可能是因为离经叛道的行为，柏尔加瓦塔人建立的塔马斯纳王国（743~1147年）尽管存续的时间很长而且地域辽阔，却没有得到阿拉伯历史学家的重视。提及柏尔加瓦塔人的阿拉伯史学家也对其持否定态度，例如伊

① Aḥmad ʿĀmir, *al-Amāzīgh (al-Barbar) wa al-Siyāsah wa al-Ḥukm fī Buldān al-Maghrib: al-Judhūr, al-Taṭauwur, al-Mustaqbal*, p. 531.

本·哈提布（Ibn al-Khaṭīb）曾提到："他们是伪伊马目国，是最卑劣的……是卡菲尔。"① 伊本·赫勒敦则认为柏尔加瓦塔人是在伊斯兰教初期马斯穆达人中最伟大的一支，并指出"柏尔加瓦塔人在他们的时代拥有一个王国"。②

柏尔加瓦塔人世代生活的塔马斯纳地区拥有独特的地形地貌，那里既有可抵御外来入侵的高山，又有可供耕作的平原。塔马斯纳地区也因此成为一个经济上自给自足、很大程度上与世隔绝的独立王国。③ 柏尔加瓦塔人最初是苏福里亚派穆斯林，曾参加 740 年由麦希拉·穆塔加里领导的哈瓦利吉派柏柏尔人大起义。麦希拉·穆塔加里被哈立德·本·哈米德取代后，柏尔加瓦塔人退出了起义军。

有史料记载，柏尔加瓦塔人退出起义之后不久，便走上了比以哈瓦利吉派为武器发动起义更彻底的反抗之路。柏尔加瓦塔人首领萨利赫·本·塔里夫（Ṣāliḥ b. Ṭarīf）在 744 年前后自称柏柏尔人的先知，以柏柏尔语撰写了一部"古兰经"，创造了一套融合伊斯兰教与柏柏尔人原始宗教的教义。④ 另一说认为，萨利赫·本·塔里夫曾到过阿拉伯东方，他自称"行善的信士"⑤ 和马赫迪，谋求建立柏尔加瓦塔人的独立王国。他的孙子优努斯·本·伊里亚斯（Yūnus b. Ilyās）继承了祖父的事业。据说优努斯·本·伊里亚斯在去麦加朝觐途中发明了柏尔加瓦塔教义，编写了柏柏尔语"古兰经"。⑥ 无论这部"古兰经"的编写者是否真的是他，柏尔加瓦塔人无疑是对伊斯兰教进行柏柏尔化改造的具有独创性的尝试者。

柏尔加瓦塔人直接将他们的宗教定义为柏尔加瓦塔人的"伊斯兰教"，是一种非常坚决的宗派主义。柏尔加瓦塔教义给信徒规定了严格的宗教义务，如早晚各五次礼拜、每周斋戒一天，以及比伊斯兰教禁忌范围更广的禁食之物。此外还制定了严格的社会规范，包括严禁纳妾、对通奸者处以石刑、偷盗者处

---

① Aḥmad 'Āmir, *al-Amāzīgh (al-Barbar) wa al-Siyāsah wa al-Ḥukm fī Buldān al-Maghrib: al-Judhūr, al-Taṭauwur, al-Mustaqbal*, p. 203.

② Ibid.

③ Ibid., p. 205.

④ Abdallah Laroui, *The History of the Maghrib: An Interpretive Essay*, p. 107.

⑤ 阿拉伯语为 Ṣalḥ al-Mu'minīn，此处译名据马坚译《阿拉伯通史》。

⑥ Katherine E. Hoffman, Susan Gilson Miller ed., *Berbers and Others: Beyond Tribe and Nation in the Maghrib*, Bloomington and Indianapolis: Indiana University Press, 2010, p. 22.

死、诈骗者流放等。除了比伊斯兰教更严苛的教义外，柏尔加瓦塔教义还带有明显的什叶派印记，认为在第七任国王的时代，马赫迪将在迦百利及其他天使的陪同下获得重生并进行礼拜。①

柏尔加瓦塔人试图通过用柏柏尔语重新改写《古兰经》来促成伊斯兰教的柏柏尔化，柏尔加瓦塔教义因此被视为异端。柏尔加瓦塔人的“伊斯兰教”是阿拉伯征服者带来的伊斯兰教的仿制品，它的教义和教规表明这种尝试没有超出伊斯兰教的框架。柏尔加瓦塔人结合本土实际修改《古兰经》，而非完全抛弃《古兰经》，这暗含了柏柏尔人对《古兰经》的承认。

9 世纪，优努斯·本·伊里亚斯领导了一场柏尔加瓦塔运动，一方面反对阿拉伯人，另一方面也抵制其他柏柏尔邻居。11 世纪，面对穆拉比兑王朝的扩张，柏尔加瓦塔人选择投靠安达卢西亚伍麦叶王朝。这样的历史表明，柏尔加瓦塔教义并非以柏柏尔人和阿拉伯人作为敌我的分界，而是将部落利益放在首位。

柏尔加瓦塔“伊斯兰教”并非柏柏尔人实现文化解放的方式，因为这种教义的影响力仅限于柏尔加瓦塔人，依此教义建立的国家在与阿拉伯人为敌的同时也与其他柏柏尔人为敌。另一种可能性是，柏尔加瓦塔“伊斯兰教”是利用宗教促成部落反对中央政权、保持部落凝聚力的一种手段，其本质更像是一场政治性的建国运动，而非文化运动。

无论如何，这个柏柏尔人伊斯兰化历程中最离经叛道的案例足以证明以下两点：8 世纪时，伊斯兰教在马格里布地区已经具备强大的影响力；柏柏尔人曾试图在伊斯兰的框架内创造一种完全自主的信仰形式，通过赋予伊斯兰教新的内涵，表达柏柏尔人的个性，实现伊斯兰教的本土化。

第二节　柏柏尔人对伊斯兰文明的发展

公元 11 世纪前后，北非柏柏尔人大多已皈依伊斯兰教，超越部落的穆斯林认同基本形成。但这并不意味着柏柏尔人彻底消融在阿拉伯伊斯兰文明中，随

① Katherine E. Hoffman, Susan Gilson Miller ed., *Berbers and Others: Beyond Tribe and Nation in the Maghrib*, p. 23.

着对伊斯兰教理解的加深，柏柏尔人发展出富有特色的伊斯兰文明。他们对伊斯兰文明的发展体现在两个层面：一是对宗教本身的丰富，二是宗教政治实践。前者体现在发展逊尼派马立克学派和创立穆瓦希德教义，后者则体现在以宗教统一为基础实现了马格里布地区的政治统一。穆拉比兑和穆瓦希德运动是柏柏尔人丰富和发展伊斯兰文明的集中表现。

柏柏尔人以逊尼派马立克学派教法为基础丰富了伊斯兰教。哈瓦利吉派和什叶派最终没有成为柏柏尔人的普遍信仰，原因在于柏柏尔诸部落选择这两派，都是在马格里布地区处于部落分立的状态下基于本部落利益的考虑。自9世纪以来，凯鲁万的马立克学派学者就主张穆斯林的公共生活应当严格遵守伊斯兰教法的原则。11 世纪上半叶，他们以这一理念领导了反对什叶派与齐里王朝的运动。

此外，11 世纪之后马格里布地区的政治生态发生了变化。一方面，对马格里布地区长期保有影响力的安达卢西亚伍麦叶王朝和法蒂玛王朝日渐衰落，无力保持对马格里布地区的直接影响。另一方面，希拉勒人的入侵导致齐里王朝和哈马德王朝两个马格里布本土政权衰落，该地区出现了政治真空。以上两方面的因素导致 11 世纪以来马格里布地区政治生活高度碎片化，强有力的权力中心不复存在，这为柏柏尔伊斯兰帝国崛起创造了条件。

在这样的背景下，阿卜杜拉·本·雅辛（‘Abdullah b. Yāsīn）和艾布·阿卜杜拉·穆罕默德·本·图马尔特（Abū ‘Abdullah Muḥammad b. Tūmart）这两位柏柏尔人宗教领袖，以伊斯兰教逊尼派为指导，在西马格里布的桑哈贾人和马斯穆达人中组织发动圣战。桑哈贾人和马斯穆达人的势力不断壮大，相继建立柏柏尔人历史上两个最强盛的伊斯兰帝国。

一 穆拉比兑王朝

11 世纪初，在毛里塔尼亚到阿哈加尔山之间撒哈拉沙漠地带游牧的桑哈贾人，发起了一场名为穆拉比兑的宗教政治运动。桑哈贾人发起穆拉比兑运动，有外部和内部两方面因素。

外部因素是桑哈贾人对跨撒哈拉贸易的控制在 10 世纪末受到了威胁。970 年，扎纳塔马格拉瓦部落征服了跨撒哈拉贸易线路的北端重镇西吉勒马赛，之后控制了苏斯和德腊地区。990年，贸易线路南端的奥达古斯特落入加纳王国之手。此后，桑哈贾人对跨撒哈拉贸易的控制受到了严重威胁，他们希望借助宗教改革运动增强实力以夺回势力范围。

内部因素是桑哈贾人不同部落间的竞争，这种竞争直接促成穆拉比兑运动的兴起。库达拉部落与拉姆图纳部落本为同盟，同盟首领是拉姆图纳人穆罕默德·本·提法瓦特·塔拉什塔（Muḥammad b. Tifawat Tarashta）。穆罕默德·本·提法瓦特·塔拉什塔在一次战役中身亡，库达拉部落首领叶海亚·本·易卜拉欣（Yaḥyā b. Ibrāhīm）趁势取得同盟首领之位。为了巩固权威，叶海亚·本·易卜拉欣开始从同盟之外寻找宗教学者，期望以伊斯兰教增强自己的合法性。1035年，他前往麦加朝觐。返程途中，邀请凯鲁万的马立克学派教法学家、桑哈贾人阿卜杜拉·本·雅辛与他一同回到自己的部落。

来到库达拉部落之后，阿卜杜拉·本·雅辛立刻开始宣传马立克学派学说，发起了一场以马立克学派学说为指导的改革运动。他提倡严格遵奉先知时期的教义，强调穆斯林遵守教法、虔修苦行。他试图建立一个有组织的伊斯兰社会，建立公共基金、开征什一税、以符合教法规定的方式分配战利品。叶海亚·本·易卜拉欣的改革运动要求部落首领也遵守伊斯兰教准则。阿卜杜拉·本·雅辛严格遵守伊斯兰教法的号召未能得到库达拉部落的广泛响应，只有极少数人皈依。

宣教失败的阿卜杜拉·本·雅辛带领少数信徒隐退到塞内加尔的一个岛上，建立了宗教、军事合一的“拉巴特”（Ribāṭ）①，穆拉比兑人由此得名。他们组成军事性的宗教兄弟会，向各部落传教。1042年，拉姆图纳部落首领叶海亚·本·欧麦尔（Yaḥyā b. ‘Umar）与阿卜杜拉·本·雅辛结成同盟。此后，拉姆图纳部落成为穆拉比兑运动的核心力量，叶海亚·本·欧麦尔成为运动的军事首领。穆拉比兑运动正式兴起，拉姆图纳人与阿卜杜拉·本·雅辛的联盟发起了纯洁伊斯兰教的“圣战”，致力于在桑哈贾人中建立一个严格遵守伊斯兰道德与法律的宗教政治社会。

---

① Ribāṭ，马坚在《阿拉伯通史》中将该词译为“里巴兑”，将其解释为一种设防的修道院。

1056 年，叶海亚·本·欧麦尔战死，他的弟弟艾布·伯克尔·本·欧麦尔（Abū Bakr b.‘Umar）接替他担任军事首领。1059 年，阿卜杜拉·本·雅辛战死，艾布·伯克尔·本·欧麦尔成为最高军事首领。在他掌权后不久，撒哈拉地区的桑哈贾人发生严重内讧，他被迫返回桑哈贾人聚居地平定内乱。他把军权交给了自己的侄子尤素福·本·塔什芬（Yūsuf b. Tāshfīn），后者即穆拉比兑王朝的开国君主。

1062 年，尤素福·本·塔什芬修建新都马拉喀什。在他的领导下，穆拉比兑人很快征服了摩洛哥的扎纳塔人。1079 年，尤素福·本·塔什芬从马拉喀什出发，向中马格里布进军，攻克特莱姆森、奥兰，但在进攻阿尔及尔时被哈马德王朝军队打败。①1090 年，穆拉比兑人攻克格拉纳达，横跨非欧两洲的柏柏尔帝国穆拉比兑王朝（1090~1147 年）正式建立。穆拉比兑王朝逐渐发展成西北非最强大的伊斯兰帝国。与之前马格里布地区建立的小王朝不同，穆拉比兑王朝的统治者“集世俗和宗教的大权于一身，自称‘穆斯林的长官’，但名义上承认阿拔斯朝哈里发的最高宗教权力”。② 穆拉比兑人的征服开拓既是逊尼派在马格里布地区对其他教派的反攻，也是柏柏尔人在皈依伊斯兰教后谋求建立独立王朝的重要实践。希提在其《阿拉伯通史》中这样评价穆拉比兑人的业绩：“在五十多年间，穆拉比兑人的势力，在西北非洲和南西班牙是最高的。自有史以来，柏柏尔族人民在世界舞台上，初次扮演了主角。”③

穆拉比兑王朝建立后，马立克学派的信条成为王朝的官方信仰。阿卜杜拉·本·雅辛在领导穆拉比兑运动时期，自己解释并实施伊斯兰教法。尤素福·本·塔什芬则主要关注军事征服，在宗教上倚重马立克学派教法学家，马立克学派因此获得传播和发展的机会。尤素福·本·塔什芬善待马立克学派教法学家，邀请他们参加行政会议，让他们随军出征，采取重大行动前征询他们的意见。④ 尤素福·本·塔什芬之子阿里·本·尤素福·本·塔什芬（‘Alī b.

---

① ‘Ammār Buḥūsh, *al-Tārīkh al-Siyāsī li al-Jazā’ir: Min al-Bidāyah wa li Ghāyah 1962*, p. 39.

② 郭应德：《阿拉伯史纲》，经济日报出版社，1997，第 121 页。

③ 〔美〕菲利浦·希提：《阿拉伯通史》（第十版），第 542 页。

④ Jamil M. Abun-Nasr, *A History of the Maghrib in the Islamic Period*, p. 83.

Yūsuf b. Tāshfīn，1106~1143 年在位）时期，马立克学派教法学家的影响进一步扩展。马立克学派教法学家代表王朝的宗教权威，各清真寺教长和法官均由马立克学派学者担任。穆斯林必须严格遵守马立克学派教法学家做出的教法裁决意见（fatwā）。在国家的组织管理方面，亦遵照马立克学派主张，回归麦地那时期的实践。

马立克学派严格的教法在很大程度上规范并统一了穆拉比兑王朝的信仰。通过穆拉比兑王朝的统治，逊尼派马立克学派在王朝境内扎根，取代了哈瓦利吉派和什叶派以及异端的柏尔加瓦塔教义。但是，马立克学派在穆拉比兑王朝向着严格、苛刻和排外的方向发展，主张苦行清修、严格遵从其教法规定、反对其他教派和教法学派。“源自麦地那的马立克教法学派，在马格里布的发展环境中，获得了一种不同于马什里克的教条式的严谨形式。”① 不但其他教派受到限制，与马立克学派意见不一的逊尼派宗教领袖也遭到冷遇。在阿里·本·尤素福·本·塔什芬时期，穆拉比兑王朝宗教上的排他性越来越强。安萨里等逊尼派学者的著作均被列为禁书。安萨里的《圣学复苏》甚至被当众焚毁，阅读者要被处死，非穆斯林的处境更加艰难。

穆拉比兑王朝走上僵化的道路，过分严苛的宗教立场无法使王朝团结起来。在征服西班牙以后，原本带有清教徒色彩的穆拉比兑人日趋堕落。桑哈贾人本来长期生活在沙漠之中，习惯了艰苦清贫的生活。西班牙的繁华令他们陶醉，他们逐渐奢侈腐化，沉迷于声色犬马之中。这显然违背了马立克学派的主张，违背了他们自己要求国民严格遵守的信条，官方伊斯兰教因此失去了公信力。苏非教团开始在城镇中的知识精英中流行开来，农村地区则出现了许多新的“拉巴特”组织。这些力量充当了反对穆拉比兑王朝宗教立场的主力。

值得一提的是，苏非教团和“拉巴特”成为北非伊斯兰教的鲜明特色和传统延续至今。尤其是后者，它深刻影响着柏柏尔人村落的社会生活，是最基层的伊斯兰教组织，使得伊斯兰教在柏柏尔村落中保持了持续的影响力。“拉巴特”领袖被称为“穆拉比兑”（murābiṭ），他们一般自称圣裔。他们被认为是

① Jamil M. Abun-Nasr, *A History of the Maghrib in the Islamic Period*, p. 4.

安拉与普通信众间的媒介，有能力在旱季求雨、解决不孕不育问题等。他们还是部落冲突的调停者。穆拉比兑的墓地成为北非地区清真寺之外最重要的宗教场所，人们甚至对穆拉比兑的墓地进行朝拜。人们前往穆拉比兑墓地是为了解决个人生活中的困难，而清真寺则是履行伊斯兰基本宗教功课以及举行重要宗教集会的场所。穆拉比兑墓地是一种大众化的宗教场所，女性更多地是前往穆拉比兑墓地祈福或开展其他宗教活动，而男性则更多地在清真寺聚集。①

二 穆瓦希德王朝

穆瓦希德运动是马格里布地区发生的新的宗教改革运动。在此之前的穆拉比兑运动很大程度上是在桑哈贾人部落利益驱动下发生的。穆瓦希德运动则跨越了部落政治的疆界，在柏柏尔人各个部落中宣传穆瓦希德教义，并以这种教义打破部落间的壁垒，形成一股跨部落的改革力量，最终实现了马格里布地区宗教和政治的大一统局面。

穆瓦希德运动的发起者是艾布·阿卜杜拉·穆罕默德·本·图马尔特。1092年，穆罕默德·本·图马尔特出生在苏斯地区的一个马斯穆达人部落。②他自幼在家乡私塾中学习《古兰经》，成年后离开家乡前往阿拉伯东方学习宗教知识。他在那里系统学习了伊斯兰教，接受了艾什尔里派教义学，深受安萨里神秘主义的影响，同时接受了什叶派的“马赫迪”思想，由此形成了自己独特的思想体系。

穆罕默德·本·图马尔特宗教思想的核心是信主独一和马赫迪思想。在伊斯兰教法的基础和神性方面，他认为，伊斯兰教法的合法来源是《古兰经》、圣训和圣门弟子公议，否定类比和教法学家的公议。③穆拉比兑王朝的教法学家主张对《古兰经》中有关安拉视、听、坐等体征描述按拟人论解释，穆罕默

① Jane E. Goodman, *Berber Culture on the World Stage: From Village to Video*, Bloomington and Indianapolis: Indiana University Press, 2005, p. 10.

② Aḥmad ‘Āmir, *al-Amāzīgh (al-Barbar) wa al-Siyāsah wa al-Ḥukm fī Buldān al-Maghrib: al-Judhūr, al-Taṭauwur, al-Mustaqbal*, p. 531.

③ ‘Abd al-Raḥmān Badawī, *al-Firaq al-Islāmiyyah fī al-Shimāl al-Ifrīqī: Min al-Fatḥ al-‘Arabī ḥatā al-Yaum*, p. 268.

德·本·图马尔特对其进行了批判，认为拟人论有罪。[①] 他崇尚绝对的信主独一，穆瓦希德派由此得名（“穆瓦希德”即“一神论”者）。

穆罕默德·本·图马尔特主张公共生活应当严格遵守伊斯兰教法，《古兰经》和圣训作为伊斯兰教法的渊源是信仰纯洁性的保证。他认为《古兰经》、圣训和圣门弟子的言行是伊斯兰教法的根据。他否定对教法的改编和推断，排斥个人的、主观的观点，认为后者是危害伊斯兰教法的一大因素。[②] 此外，他还主张异性间相互隔离、女性佩戴面纱，反对饮酒和过分的娱乐。

穆罕默德·本·图马尔特从什叶派那里借鉴了马赫迪思想。他强调每个时代都需要受安拉引导的马赫迪。他曾说过：“这是通往知识的大门，所有人都应相信隐遁的伊马目，这是伊斯兰教法的支柱之一，只有时刻信伊马目，真理才能在尘世实现。”[③] 尽管借用了什叶派的马赫迪思想，但穆罕默德·本·图马尔特却在圣训来源问题上与什叶派存在很大分歧。什叶派否认由先知妻子阿伊莎传述的所有圣训，而穆罕默德·本·图马尔特却推崇阿伊莎传述的圣训。

除了发展伊斯兰思想外，穆罕默德·本·图马尔特还在促进柏柏尔人伊斯兰化方面做出了前所未有的贡献。他将《古兰经》、圣训翻译成柏柏尔语，他本人所有著作，包括《信主独一》（*al-Tauḥīd*）、《信仰》（*‘Aqīdah*）等均用柏柏尔语写成。他的演讲、教谕、宣礼词均用柏柏尔语发布。[④] 尽管他的宗教思想有许多高深莫测之处，很难为普通穆斯林理解，但使用柏柏尔语宣教无疑大大促进了柏柏尔人的伊斯兰化。穆罕默德·本·图马尔特的“穆瓦希德教义”是柏柏尔人伊斯兰化深化的典型体现。

公元 1117~1121 年，穆罕默德·本·图马尔特从阿拉伯东方返回马格里布，沿途开始传播他的学说，试图进行宗教改革。他途经亚历山大、突尼斯、君士坦丁、贝贾亚、特莱姆森、非斯和马拉喀什，未能获得广泛响应。在穆拉比兑王朝的首都马拉喀什，他的学说引起了一些骚动。埃米尔阿里·本·尤素

---

① Phillip C. Naylor, *North Africa: A History from Antiquity to the Present*, p. 93.

② Jamil M. Abun-Nasr, *A History of the Maghrib in the Islamic Period*, p. 88.

③ ‘Abd al-Raḥmān Badawī, *al-Firaq al-Islāmiyyah fī al-Shimāl al-Ifrīqī: Min al-Fatḥ al-‘Arabī ḥatā al-Yaum*, p. 265.

④ Ibid.

福·本·塔什芬召集马立克学派教法学家与他进行辩论，未能驳倒他。马立克学派教法学家认为穆罕默德·本·图马尔特的宗教思想有悖于马立克学派，是对穆拉比兑王朝宗教政治体系合法性的一种挑战。当时著名的马立克学派学者马立克·本·瓦希比·伊什比利（Mālik b.Wahīb al-Ishbīlī）遂建议穆拉比兑王朝埃米尔逮捕穆罕默德·本·图马尔特及其弟子。[①] 阿里·本·尤素福·本·塔什芬最终将穆罕默德·本·图马尔特驱逐出马拉喀什。

离开马拉喀什以后，穆罕默德·本·图马尔特来到艾格马特（Aghmāt）。不久后，阿里·本·尤素福·本·塔什芬后悔放走他，下令追捕。穆罕默德·本·图马尔特在柏柏尔部落的掩护下逃回家乡苏斯。在那里，他赢得了大批信众，尤其是获得了当地马斯穆达人哈尔卡（Harghah）部落联盟首领艾布·哈夫斯·欧麦尔（Abū Ḥafs ‘Umar）的支持。1122年，穆罕默德·本·图马尔特自称“马赫迪”，以恢复伊斯兰教的纯洁性和正统性为使命，号召穆斯林以“圣战”推翻奢侈腐化的穆拉比兑王朝，“反对与伊斯兰初期的传统不相符合的苛捐杂税”，[②] 建立正义的社会。

马斯穆达人是穆瓦希德运动的最早支持者，后来扎纳塔人也参与进来。1125年，图马尔特率领支持他的马斯穆达部落和扎纳塔部落迁往位于大阿特拉斯山纳菲斯（Nafīs）山谷的廷迈勒（Tīnmall），在那里建立了一个超越柏柏尔人部落局限的穆瓦希德社团。社团与柏柏尔人传统的部落联盟有相似之处，以50名来自各部落的代表组成的委员会为咨议机构。[③] 尽管50人委员会类似于杰马的组织方式，但不具有杰马的权力机构性质。除50人委员会外，另设由穆罕默德·本·图马尔特兄弟组成的核心参谋部以及由穆罕默德·本·图马尔特最早的10名追随者组成的10人委员会。[④] 更重要的是，该社团是以“穆瓦希德教义”为纲领建立的，所有大事的决策均依照宗教原则。穆瓦希德社团无疑是

① ‘Abd al-Raḥmān Badawī, *al-Firaq al-Islāmiyyah fī al-Shimāl al-Ifrīqī: Min al-Fatḥ al-‘Arabī ḥatā al-Yaum*, p. 254.

② 〔德〕卡尔·布罗克尔曼：《伊斯兰教各民族与国家史》，〔英〕乔尔·卡迈克尔、莫希·珀尔曼英译，孙硕人、诸长福、贾鼎治等译，商务印书馆，1985，第247页。

③ 〔法〕夏尔－安德烈·朱利安：《北非史：突尼斯、阿尔及利亚、摩洛哥》（第二卷），上册，第174页。

④ 同上书，第173页。

对柏柏尔传统部落制的一种突破，预示着马格里布大一统时代的到来。

定居廷迈勒之后，穆罕默德·本·图马尔特一直在大阿特拉斯山区的柏柏尔人中扩张自己的权威。他还对社团进行了清洗，以保证其纯洁性与战斗力。“随着势力的扩大，他以廷迈勒山为据点，向穆拉比兑人发动攻势。”[①]1130 年春季，穆罕默德·本·图马尔特组织对马拉喀什的进攻，此次行动由 10 人委员会中的阿卜杜·穆敏·本·阿里（‘Abd al-Mu’min b. ‘Alī）和巴希尔·万什里西（Bashīr al-Wanshrīsī）领导。穆瓦希德人围攻马拉喀什 40 天，结果被穆拉比兑军队击溃，巴希尔·万什里西被杀。

1130 年 8 月，穆罕默德·本·图马尔特去世，由于他终身未婚，没有子嗣，因此与穆拉比兑王朝作战有功的阿卜杜·穆敏·本·阿里接替了他的位置，成为穆瓦希德运动的领袖。[②] 阿卜杜·穆敏·本·阿里是扎纳塔人，[③]于公元 1094 年出生在特莱姆森附近的一个小村庄。他是穆罕默德·本·图马尔特最早的追随者之一。阿卜杜·穆敏·本·阿里继位后，吸取了围攻马拉喀什失败的教训，开始向北部山区发展，大阿特拉斯山区、中阿特拉斯山区、摩洛哥北部山区相继成为穆瓦希德人的势力范围，其间柏柏尔部落不断加入。控制摩洛哥山区后，穆瓦希德人对穆拉比兑王朝发起总攻。1144 年攻克特莱姆森，1145 年穆拉比兑王朝埃米尔塔什芬·本·阿里（Tāshfīn b. ‘Alī, 1143~1145 年在位）在奥兰附近坠崖身亡，1146 年穆瓦希德人攻克非斯，1147 年攻克马拉喀什，穆拉比兑王朝灭亡。穆瓦希德王朝 (1130~1276 年) 遂以马拉喀什为都，正式建立起来。

平定西部地区以后，穆瓦希德人向中马格里布进发。1151 年，穆瓦希德人攻克阿尔及尔，1152 年 8 月攻克贝贾亚，哈马德王朝灭亡。1153 年 4 月，在中马格里布的西提夫平原，穆瓦希德人击溃了阿拉伯希拉勒部落。“1156 年，安纳巴陷落，至此，穆瓦希德人的势力覆盖了整个阿尔及利亚，之后又延伸到了

① Shauqī ‘Aṭāllah al-Jamal, *al-Maghrib al-‘Arabī al-Kabīr: Min al-Fatḥ al-Islāmī ilā al-Waqt al-Ḥāḍir*, Maktabah al-Anjlū al-Miṣriyyah, 2009, p. 25.

② ‘Ammār Buḥūsh, *al-Tārīkh al-Siyāsī li al-Jazā’ir: Min al-Bidāyah wa li Ghāyah 1962*, p. 39.

③〔美〕菲利浦·希提:《阿拉伯通史》（第十版），第 498 页。

突尼斯。”[①]1160 年，穆瓦希德人征服了突尼斯全境。另外，1147~1161 年，穆瓦希德人征服了安达卢西亚南部。一个地跨马格里布全境、辐射安达卢西亚的柏柏尔人伊斯兰帝国在北非崛起。

穆瓦希德王朝是柏柏人建立的第一个也是唯一统治整个马格里布地区的伊斯兰王朝，在“非洲编年史上是最大的帝国”，[②]疆域包括西班牙南部和整个马格里布。“随着穆瓦希德帝国的建立，马格里布达到了其实力与影响力的顶峰。”[③]王朝分为若干行省，各行省总督、军事将领和法官由哈里发直接任命。柏柏尔人是王朝的主人，他们充任王朝的维齐尔、法官、书记员等职务。“通过穆瓦希德人的统治，‘马格里布’这一独特的宗教文化实体第一次也是唯一的一次成为具体的历史存在。”[④]穆瓦希德王朝最大的贡献在于“促成了柏柏尔人与阿拉伯人的融合，用同一种信仰使他们统一在一个乌玛之中”。[⑤]

随着穆瓦希德王朝的建立，穆罕默德·本·图马尔特宗教思想盛极一时，穆瓦希德教法学家将穆罕默德·本·图马尔特的著作、言行、创立的制度奉为经典。但这种趋势本身就是对穆瓦希德信主独一准则的僭越，穆瓦希德教义也因此逐渐失去了生命力。此外，穆罕默德·本·图马尔特宗教思想没有形成系统的教法规范，这一缺陷使得王朝的司法生活不得不依赖拒绝承认穆瓦希德教义的马立克学派的教法体系。而穆罕默德·本·图马尔特时代确立的穆瓦希德社团的一系列制度与阿卜杜·穆敏·本·阿里建立的哈里发帝国之间的不和谐，最终促使阿卜杜·穆敏·本·阿里家族废除穆瓦希德派教义。

王朝建立后不久，穆罕默德·本·图马尔特在穆瓦希德社团时期确立的 10 人委员会、50 人委员会咨议制度很快与王朝的君主制产生了矛盾。咨议委员会由参加穆瓦希德运动的部落领袖组成。穆瓦希德社团把没有加入的部落视为被征服者，他们无法享受与穆瓦希德社团成员同等的待遇。阿卜杜·穆敏·本·阿里所

---

① Shauqī ‘Aṭāllah al-Jamal, *al-Maghrib al-‘Arabī al-Kabīr: Min al-Fatḥ al-Islāmī ilā al-Waqt al-Ḥāḍir*, p. 25.

② 〔美〕菲利浦·希提:《阿拉伯通史》(第十版)，第 498 页。

③ Phillip C. Naylor, *North Africa: A History from Antiquity to the Present*, p. 95.

④ Jamil M. Abun-Nasr, *A History of the Maghrib in the Islamic Period*, Cambridge, p. 101.

⑤ ‘Ammār Buḥūsh, *al-Tārīkh al-Siyāsī li al-Jazā’ir: Min al-Bidāyah wa li Ghāyah 1962*, p. 39.

属的扎纳塔库米亚（Kūmiyyah）部落没有参加穆瓦希德运动，无法获得穆瓦希德社团内部落的待遇。阿卜杜·穆敏·本·阿里因此决定不经咨议对库米亚部落实行优待。这一制度还制约了哈里发选择继承人的权力。当阿卜杜·穆敏·本·阿里指定其子为继承人时，穆罕默德·本·图马尔特的两名兄弟起来反对，阿卜杜·穆敏·本·阿里遂将穆罕默德·本·图马尔特的两名兄弟处死。

王朝第三任哈里发艾布·雅古布·尤素福（Abū Ya‘qūb Yūsuf, 1163~1184 年在位）时期，穆瓦希德派的影响力开始衰落。艾布·雅古布·尤素福对穆瓦希德派学者将穆罕默德·本·图马尔特本人的言论奉若经典的做法十分反感。他拒绝穆罕默德·本·图马尔特不谬的“马赫迪”观念，还申斥了穆瓦希德派学者在宗教研究中关注穆罕默德·本·图马尔特言论甚于《古兰经》和圣训的倾向。[①] 据伊本·赫勒敦记载，第八任哈里发易德里斯·麦蒙（Idrīs al-Ma’mūn，1227~1232 年在位）继位后，开始公开反对穆瓦希德派，下令在钱币上去掉马赫迪的名字，并不得在周五的宣礼中提到他。[②]1229 年，他在马拉喀什清真寺正式宣布“放弃穆罕默德·本·图马尔特的教义……在司法事务中回归马立克学派教法”。[③]

在艾布·雅古布·尤素福时期穆瓦希德派学说开始衰落的同时，穆瓦希德王朝的统治也开始出现各种危机。西班牙基督徒虎视眈眈，与马立克学派联合的穆拉比兑君主后裔发动叛乱，王室内部意欲谋取大位者也不在少数。[④] 此外，在穆瓦希德社团精神指引下的柏柏尔人超越部落的共同体也开始瓦解。无法享受与社团最初成员同样待遇的桑哈贾人以及中马格里布的扎纳塔人开始与王朝离心离德。第四任哈里发穆罕默德·纳绥尔（Muḥammd al-Nāṣir）之后的哈里发再也无力保证辽阔帝国的安全。

穆瓦希德派教义最终未能在马格里布地区获得成功，却帮助苏非主义在马

---

① Jamil M. Abun-Nasr, *A History of the Maghrib in the Islamic Period*, p. 97.

② ‘Abd al-Raḥmān Badawī, *al-Firaq al-Islāmiyyah fī al-Shimāl al-Ifrīqī: Min al-Fatḥ al-‘Arabī ḥatā al-Yaum*, p. 281.

③ Jamil M. Abun-Nasr, *A History of the Maghrib in the Islamic Period*, p. 98.

④ ‘Abd al-Raḥmān Badawī, *al-Firaq al-Islāmiyyah fī al-Shimāl al-Ifrīqī: Min al-Fatḥ al-‘Arabī ḥatā al-Yaum*, p. 279.

格里布发展起来。这是因为穆瓦希德派教义受到安萨里学说的影响，苏非思想因此受到穆瓦希德王朝的保护。苏非主义作为一种简单的救世方法，赢得了普通信众的广泛支持。“在受到王朝保护的苏非运动的影响之下，居民首次深度伊斯兰化了。正是苏非运动，首次为马格里布提供了一种真正大众化的思想，并定义了马格里布伊斯兰教的本质特征。”①

综上，随着阿拉伯人在北非地区的势力减弱和伊斯兰化的深入，柏柏尔人最终建立了政教合一的穆拉比兑王朝和穆瓦希德王朝。它们是柏柏尔人在接纳伊斯兰教的基础上创造的北非史上最伟大的伊斯兰帝国。“在宗教热情的激发之下建立的柏柏尔帝国，锻造了一份统一的遗产，持续鼓舞着当代的马格里布人。”②“1989 年阿拉伯马格里布联盟的建立，正是在穆拉比兑王朝和穆瓦希德王朝遗产的鼓舞下得以实现的。”③

柏柏尔伊斯兰教改革家发起的宗教、政治运动丰富了逊尼派的教义、教法。在逊尼派伊斯兰教的基础上，马格里布地区发展出一种独具特色的、体现柏柏尔人心理特点的伊斯兰教信仰。在这两个王朝存续期间，除了“北非化”的马立克学派最终确立主导地位外，北非的基层伊斯兰教组织以苏非教团、“拉巴特”等形式建立起来，这些组织至今仍在北非地区的宗教活动和社会生活中扮演重要角色。

柏柏尔人在与伊斯兰教的互动中始终保持着对本族群文化和传统的忠诚，这虽然导致柏柏尔人在接受伊斯兰教过程中摇摆于各教派之间，但这同样是柏柏尔人发展伊斯兰文明的原动力。柏柏尔人在接受伊斯兰教的同时，并没有被阿拉伯人完全同化。不可否认的是，穆拉比兑和穆瓦希德两个王朝的建立使柏柏尔人在北非伊斯兰史上留下了不逊于阿拉伯人的一笔。鉴于这样的历史，当代阿尔及利亚柏柏尔人对阿拉伯民族主义的不满便不难理解。从另一个角度看，穆拉比兑和穆瓦希德两个王朝亦是北非柏柏尔人与阿拉伯人在伊斯兰教基础上统一的标志，它们因此成为现代北非民族国家构建的历史依据之一。

---

① Abdallah Laroui, *The History of the Maghrib: An Interpretive Essay*, p. 192.

② Phillip C. Naylor, *North Africa: A History from Antiquity to the Present*, p. 89.

③ Ibid., p. 107.

第三章　阿尔及利亚形成过程中的柏柏尔认同

在进入近代之前，北非的柏柏尔人和阿拉伯人已形成了宗教层面上共同的穆斯林身份，穆瓦希德王朝的大一统亦给北非地区以整体的方式进入现代民族国家构建通道提供了有力的历史基础。

但随着奥斯曼土耳其人、法国殖民者的相继进入，北非地区最终形成了多个民族国家，阿尔及利亚是其中之一。在这个时期，现代阿尔及利亚境内的阿拉伯人和柏柏尔人在共享穆斯林认同的基础上向阿尔及利亚民族国家认同迈进。然而在共享穆斯林认同、逐渐形成阿尔及利亚民族国家认同的过程中，柏柏尔人与阿拉伯人之间的族群认同分化也逐渐显现出来。

第一节　柏柏尔人与阿拉伯人阿尔及利亚认同的形成

经过漫长的伊斯兰化和阿拉伯化，马格里布地区的许多居民已经成为混血的阿拉伯－柏柏尔穆斯林，从文化上讲他们已融入阿拉伯伊斯兰文化之中。在进入现代之前，阿拉伯伊斯兰文化已在马格里布地区确立了主导地位，柏柏尔文化很大程度上成为阿拉伯伊斯兰文化的一个组成部分。

奥斯曼土耳其人到来之前，阿尔及利亚并没有在马格里布地区成为一个独立部分。尽管现代阿尔及利亚所在的中马格里布地区，先后建立过努米底亚、鲁斯塔姆、哈马德等政权，但它们均以不同的柏柏尔部落为核心建立，相互之间并没有一脉相承的关系，疆界范围也不够确定，它们与现代意义上的“阿尔及利亚”并没有直接的联系。按照这样的发展趋势，在进入现代后，马格里布地区很可能会形成一个统一的、以单一族群（阿拉伯－柏柏尔混血穆斯林）为基础的民族国家。但事实并非如此。

奥斯曼土耳其人到来后，“阿尔及利亚”①这一名称开始用来指代中马格里布与现代阿尔及利亚疆界大体一致的地区。夏尔－安德烈·朱利安指出：“土耳其人在同欧洲人打交道时习惯于采用一些马格里布各王朝所不知道的政治概念。土耳其人用确切的边界概念来代替他们以前使一般人都满足的大致的边界概念。”②阿尔及利亚由此有了明确的边界，同突尼斯和摩洛哥区分开来。法国学者马赛尔·艾格列多指出：“从这时起，北非中部的居民便自称为阿尔及利亚人。”③

奥斯曼土耳其帝国对马格里布地区的管理十分松散，阿尔及利亚名义上是帝国的一个省（wilāyah），实际上享有高度自治权。参加 1955 年第一届亚非会议的阿尔及利亚代表认为：“1830 年以前阿尔及利亚是一个有主权的国家，它有明确的国界，并有它的国内生活和国际生活。1619~1830 年，法国同阿尔及利亚政府签订过五十七个友好联盟条约，每个条约都承认阿尔及利亚的独立与主权。”④奥斯曼土耳其对阿尔及利亚的统治分为三个阶段：贝勒贝伊（Beylerbey）时期（1519~1587 年）、帕夏（Pasha）时期（1587~1671 年）和德伊（Dey）时期（1671~1830 年）。奥斯曼土耳其统治时期，阿拉伯人和柏柏尔人的阿尔及利亚认同形成了。

16 世纪初，中马格里布陷入无政府状态，阿尔及尔、奥兰等港口城市出现了许多以劫掠地中海基督徒船只为生的海盗。海盗活动威胁到基督教国家在地

---

① 在阿拉伯语中“阿尔及利亚”与“阿尔及尔”为同一个单词（al-Jazā'ir），“Jazā'ir”是阿拉伯语单词“Jazīrah”（意为“岛屿”）的复数。自奥斯曼土耳其统治时期开始，“al-Jazā'ir”逐渐从阿尔及尔的城市名发展成阿尔及利亚的国名。

② 〔法〕夏尔－安德烈·朱利安：《北非史：突尼斯、阿尔及利亚、摩洛哥》（第二卷），下册，第 507 页。

③ 〔法〕马赛尔·艾格列多：《阿尔及利亚民族真相》，第 25 页。

④ 言金：《阿尔及利亚人民的民族解放斗争》，世界知识出版社，1958，第 36 页。

中海贸易中的安全，因此遭到西班牙王国的报复。从 1505 年开始，西班牙人陆续占领了阿尔及利亚的沿海重镇奥兰、贝贾亚、阿尔及尔等地，中马格里布落入西班牙人的控制之中。

当时地中海活跃着抗击西班牙人的穆斯林海盗兄弟阿鲁吉（‘Arūj）和海伊尔丁（Khayr al-Dīn）。他们起初以突尼斯的杰尔巴岛（Jarbah）为根据地。1514 年，阿鲁吉从西班牙人手中夺取了阿尔及利亚东北部城市吉杰勒（Jījal）。他在那里建立了一个独立的海盗国。卡比利亚地区的库塔马部落慕名投靠了阿鲁吉，并与他一道对贝贾亚发起进攻。①1516 年，阿鲁吉成功地在阿尔及尔站稳脚跟，此后开始在附近区域扩张自己的力量，夺取了麦迪亚（al-Madiyyah）和突尼斯。1517 年他攻克特莱姆森，之后开始深入西部地区，夺取乌季达（Wujdah）。“1517 年，阿鲁吉的声望达到了顶点。”② 在东征西讨的过程中，阿鲁吉意识到地方首领之所以支持他是为了摆脱西班牙的控制，一旦达到目的就会试图摆脱他。③ 这些四分五裂的城市没有形成统一的意志，也缺乏一致对抗西班牙的决心。④ 阿鲁吉逐渐产生自立门户的念头。1518 年，他杀死阿尔及尔地方官，宣布自己为阿尔及尔苏丹。⑤

阿鲁吉 1518 年在特莱姆森的一次战役中身亡，留守阿尔及尔的海伊尔丁接替了他。海伊尔丁上台之后采取了两个新举措：一是对内笼络人心，将阿尔及尔人团结在自己周围；二是向奥斯曼土耳其帝国称臣。1519 年，奥斯曼土耳其苏丹塞利姆一世授予海伊尔丁贝勒贝伊称号。苏丹派出 6000 人的军队来加强他的力量，同时授予他铸币的权力，海伊尔丁由此成为奥斯曼帝国的一个地方总督，阿尔及利亚则成为奥斯曼帝国一部分。⑥ 从此，阿尔及利亚就逐渐从马格

① ‘Uthmān al-Ka‘āk, *Mūjaz al-Tārīkh al-‘Āmm li al-Jazā’ir: Min al-‘Aṣr al-Ḥajarī ilā al-Iḥtilāl al-Faransī*, p. 272.

② Jamil M. Abun-Nasr, *A History of the Maghrib in the Islamic Period*, p. 149.

③ ‘Ammār Buḥūsh, *al-Tārīkh al-Siyāsī li al-Jazā’ir: Min al-Bidāyah wa li Ghāyah 1962*, p. 53.

④ Shauqī ‘Aṭāllah al-Jamal, *al-Maghrib al-‘Arabī al-Kabīr: Min al-Fatḥ al-Islāmī ilā al-Waqt al-Ḥāḍir*, p. 96.

⑤ ‘Ammār Buḥūsh, *al-Tārīkh al-Siyāsī li al-Jazā’ir: Min al-Bidāyah wa li Ghāyah 1962*, p. 53.

⑥ Shauqī ‘Aṭāllah al-Jamal, *al-Maghrib al-‘Arabī al-Kabīr: Min al-Fatḥ al-Islāmī ilā al-Waqt al-Ḥāḍir*, p. 97.

里布这个整体中被区分出来。

贝勒贝伊时期，阿尔及利亚的边界初步确定，阿尔及尔成为阿尔及利亚的首府。“西部边界被阿尔及利亚人与奥兰的西班牙人、非斯的摩洛哥苏丹国之间的冲突固定下来。”[①] 但是在东部，“阿尔及利亚与突尼斯之间的实际边界是模糊的，它因军事行动而不时调整”。[②]

尽管名义上隶属于奥斯曼土耳其帝国，但阿尔及利亚事实上处于独立状态。贝勒贝伊的权力不受帝国约束，其任期也没有限制。贝勒贝伊时期的阿尔及利亚设有“一个迪万和三个地方分支：东部贝伊，首府君士坦丁；西部贝伊，首府起初在穆阿斯凯尔（al-Mu‘askar），后来在奥兰；提特利贝伊，首府麦迪亚”。[③] 在固定的疆域内的自主生活使得当地居民产生了区别于其他北非居民的地域意识，以地域为基础的阿尔及利亚人的观念由此形成。

贝勒贝伊时期奥斯曼土耳其帝国对阿尔及利亚松散的管理，很大程度上是出于其对西班牙作战的需要。以海盗起家的贝勒贝伊的军队构成了奥斯曼土耳其帝国海军的主力。“16 世纪 70 年代末期，奥斯曼土耳其人对西班牙进行圣战的激情消退，对在马格里布的安全也有了充分的信心。”[④]1580 年 8 月，奥斯曼土耳其帝国与西班牙王国达成了停战协定。此后，奥斯曼土耳其人开始加强对阿尔及利亚的控制。奥斯曼土耳其帝国从 1587 年开始向阿尔及尔直接派出任期三年的地方最高行政长官帕夏，随后彻底取消了贝勒贝伊一职。[⑤]

贝勒贝伊时期，尽管阿尔及利亚享有高度自治权，但当地人并没有产生脱离奥斯曼土耳其的念头。[⑥] 帕夏时期，阿尔及利亚的独立性开始增强。阿尔及利亚帕夏制度的设立，并没有实现奥斯曼土耳其帝国的初衷，原因有三点。

一是贝勒贝伊时期阿尔及利亚的权力结构已定型。中心城市由土耳其近卫

---

① Shauqī ‘Aṭāllah al-Jamal, *al-Maghrib al-‘Arabī al-Kabīr: Min al-Fatḥ al-Islāmī ilā al-Waqt al-Ḥāḍir*, p. 69.

② Ibid., p. 68.

③ Ibid., p. 100.

④ Jamil M. Abun-Nasr, *A History of the Maghrib in the Islamic Period*, p. 153.

⑤ John Ruedy, *Modern Algeria: The Origins and Development of a Nation*, p. 17.

⑥ Shauqī ‘Aṭāllah al-Jamal, *al-Maghrib al-‘Arabī al-Kabīr: Min al-Fatḥ al-Islāmī ilā al-Waqt al-Ḥāḍir*, p. 100.

军控制，这支由奥斯曼土耳其帝国派驻阿尔及利亚的军队，由最初的6000人发展而来，在贝勒贝伊时代享受特权，甚至多次企图谋夺政权；乡村地区则由柏柏尔部落领袖管理。

二是帕夏的选任制度存在缺陷。“帕夏并非本地人，与奥斯曼土耳其帝国其他帕夏一样，多数人的官位是用钱买来的。他们任期三年，往往不到三年就卸任了。”① 因此，帕夏们根本无心他顾，只顾到处搜刮、敛财致富，以补偿其购买官位和头衔的支出。为此，当地的部落首领和驻军发动了多次起义，动摇了奥斯曼土耳其帝国对阿尔及利亚的控制。奥斯曼土耳其当局开始频繁更换帕夏，帕夏们则在短暂的任期内更加疯狂地敛财。恶性循环导致民怨沸腾。

三是帕夏无法保证近卫军的薪酬。“17世纪中叶是个动荡的时期，近卫军频繁起义反对帕夏，因为帕夏长期无法支付他们每两个月1次的津贴。”② “1659年，驻阿尔及尔近卫军阿噶（Aghā）篡夺了最高权力，理由是伊斯坦布尔派来的帕夏大多贪腐，其行为有碍阿尔及利亚与欧洲国家的贸易。”③ 对外贸易支撑着阿尔及利亚的大部分财政收入，进而保证着近卫军的薪酬。帕夏的贪腐行为已经危及近卫军的切身利益。“近卫军决定剥夺帕夏的权力，由其最高指挥官阿噶掌握实权，保留帕夏作为奥斯曼土耳其帝国的代表。”④

近卫军政变后，帕夏成为象征性的官员，定期领受俸禄，失去了实权，其主要职能是向阿尔及尔的实际统治者传达帝国苏丹的指令。这种制度安排造成了很大的动荡。近卫军本来是奥斯曼土耳其帝国军队的一部分，但从此以后“变成了一个自我延续的统治集团”。⑤ 新旧近卫军首领的支持者之间常常发生冲突，导致作为阿尔及利亚最高领导人的近卫军首领不断死于非命。

一些帕夏试图联合部落力量遏制军队，阿尔及利亚因此陷入混战。1671

---

① Shauqī ‘Aṭāllah al-Jamal, *al-Maghrib al-‘Arabī al-Kabīr: Min al-Fatḥ al-Islāmī ilā al-Waqt al-Ḥāḍir*, p. 101.

② John Ruedy, *Modern Algeria: The Origins and Development of a Nation*, p. 19.

③ Jamil M. Abun-Nasr, *A History of the Maghrib in the Islamic Period*, pp. 159-160.

④ Shauqī ‘Aṭāllah al-Jamal, *al-Maghrib al-‘Arabī al-Kabīr: Min al-Fatḥ al-Islāmī ilā al-Waqt al-Ḥāḍir*, p. 101.

⑤ Jamil M. Abun-Nasr, *A History of the Maghrib in the Islamic Period*, pp. 159-160.

年，海盗首领发动叛乱，暗杀了执政的近卫军首领，另立“德伊”。奥斯曼土耳其帝国对阿尔及利亚鞭长莫及，只得顺势承认德伊为阿尔及利亚最高领导人。帕夏制度失败后，奥斯曼土耳其帝国再也无法对阿尔及利亚施加直接影响力。

德伊的统治建立后，阿尔及利亚逐渐形成了一套完整的政治制度，疆界和行政区划也确定下来，阿尔及利亚人的构成也逐渐固定下来。除了向奥斯曼土耳其苏丹缴纳贡赋以外，阿尔及利亚已经无异于独立国家。[①]德伊时期，阿尔及利亚进化为一个近代国家，当地居民的阿尔及利亚认同形成，现代意义上的阿尔及利亚民族国家认同初具雏形。

德伊时期，阿尔及利亚作为奥斯曼土耳其帝国的省份的属性名存实亡，君主制色彩越来越浓厚。尽管“德伊必须由本土土耳其人担任”，[②]但德伊不再由伊斯坦布尔任命，而是由本地推举。“1711 年，奥斯曼政府把帕夏的头衔授予德伊，德伊由此成为阿尔及利亚实至名归的首脑。”[③]

德伊时期，阿尔及利亚的权力机构是迪万。迪万由 60 人组成。17 世纪时，迪万在很大程度上由土耳其近卫军把持，还包括少数宗教领袖和非土耳其的本土名士。[④]到了 18 世纪，迪万演化为四人组成的内阁，辅佐德伊：首席大臣为财政大臣（Khazānājī）；第二大臣为近卫军阿噶，同时担任阿尔及尔及周边地区总督；骑兵指挥官（Khaujah al-Khayl）负责征税和军需事务；外务大臣（Wakīl al-Kharj）统领海军并负责外交事务。

财政大臣是德伊的第一继承人，近卫军阿噶位列第二。一般情况下，德伊去世后，财政大臣继任德伊，近卫军阿噶接任财政大臣，其他大臣按序晋升一级。这种制度确保了一种稳定的政治秩序，阿尔及利亚的独立性因此获得了很大的保证。

德伊时期的行政区划分为贝伊辖区（bāylīk）和分区（waṭan）两级。贝伊

① 杨人楩：《非洲通史简编：从远古至一九一八年》，人民出版社，1984，第 72 页。

② John B. Wolf, *The Barbary Coast: Algiers Under the Turks 1500 to 1830*, Toronto: George J. McLeod Limited, 1979, p. 292.

③ Jamil M. Abun-Nasr, *A History of the Maghrib in the Islamic Period*, p. 160.

④ John Ruedy, *Modern Algeria: The Origins and Development of a Nation*, p. 19.

辖区负责人为贝伊，由德伊任命，直接对德伊负责，伊斯坦布尔无权过问。贝伊任期三年，“为了保证每三年能被重新任命，贝伊必须亲往阿尔及尔上贡。但在实际上，阿尔及尔几乎不对他们施加权威，他们在任内能享受充分的自治”。[①] 贝伊的权力原则上及于全辖区居民，但实际上很难达到遥远的分区和游牧部落。贝伊是军事总督，其主要职责是维持和平与征税。贝伊辖区下设分区，长官为卡伊德（qā’id）。分区按照一个或若干个大部落的势力范围划分。

阿尔及利亚全国共分四个贝伊辖区。德伊驻地阿尔及尔及其周边地区为苏丹辖区，周边地区的范围包括沿地中海的平原地区和米提贾（Mitījah）平原，这些区域划分成四个分区。另外三个贝伊辖区是：东方辖区，首府为君士坦丁，这是面积最大、最富裕的辖区；提特利辖区，首府为麦迪亚；西方辖区，首府为穆阿斯凯尔。

卡比利亚、奥雷斯以及撒哈拉地区在很大程度上不受德伊控制。[②] 德伊曾在大卡比利亚的西巴瓦（Sibaw）山谷地区设立了一个独特的行政区域，其长官拥有卡伊德头衔，直接对德伊负责。[③] 但卡比利亚以及奥雷斯的绝大多数区域仍然处于柏柏尔部落领袖的权威之下。这些柏柏尔人聚居区并没有融入大的阿尔及利亚社会，保持着很强的独立性和血统的纯正性。

德伊时期，阿尔及利亚的主要居民包括土耳其人、库鲁格鲁人（Kouloughlis）、摩尔人、犹太人、混血的阿拉伯－柏柏尔人、阿拉伯人和柏柏尔人。

土耳其人是统治者，“他们分布在沿海地区，与内地人民一直很少接触”。[④] 土耳其人的主体是近卫军。“从始至终，阿尔及利亚的近卫军都坚持他们的队伍是一支‘外国占领军’，而不是一支土著部队。”[⑤] 土耳其人是统治阶层，他们既不讲阿拉伯语也不讲柏柏尔语，重视保持血统的纯正。

① Kay Adamson, *Algeria: A Study in Competing Ideologies*, London and New York: Cassell, 1998, p. 21.

② Ibid., p. 22.

③ Jamil M. Abun-Nasr, *A History of the Maghrib in the Islamic Period*, p. 164.

④ 杨人楩：《非洲通史简编：从远古至一九一八年》，第 350 页。

⑤ John B. Wolf, *The Barbary Coast: Algiers Under the Turks 1500 to 1830*, p. 58.

土耳其人与当地人通婚产生的后代是库鲁格鲁人。库鲁格鲁人不再享有土耳其人的绝对优越地位。对于一个库鲁格鲁人而言，“如果他的母亲是穆斯林，那么他的地位由母亲来决定，如果母亲是基督徒，则由父亲决定”。[①] 库鲁格鲁人主要分布在阿尔及尔、特莱姆森、麦迪亚、君士坦丁等城市。他们的地位介于近卫军与阿尔及利亚本地人之间。作为土耳其军人的后代，他们并未受到充分的信任，“他们不能在近卫军内担任军官职务。18 世纪虽有一些库鲁格鲁人的确担任了重要的职务，但那只是贝伊和卡伊德，从未是阿噶”。[②]

摩尔人“构成了阿尔及尔和其他城市居民的大多数”，[③] 主要是来自安达卢西亚的穆斯林避难者后代以及从欧洲南部迁来的基督教“叛教者”。摩尔人掌握着阿尔及尔、特莱姆森以及其他一些城镇的商业，其财富、地位来自贸易以及行会。摩尔人是土耳其人在阿尔及利亚的盟友，他们遵循土耳其人的社会习俗和生活方式。

在西班牙“收复失地运动”（Reconquista）中被驱逐的西班牙犹太社团也是阿尔及利亚城市居民的组成部分之一。犹太人主要分布在阿尔及尔与奥兰，从事商业与金融服务。犹太人还经常担任德伊的财政顾问和德伊与基督教世界贸易的中间商。

占阿尔及利亚人口绝对多数的是混血的阿拉伯 - 柏柏尔人、阿拉伯人和柏柏尔人。他们主要分布在农村或牧区。对于他们而言，德伊时代最大的变化是柏柏尔人自古以来的桑哈贾、扎纳塔等大部落联盟彻底瓦解。大多数柏柏尔人和阿拉伯人融合在一起。纯种柏柏尔人只在卡比利亚、奥雷斯、穆扎卜绿洲和撒哈拉沙漠地带存续。其中，奥雷斯山区的沙维亚人和撒哈拉沙漠的图阿雷格人与外界接触最少。穆扎比人因从事贸易而与阿尔及利亚社会的其他部分发生联系，但他们将自己严格地限制在撒哈拉边缘的五个城镇。[④] 卡比尔人的数量最多，在德伊时期就已超出卡比利亚地区土地的承载力。从那时起，卡比尔人

① Kay Adamson, *Algeria: A Study in Competing Ideologies*, p. 21.
② John B. Wolf, *The Barbary Coast: Algiers Under the Turks 1500 to 1830*, p. 80.
③ John Ruedy, *Modern Algeria: The Origins and Development of a Nation*, p. 22.
④ Kay Adamson, *Algeria: A Study in Competing Ideologies*, p. 23.

外出务工的传统就形成了，“他们充当了作坊和德伊建筑工程的劳力，掌握各种技能”。[①]

这样的人口结构表明，近代阿尔及利亚的某些特征类似于欧洲中世纪晚期的王朝或贵族的民族。[②] 安东尼·史密斯认为，王朝或贵族的民族是“贵族族群的产物，他们的统治阶级文化向下渗入到中产阶级和某些边缘的地区”。[③] 在王朝民族中，国家的统治者们通过“‘官僚团体组织’过程，寻求将不同的阶级和地区融合并统一为紧密的民族国家”。[④] 在贵族民族中，贵族“在他们的精神领袖的支持下，在经常具有强烈宗教热情的时期，通过与外部强权的冲突而产生了出来”。[⑤] 这两种类型的前现代民族是统治阶级文化向下渗透的结果，民族形成的过程缓慢且不均衡。当时阿尔及利亚的独立性是由土耳其贵族主导的，这种独立的意识在向下渗透的过程中影响力不断减弱，大众层面的民族意识并不强烈。这也正是奥斯曼土耳其统治时期的阿尔及利亚与以民族主义理念建立的现代阿尔及利亚民族国家之间的本质区别。

第二节　阿尔及利亚民族觉醒

1830 年法国殖民者入侵后，阿尔及利亚穆斯林在法国人的“他者”参照下逐渐走向民族觉醒。阿尔及利亚人对作为异族的法国人入侵表现出强烈的反抗意识，反抗殖民侵略的大规模起义一直持续到 1871 年。抵抗运动不仅由上层的贝伊领导，宗教领袖、柏柏尔部落也行动起来捍卫阿尔及利亚。法国殖民者入侵促使奥斯曼土耳其统治时期自上而下推行的阿尔及利亚民族意识逐渐转化成大众层面的普遍认同。

法国殖民政府采取了“同化”与“分化”双管齐下的殖民政策，这深刻影

① Kay Adamson, *Algeria: A Study in Competing Ideologies*, p. 26.

② 关于“王朝与贵族的民族”，详见〔英〕安东尼·史密斯《民族主义：理论、意识形态、历史》，叶江译，上海世纪出版集团，2006，第 116~120 页。

③ 同上书，第 117 页。

④ 同上。

⑤ 同上。

响了阿尔及利亚民族国家构建的过程。“同化”是指将阿尔及利亚纳入法国经济圈和文化上的法国化，“分化”是指对土著居民进行阿拉伯人与柏柏尔人的区分。“同化”政策一方面促成阿尔及利亚经济共同体形成，另一方面使法国文化因素成为现代阿尔及利亚民族国家认同构建的一个组成部分。阿尔及利亚民族解放运动早期，本土议员联合会争取阿尔及利亚人法国公民身份的案例正是这一政策影响力的直接表现。但法国殖民政府在试图同化阿尔及利亚的同时，对法国殖民者与阿尔及利亚本土穆斯林实行分治，从而加速了阿尔及利亚民族国家认同的构建。“分化”政策将柏柏尔人与阿尔及利亚阿拉伯穆斯林区分开来，柏柏尔族群意识萌芽，进而导致统一的阿尔及利亚民族国家认同的族群基础出现裂痕，并最终造成阿尔及利亚的认同困局。

但“同化”政策并没有使阿尔及利亚人成为法国人，“分化”政策也没有彻底破坏阿拉伯人与柏柏尔人共有的穆斯林认同，阿尔及利亚民族不可阻挡地走上了觉醒之路，朝着现代意义上的民族主义目标迈进，这些目标包括民族自治、民族统一和民族认同。[①] 这一方面是因为穆斯林认同和近代阿尔及利亚国家的实践使阿拉伯人与柏柏尔人之间的“同”大于“异”，另一方面是因为法国人始终保持着相对于穆斯林的优越性，共同的“他者”参照促使阿拉伯人与柏柏尔人凝聚成一个整体。

一 抵抗运动中民族意识的增强

1830 年 5 月 25 日由 7000 人组成的法国军队远征阿尔及利亚，7 月 4 日，德伊侯赛因投降，法军占领阿尔及尔。之后侯赛因流亡那不勒斯，土耳其近卫军撤回小亚细亚，奥斯曼土耳其统治下的阿尔及利亚省不复存在。法国入侵激发了阿尔及利亚各阶层的民族意识，三次典型的抵抗运动证明了这一点，包括宗教领袖阿卜杜·卡德尔（‘Abd al-Qādir，1808~1883 年）领导的西部抵抗运动、原东方辖区贝伊艾哈迈德（Aḥmad）领导的东部抵抗运动以及卡比尔人的抵抗运动。

---

① 〔英〕安东尼·史密斯:《民族主义：理论、意识形态、历史》，第 10 页。

阿卜杜·卡德尔是格底林耶苏非教团领袖穆哈伊丁·本·穆斯塔法（Muḥyī al-Dīn b. Muṣṭafā）之子、哈希姆家族后裔。[①] 阿卜杜·卡德尔领导的抵抗运动持续了 15 年，1832 年他被拥立为西方辖区的埃米尔，1847 年被法军击败。

1832 年，西方辖区的居民请求穆哈伊丁·本·穆斯塔法领导反抗外国侵略的斗争。因年事过高，他建议他们追随自己的儿子阿卜杜·卡德尔。阿卜杜·卡德尔以家乡穆阿斯凯尔为首府，建立了阿尔及利亚埃米尔国，由他出任埃米尔，并组建 11 人舒拉委员会，由大法官艾哈迈德·本·哈希米·穆拉希（Aḥmad b. al-Hāshimī al-Murāḥī）主持，下设 8 个省区，由埃米尔任命的代理人管理。[②]

埃米尔国的建立填补了德伊政府倒台后阿尔及利亚的政治真空。阿卜杜·卡德尔试图以这个新的埃米尔国为基础建立广泛的阿尔及利亚人的统一战线，一致抵抗外辱。建国之后，阿卜杜·卡德尔很快以“圣战”的名义对法国人发起进攻。他的进攻迫使法国将军德米歇尔（Desmichels）在 1833 年与他签署停火协议。[③] 协议中有一条规定在很大程度上体现了埃米尔国的主权：“欧洲人只有在获得埃米尔国签证和法国将军同意的情况下才能入境。”[④]

1835 年，新任法国将军特雷泽尔（Trezel）接替德米歇尔。他认为其前任与阿卜杜·卡德尔签约是姑息养奸，遂对阿卜杜·卡德尔展开军事行动，著名的马格塔（Maqṭa’）战役由此爆发。战役中法军败北，特雷泽尔被召回。1836 年，双方之间打响了塔夫纳（Tāfinā）战役，法军再次失败。1837 年，双方签订《塔夫纳条约》，条约承认了阿尔及利亚埃米尔国，确认了阿卜杜·卡德尔对于西方的奥兰省、南方的提特利省以及阿尔及尔省部分地区的主权。[⑤]

---

① Shauqī ‘Aṭāllah al-Jamal, *al-Maghrib al-‘Arabī al-Kabīr: Min al-Fatḥ al-Islāmī ilā al-Waqt al-Ḥāḍir*, p. 252.

② ‘Ammār Buḥūsh, *al-Tārīkh al-Siyāsī li al-Jazā’ir: Min al-Bidāyah wa li Ghāyah 1962*, p. 109.

③ 条约全称为《法国驻奥兰军事长官和阿卜杜·卡德尔签订的和平友好条约》，参见潘光、朱威烈主编《阿拉伯非洲历史文选：18 世纪末—20 世纪中》，华东师范大学出版社，1992，第 28~29 页。

④ ‘Amār Buḥūsh, *al-Tārīkh al-Siyāsī li al-Jazā’ir: Min al-Bidāyah wa li Ghāyah 1962*, p. 111.

⑤ 条约全称为《法国与阿尔及利亚的阿拉伯埃米尔国相互承认的条约》，参见潘光、朱威烈主编《阿拉伯非洲历史文选：18 世纪末—20 世纪中》，第 30~31 页。

1839 年，法军为打通阿尔及尔与君士坦丁之间的通道，故意跨越双方约定的边界。1839 年 11 月，阿卜杜・卡德尔对法宣战。阿卜杜・卡德尔的军队开进米提贾，法军退缩到阿尔及尔。到 1840 年，阿卜杜・卡德尔“已成功地统一了国土上 2/3 的部落。法国政策经过若干年的徘徊，这时决定全部征服阿尔及利亚，从而破坏了塔夫纳条约”。[①]1840 年，法国增派援军，由毕若（Bugeaud）担任总司令。毕若到任后逐渐扭转了战局，并转守为攻，对起义军展开机动进攻。1842~1843 年，毕若发动了“绥靖”西部、剿灭阿卜杜・卡德尔的战役。在战役中，毕若使用毁灭性的“焦土战术”，法军所到之处变成不毛之地，破坏了阿卜杜・卡德尔部队的后方。1844 年，埃米尔国都城穆阿斯凯尔陷落，阿卜杜・卡德尔败走摩洛哥。1845 年，由于法国殖民者对西部农牧民土地的大规模抢夺，西部发生了广泛的人民起义，阿卜杜・卡德尔从摩洛哥回到国内领导起义。1847 年底，阿卜杜・卡德尔在摩洛哥与阿尔及利亚边境被法军彻底击败。

阿卜杜・卡德尔组织的反对法国侵略的抵抗运动，是阿尔及利亚境内组织最好、最成功的反法起义，也是抵抗运动的主力。牛津大学迈克尔・威利斯（Michael Willis）教授对阿卜杜・卡德尔的反抗运动做出如下总结：“首先，它无疑是最成功的抵抗法国的运动；其次，阿卜杜・卡德尔建立并管理着一个独立的土著阿尔及利亚国家，有几年统治着当今阿尔及利亚领土的大部分；最后也最为重要的是，阿卜杜・卡德尔在伊斯兰的旗帜下指挥反法斗争，他的所有行动都表现出强烈的宗教动机。”[②]一些阿拉伯学者因此将他的功绩与穆拉比兑、穆瓦希德运动相比较，还有人将他与埃及的穆罕默德・阿里相提并论，强调阿卜杜・卡德尔的处境远不如埃及，因为埃及人习惯于国家的存在，而阿卜杜・卡德尔面对的却是自古以来就习惯于相互割裂的部落生活的阿尔及利亚人。[③]从阿尔及利亚民族国家构建的历史看，阿卜杜・卡德尔以伊斯兰教为旗帜建国，并以此打破部落界限、建立统一战线一致抗法的举措为现代意义上的

① 张芝联主编《法国通史》，北京大学出版社，2009，第 323 页。

② Michael Willis, *The Islamist Challenge in Algeria: A Political History*, New York: New York University Press, 1997, p. 3.

③ Shauqī ʻAṭāllah al-Jamal, *al-Maghrib al-ʻArabī al-Kabīr: Min al-Fatḥ al-Islāmī ilā al-Waqt al-Ḥāḍir*, p. 253.

阿尔及利亚民族主义提供了可供参考的近代范本。相比奥斯曼土耳其统治时代的阿尔及利亚，阿卜杜·卡德尔的埃米尔国标志着阿尔及利亚向现代民族国家的方向又迈进了一步。

阿尔及利亚东部起义的领导人是君士坦丁贝伊艾哈迈德。德伊流亡后，法国方面曾招降艾哈迈德贝伊，提出“如果向法国履行像对帕夏一样的义务，法国将对他给予承认”① 的条件，艾哈迈德对此表示拒绝。由于当时法军忙于对付西部战线的阿卜杜·卡德尔，因此并未立即对艾哈迈德采取行动。

1836 年，法军在塔夫纳战役中败于阿卜杜·卡德尔，遂将目光转向东方。法国单方面废黜了东方辖区贝伊艾哈迈德，任命突尼斯贝伊的兄弟接替他。接着法军攻克安纳巴，艾哈迈德陷入法军的包围圈。1836 年 11 月，法军在克洛塞尔（Clauzel）的率领下对君士坦丁发起进攻。艾哈迈德利用诱敌深入的战术挫败法军。1837 年，法军对君士坦丁发起第二轮攻势，艾哈迈德遭遇了决定性的失败，君士坦丁陷落。

占领君士坦丁之后，法国陷入了两难境地：直接占领东方辖区需要大量的人力物力，而当时法国奉行的是“有限占领”策略，但放弃这块征服地又心有不甘。出于制衡阿卜杜·卡德尔的考虑，法国决定恢复艾哈迈德的贝伊身份，由其继续管理东方辖区。但艾哈迈德并没有因此放弃反法斗争。由于他是库鲁格鲁人，无法从阿尔及利亚本土获得部落或宗教领袖的支持，加上法国人的密切监控，他再也没有发起有影响力的起义。直至 1848 年，他才正式向法国投降，两年后去世。

艾哈迈德起义的感召力逊于阿卜杜·卡德尔起义，这一事实证明奥斯曼土耳其统治时期由土耳其贵族主导的阿尔及利亚民族意识已发生了质变，“阿尔及利亚人”的大致轮廓已形成，即阿尔及利亚本土穆斯林。尽管土耳其人也是穆斯林，但血统差异使之被排除在“阿尔及利亚人”之外。当时的“阿尔及利亚人”不区分阿拉伯人与柏柏尔人，这表明伊斯兰化已经在很大程度上实现了阿拉伯人与柏柏尔人在文化和血统上的融合。

① ‘Ammār Buḥūsh, *al-Tārīkh al-Siyāsī li al-Jazā’ir: Min al-Bidāyah wa li Ghāyah 1962*, p. 116.

宗教领袖和地方贵族领导的起义在1850年之后偃旗息鼓，卡比尔人成为接下来20年反对法国殖民主义侵略的主力。卡比利亚地区的起义，主要包括法军征服卡比利亚时期（1851~1857年）的起义和1871年卡比利亚大起义。

1846年，法军开始远征卡比利亚。1851年，卡比利亚山区的部落爆发了反法起义。起义从1851年持续到1857年，波及南部沙漠地区。关于这次起义的历史记载很少，比较突出的是在1857年的卡比利亚战役中，法军阵亡3500人，这是法国殖民侵略以来阵亡人数最多的一场战役。卡比尔女英雄娜拉·法蒂玛率领青年敢死队与麦克-马洪的军队作战，因而赢得“阿尔及利亚贞德”的美名。[①] 从这两个细节可以窥知卡比尔人抵抗的激烈程度。尽管法国征服了卡比利亚，卡比尔人却从未放弃斗争，更大的起义开始酝酿。

1866年，阿尔及利亚发生大饥荒，1868年饥荒发展到顶峰，导致50万人死亡。[②] 与此同时，法国的殖民剥削却在日益加剧。1871年3月，穆罕默德·穆格拉尼（Muḥammad al-Muqrānī）在君士坦丁起义，他起义的最初动机是为了引起法国殖民政府的重视。4月，拉赫马尼亚苏非教团（al-Raḥmāniyyah）加入起义，起义的性质由此发生了变化。起义军的主力是卡比尔人，约有15万，他们强烈渴望重获独立。[③] 起义持续了7个月，起义军发起了300多次进攻。[④] 起义最初集中在卡比利亚山区，但很快波及整个阿尔及利亚东部，最后席卷了西部并延伸至撒哈拉沙漠。[⑤]1872年初，法国利用起义军战线过长、兵力分散的缺陷镇压了起义。

卡比利亚大起义是阿卜杜·卡德尔领导的抵抗运动失败以后阿尔及利亚规模最大的一次人民起义。卡比利亚大起义的失败，标志着19世纪阿尔及利亚反法抵抗运动的结束。法国殖民当局对卡比利亚地区进行了疯狂报复，没收18万

① 〔法〕马赛尔·艾格列多：《阿尔及利亚民族真相》，第38~39页。

② ‘Ammār Buḥūsh, *al-Tārīkh al-Siyāsī li al-Jazā’ir: Min al-Bidāyah wa li Ghāyah 1962*, Dār al-Gharb al-Islāmī, 2005, p. 153.

③ 参见〔法〕加布里埃尔·埃斯凯：《阿尔及利亚史：1830—1957》，上海师范大学《阿尔及利亚史》翻译组译，上海人民出版社，1974，第50页。

④ 杨人楩：《非洲通史简编：从远古至一九一八年》，第365页。

⑤ 同上。

支枪械，侵占卡比利亚地区44.6万公顷[①]良田，索取3600万法郎[②]赔款，取消卡比利亚的自治地位。“与此同时，卡比尔领导人及其家庭与巴黎公社社员一道，被流放至法属太平洋殖民地新喀里多尼亚岛，成千上万的其他卡比尔人被迫成为移民劳工，被送往突尼斯、阿尔及尔，最终是法国。”[③]

阿尔及利亚各阶层对法国入侵的反抗表明阿尔及利亚人一定程度上已经对“阿尔及利亚祖国”达成共识，穆斯林认同显示了强大的威力。但当时的阿尔及利亚还没有形成统一的、广泛的民族国家认同。阿卜杜·卡德尔以伊斯兰教为旗帜，打破部落间的界限、达成统一战线的尝试，表现出一些现代民族主义的特征。但这种尝试并没有获得成功。他的控制区仅限于西部，与东部的艾哈迈德贝伊没有形成合力，即使在埃米尔国内部，部落纷争也时常发生。卡比利亚地区的起义虽然波及的范围广、产生的影响大，但阿尔及尔人、奥兰人都没有参加起义。[④]

二　殖民经济政策促进经济共同体形成

法国在阿尔及利亚建立殖民统治后，试图将阿尔及利亚纳入法国经济圈，与法国实现经济一体化。经济同化有两个贯穿始终的目的：一是获取经济利益，二是巩固殖民统治。“当法国在阿尔及利亚复制自己的时候，阿尔及利亚却被贬到边缘与贫困中去。”[⑤]经济同化在使阿尔及利亚成为法国经济附庸的同时，也促使阿尔及利亚内部经济联系不断加强。

打破阿尔及利亚原有土地所有制是经济同化的第一个方面。正如爱德华·W. 萨义德指出的：“首先，土著的土地被夺走，他们的建筑物被占用；然后，法国殖民者控制了森林和矿藏……”[⑥]奥斯曼土耳其统治时期的土地所有

① 杨人楩:《非洲通史简编：从远古至一九一八年》，第366页。

② 同上。

③ Paul A. Silverstein, “The Kabyle Myth: Colonization and the Production of Ethnicity,” pp. 130-131.

④〔法〕加布里埃尔·埃斯凯:《阿尔及利亚史：1830—1957》，第51页。

⑤〔美〕爱德华·W. 萨义德:《文化与帝国主义》，李琨译，生活·读书·新知三联书店，2003，第244页。

⑥ 同上书，第243页。

制分为四种：哈布斯地产（Habbous），即宗教用地；阿尔其地产（Arch），即部落所有的土地；麦尔克地产（Melk），即家族所有的土地；贝伊利克地产（Beylik），即德伊、贝伊及其他上层官员所有的土地。[①]法国殖民者直接接收了哈布斯地产和贝伊利克地产，还剥夺了被镇压起义者的土地。但他们却没有理由侵占阿尔其地产和麦尔克地产。这两种土地制度在某种程度上是公有制，部落、家族是土地的所有权人，个人名下并无土地。部落和家族占有土地显然是对法国殖民统治安全的一种威胁，也阻碍了大殖民资本家的土地兼并。为了瓦解阿尔及利亚根深蒂固的部落组织和家族势力，法国国民议会于 1873 年通过《瓦尼埃法》（Warnier Law），规定“穆斯林的财产和法国人的财产之间的差别被取消，所有的财产都受法国法律的支配”。[②]殖民政府在当年正式宣布实行土地私有制，部落和家族所有的土地被分割至个人名下。掠取被划分成小块的土地显然比夺取由部落或家族占有的土地容易得多。

掠夺来的土地被分配给大大小小的法国殖民者。法国的土地公司和大殖民者是最大的地主。土地公司和大殖民者作为大地主，把这些土地分成小块，出租给失地的本地农牧民，许多农牧民沦为农奴。中小殖民者主要种植葡萄、蔬菜等经济作物，产品运往法国。法国殖民者进行大规模的土地掠夺，消灭原有的土地制度，不仅打破了部落组织，原本以部落为单位的内部经济循环也被全国性的经济关系所取代。个人与政府和国家的关系变得紧密起来，“这为年轻的、有力的民族运动创造了新的、独特的基础”。[③]

发展为法国利益服务的工业是同化的第二个方面。法国资本在阿尔及利亚发展采矿工业和粗加工工业。1893 年法国开始在库维夫（Kouif）开采磷酸盐，1913 年开始开采温扎（Ouenza）铁矿。但总体而言，由于一战前法国本土的工业发展比较缓慢，殖民政府并不十分重视阿尔及利亚的工业发展。法国资本在阿尔及利亚的工业生产中占统治地位，阿尔及利亚的民族资本受到很大限制，只能在食品加工、织毯、家具制造等部门开展业务，以小企业为

① Kay Adamson, *Algeria: A Study in Competing Ideologies*, p. 25.

② Ibid., p. 34.

③ 〔法〕马赛尔・艾格列多:《阿尔及利亚民族真相》，第 137 页。

主，“在很大程度上具有手工业的性质”。[①] 由于工业落后，且法国企业首先吸收的员工是法国人，因此失地或土地不足的阿尔及利亚人形成了一股向法国移民的浪潮。

在移民潮中一马当先的是卡比尔人。在奥斯曼土耳其统治时期，卡比利亚地区人多地少的矛盾已经出现。法国殖民者到来后，卡比利亚地区本就有限的可耕地遭到殖民者掠夺。卡比尔人于是前往法国本土的工业中心谋生，最主要的去向是巴黎。20 世纪的第一个十年，卡比利亚地区出现了首批移民潮。除了肥沃的土地被殖民者没收以外，降雨不均、卡比利亚与法国之间旅行相对容易、卡比尔人对法语越来越熟悉，都是移民潮出现的重要原因。[②] 法国欢迎卡比利亚地区的劳工潮，这些劳工满足了法国工厂流水线日益增长的劳动力需求。卡比利亚的早期移民将这种迁徙作为暂时性的选择，主要是为了增加收入，以满足在家乡的生活需求，例如购买牲畜、种子、结婚或建房等。当时在卡比利亚村庄流行着一种轮流外出打工的习俗。阿尔及利亚民族解放战争期间的法国上尉戴维德·格鲁拉曾说：“资源匮乏促使卡比尔人外出谋生。通常情况下，1/3 的男性前往法国一到两年，1/3 在米提贾平原或阿尔及尔谋生，另外的 1/3 留在村子里照看家人的生活。”[③] “1914~1919 年，法国大约有 8 万阿尔及利亚工人，其中 87% 都来自卡比利亚的提济乌祖、贝贾亚和君士坦丁。”[④] 卡比尔劳工由此成为法国本土工业生产不可或缺的组成部分，卡比尔人也因此成为接受法语程度最高的群体，这一传统与民族解放运动以来卡比尔政治精英坚定的世俗主义立场有一定联系。更重要的是，法国成为卡比尔人最主要的海外聚居地，也因此成为当代柏柏尔主义运动的一个主要海外基地。

基础设施建设是经济同化的第三个方面。19 世纪后半叶开始，法国的金融资本开始垄断阿尔及利亚的铁路、公路、航运、进出口贸易和银行信

① 〔苏〕拉·马·阿瓦科夫：《法国垄断资本在北非》，北京编译社译，世界知识出版社，1959，第 162 页。

② Jane E. Goodman, *Berber Culture on the World Stage: From Village to Video*, p. 73.

③ David Galula, *Pacification in Algeria, 1956-1958*, Santa Monica, Arlington, and Pittsburgh: Rand Corporation, 2006, p. 29.

④ Rabah Aissaoui, “Algerian Migration to France,” 2008, http://www.migrationeducation.org/50.1.html?&rid=123&cHash=2db3cf7083, 2010-08-01.

贷。法国政府于 1857 年制订了一项在阿尔及利亚建设总长 1357 公里的铁路网的计划。[①]1862 年，阿尔及利亚第一列火车开始往返于阿尔及尔与卜利达（Blida）之间。“到 19 世纪末，阿尔及利亚北部纵横交错的铁路线达到 2905 公里。”[②] 同时建设的还有公路，到了 19 世纪末，阿尔及利亚主要城市之间已经形成了一个相互贯通的公路网。此外，法国航运公司还垄断了法国与阿尔及利亚之间的海运航线。海运、铁路和公路构成的交通网使阿尔及利亚与法国的交通日益便利。

统一关税、财政、金融是经济同化的第四个方面。早在 1815 年，法国与阿尔及利亚就实现了关税统一。1884 年，阿尔及利亚被正式划入法国关税区，由此成为法国国内市场的延续。阿尔及利亚在财政上依附于法国，只有有限的自治权。阿尔及利亚没有独立的银行，其银行体系是法国银行的分支。成立于 1851 年的阿尔及利亚 – 突尼斯发行银行[③] 隶属于法兰西银行，实际上是法兰西银行的分行，它当年获得在阿尔及利亚发行货币的权力。阿尔及利亚没有独立的货币，其货币单位法郎等于法国法郎。冠名“阿尔及利亚”的一些银行，其董事会往往设在巴黎，受制于法国法律，是法国银行垄断集团控制阿尔及利亚经济、实行殖民扩张的机构。

经济同化政策虽然使阿尔及利亚成为法国经济圈的一部分，但阿尔及利亚经济相对于法国本土经济的从属地位以及殖民者在经济生活中的主导地位，并不能使穆斯林土著居民感受到与法国实现一体化的好处。经济同化还促成阿尔及利亚人从相互割裂的部落经济循环中走出来，走向阿尔及利亚内部的经济一体化。根据安东尼·史密斯的理论，“所有成员生活在单一经济体中并且有着同样的权利和义务”[④] 是民族定义的一部分。法国殖民统治下的阿尔及利亚无疑已经符合了这一条件。

---

① Zennep Celik, *Empire, Architecture, and the City: French-Ottoman Encounters, 1830-1914*, Seattle & London: University of Washington Press, 2008, p. 54.

② Ibid.

③ 法国殖民时期阿尔及利亚最大的银行之一，相当于当地央行。参见〔苏〕波斯别洛娃《阿尔及利亚（经济政治概况）》，刘素明译，世界知识出版社，1961，第 83~84 页。

④ 〔英〕安东尼·史密斯:《民族主义：理论、意识形态、历史》，第 14 页。

三　殖民文化政策促使西式知识精英层形成

从文化上使阿尔及利亚融入法国是法国殖民同化政策的重要方面。殖民政府通过语言、教育和宗教等方面的政策和措施，力图把阿尔及利亚殖民地整合到宗主国法国之中。

为了实现上述目标，法国殖民政府首先致力于限制伊斯兰教、压缩阿拉伯语教育，以最大限度地扩张法国文化的影响力。首先，殖民政府对阿尔及利亚的宗教力量进行限制，关闭宗教学校，对宗教节日、朝觐等与伊斯兰教有关的活动实施监控。[①] 其次，殖民政府还将伊斯兰教纳入官方体制，开办“穆斯林学院”，培养服从法国殖民政府的伊斯兰教教职人员，企图通过这种方式控制伊斯兰教。此外，穆夫提、阿訇等宗教领袖的选任、考核均由总督和省长统筹。殖民政府还试图将阿尔及利亚变成一个“勤劳的、道德的基督教社会”。[②] 从1843年开始，天主教僧侣团加入了殖民者大军，阿尔及尔、君士坦丁的不少清真寺都被改成了天主教堂。[③]

阿拉伯语学校主要由哈布斯宗教基金支持。法国殖民者掠夺了哈布斯土地，这在很大程度上削弱了哈布斯宗教基金的财力。由于失去了财政支持，大量原有的普通学校或宗教学校停办。1863年时阿尔及利亚有2000所阿拉伯语学校，到了19世纪80年代仅剩700所，到了1890年只有2%的儿童进入阿拉伯语学校学习。[④]

殖民政府还大力推行法式教育。1832~1833年担任阿尔及利亚总督的罗维戈（Rovigo）公爵曾说：“我认为教育和我们语言的传播是我们对这个国家的统治获得进步的最有效方式，真正的奇迹是以法语逐步取代阿拉伯语。”[⑤] 法国人认为削弱伊斯兰教政治动员力的最佳途径是“对穆斯林儿童进行法国语

---

① Michael Willis, *The Islamist Challenge in Algeria: A Political History*, p. 7.

② Zennep Celik, *Empire, Architecture, and the City: French-Ottoman Encounters, 1830-1914*, p. 246.

③〔法〕马赛尔·艾格列多：《阿尔及利亚民族真相》，第105页。

④ Zennep Celik, *Empire, Architecture, and the City: French-Ottoman Encounters, 1830-1914*, p. 270.

⑤ Ibid., p. 271.

言和思想的教育，以消除阿拉伯人接受的很多荒谬的信念”。[①] 在这样的逻辑下，阿拉伯语被宣布为外语，法语成为阿尔及利亚的官方语言，法式教育迅速发展起来。无论是阿拉伯语学校还是法语学校，均遵循与巴黎的学校同样的节奏和作息，不再遵循伊斯兰历。法国倾向于对阿尔及利亚穆斯林进行实用技能的教育，将他们培养成为法国人服务的农庄工人、仆从、泥瓦匠、鞋匠等。[②]

法语学校是推广法语和宣传法国文化的基地。这些学校实行法国式的教育和学制。教室里悬挂着被合并到法国的阿尔及利亚地图。教材从法国进口，其中历史教科书宣扬高卢人是包括阿尔及利亚人在内的所有法国人的祖先。[③] 在基础教育方面，1832 年，阿尔及尔第一所小学建立；1835 年，第一所高中建立。[④] 到了 1859 年时，阿尔及利亚已有 25 所高中、24 所初中，学生人数为 3110 人，其中包括 225 名穆斯林。[⑤] 在高等教育方面，阿尔及利亚的第一所高等教育机构军事医学院在 1832 年建立，此后陆续建立法学院、科学院和文学院，1909 年这些学院合并为阿尔及尔大学。[⑥]

语言同化的成果十分明显，在大众层面实现了法语的普及。语言同化还带来法国人始料未及的一个结果，即接受西式教育的阿尔及利亚知识精英阶层的逐渐形成，这些精英不仅接受了法语，还接触到民族主义、自由、民主、公民权等西方思潮。这个具有现代特征的精英阶层后来成为阿尔及利亚民族主义运动的领导者。1908 年，由接受法国教育的阿尔及利亚知识精英组成的“阿尔及利亚青年改革运动”，开始为本土穆斯林的公民权奔走，这正是阿尔及利亚民族主义运动的先声。

① Paul A. Silverstein, “The Kabyle Myth: Colonization and the Production of Ethnicity,” p. 139.
② 〔法〕加布里埃尔·埃斯凯：《阿尔及利亚史：1830—1957》，第 75 页。
③ Paul A. Silverstein, “The Kabyle Myth: Colonization and the Production of Ethnicity,” p. 132.
④ Zennep Celik, *Empire, Architecture, and the City: French-Ottoman Encounters, 1830-1914*, p. 268.
⑤ Ibid., p. 190.
⑥ Ibid.

四　殖民分治政策催生民族主义萌芽

法国殖民政府实行法国人与穆斯林土著居民分治政策，这体现了法国殖民者既想将阿尔及利亚纳入法国又不愿与当地穆斯林实现平等的阴暗心理。这项政策将阿尔及利亚土著穆斯林排斥在法国主流社会之外，是引发阿尔及利亚民族主义萌芽的直接原因。

殖民地阿尔及利亚最初实行军管。军管时期，阿尔及利亚穆斯林的居住地区由军队直属的阿拉伯局管理，欧洲殖民者占据的城市则设有自己的民事政府。1870 年，阿尔及利亚分成北阿尔及利亚、南阿尔及利亚两个辖区；北部人口稠密的三省改由民事政府管理，穆斯林可在省议会中占 1/4 的席位。① 南阿尔及利亚仍然实行军管。1870 年以后，法国殖民者控制的民事政府接管了北阿尔及利亚的阿拉伯局，北阿尔及利亚的穆斯林居民被纳入殖民地民事政府的统一管理。无论是在军管区还是在民事政府管区，法国殖民者和穆斯林土著都存在明显的权利差别。殖民当局对阿尔及利亚采取双轨制分别管理法国人和穆斯林土著居民。当局“依靠系统性的有利于殖民者的区分，通过给予殖民者经济手段以及文化和政治上的保证，把殖民者在语言、习俗和观念方面的特权合法化”。② 殖民者与当地居民之间的区分类似于种姓制划分，两者有着严格的等级区别。

军管区分治的最直接表现是将法国殖民者与土著居民划在不同的区域居住，由不同的机构管理。1845 年，阿尔及利亚被划分为“公民区”和“阿拉伯人区”。欧洲殖民者居住在“公民区”，由地方民事政府管理，穆斯林土著居民多居住在“阿拉伯人区”。分治还体现在税收方面。1845 年，殖民地阿尔及利亚开始实行双轨税制，对穆斯林土著居民征收“阿拉伯人税”，其中包括针对农作物和工业产品征收的什一税、畜牧产品税以及其他的义务税，欧洲殖民者另有一套独立的税制。土著居民所缴赋税占政府财政收入的大部。

---

① ‘Ammār Buḥūsh, *al-Tārīkh al-Siyāsī li al-Jazā’ir: Min al-Bidāyah wa li Ghāyah 1962*, p. 171.

② Tassadit Yacine, “Pierre Bourdieu in Algeria at War: Notes on the Birth of an Engaged Ethnosociology,” http://eth.sagepub.com/cgi/content/abstract/5/4/487, 2012-02-07.

“公民区”面积很小，截至1869年，欧洲殖民者掌控的城市不过69个。[①]居住在“公民区”的穆斯林土著居民并没有公民权，还要承担沉重的税负。拿破仑三世上台后，曾一度设想与穆斯林土著居民实现“和解”。1865年，法国元老院颁布法令，给予阿尔及利亚穆斯林法国公民资格。但阿尔及利亚穆斯林并没有因此获得完整的公民权。例如在选举权方面，“一直到20世纪50年代，在阿尔及利亚一直有两个选举群体：一个是欧洲人的，一个是土著居民的。1个欧洲人的投票等同于10个土著居民”。[②]

“阿拉伯人区”的居民由隶属于军队的阿拉伯局管理。1833年，法军开始筹建一个专门负责联系阿尔及利亚人的部门，“阿拉伯迪万”由此建立。该机构由精通阿拉伯语的翻译和熟悉阿拉伯事务的专家组成，主要负责联络部落首领，说服当地人归顺法军。1844年，“阿拉伯迪万”更名为“阿拉伯局”，直接对军队负责。1848年，法国将阿尔及利亚北部分为阿尔及尔、奥兰和君士坦丁三省。阿拉伯局在各省设立分支机构，逐渐转变为管理阿尔及利亚本土居民的机构。截至1865年，君士坦丁省设立了15个阿拉伯处，阿尔及尔有14个，奥兰有12个。[③]

阿拉伯处不对土著居民进行直接管理，而是与当地的部落首领或村长建立联系，由他们作为代理人管理当地居民。法国驻阿尔及利亚总督府向与阿拉伯处合作的地方领袖授予职务，职务名称沿用奥斯曼土耳其统治时期的帕夏、阿噶、卡伊德。这些代理人主要负责征税。生活在“阿拉伯人区”的土著居民虽然也要承受经济剥削，也无法拥有公民权，但本土权力结构和社会秩序很大程度上被保存下来。特别是在拿破仑三世时期，由于他希望保留阿尔及利亚社会的完整性，法国元老院在1863年颁布了一项保护部落土地所有权的法令。只是这种保护并不长久，这项不符合殖民者利益的法令只施行了

① ‘Ammār Buḥūsh, *al-Tārīkh al-Siyāsī li al-Jazā’ir: Min al-Bidāyah wa li Ghāyah 1962*, p. 177.

② Tassadit Yacine, “Pierre Bourdieu in Algeria at War: Notes on the Birth of an Engaged Ethnosociology,” http://eth.sagepub.com/cgi/content/abstract/5/4/487, 2012-02-07.

③ ‘Ammār Buḥūsh, *al-Tārīkh al-Siyāsī li al-Jazā’ir: Min al-Bidāyah wa li Ghāyah 1962*, p. 130.

7 年就被法国国防政府废除。阿拉伯处的存在导致殖民者无法扩大殖民利益。由于管辖范围过小，殖民者无法获得 1845 年以来开征“阿拉伯人税”带来的丰厚经济利益。在殖民者的压力下，法国政府于 1870 年放弃了对北部人口稠密区的军管。

从 1871 年开始，殖民者开始谋求摆脱巴黎政府对阿尔及利亚的干涉。通过在议会中的活动，他们成功地限制了作为巴黎政府代表的阿尔及利亚总督的权力，实权下放到由他们掌握的地方政府。他们在谋求对阿尔及利亚主导权的同时竭尽全力剥夺穆斯林土著居民的权利。1871 年以后，民事政府管区的阿尔及利亚城镇被分成两类，一类是殖民者居多的普通市镇，一类是穆斯林居多的混合市镇。根据 1879~1891 年的统计数据，普通市镇的数量远远多于混合市镇。① 殖民者开始迅速向原本由阿拉伯处和地方领袖合作管理的本土居民居多的地区扩张。

殖民者掌控的民事政府竭力限制穆斯林的公民权。混合市镇的官员直接由总督任命，不举行选举。所谓的混合市镇成为少数殖民者剥削多数土著居民的工具。例如仅 1883 年一年，混合市镇就颁布了 30837 部针对土著居民的法令，强迫他们交纳了 213023 法郎的罚款，阿拉伯穆斯林入狱天数合计达 82402 天。②1881 年，殖民政府颁布《土著人法典》，适用于包括普通市镇和混合市镇在内的民事政府管区。该法规定：行政官员可以不经司法程序处罚穆斯林居民，没收其财产；穆斯林犯罪实行连坐；土著居民必须缴纳“阿拉伯人税”；未经批准不得前往麦加朝觐。

普通市镇举行选举，但穆斯林没有完整的选举权。1875 年，当地颁布了一项法令，规定欧洲殖民者可以参加民事政府管辖区的市政委员会选举，拥有选举权和被选举权；但穆斯林没有选举权，在被选举权方面也受到很大限制，在任何一级地方委员会中，阿尔及利亚穆斯林最多只能占有 6 席。1884 年，阿尔及利亚穆斯林占有席位的上限调整为总席位的 25%，但部分阿尔及利亚穆斯林

① ‘Ammār Buḥūsh, *al-Tārīkh al-Siyāsī li al-Jazā’ir: Min al-Bidāyah wa li Ghāyah 1962*, p. 130.

② Ibid., p. 173.

不得参加市长和市政委员的选举。[①]

从殖民分治政策的实施状况看，前来阿尔及利亚淘金的法国殖民者是分治政策的坚定拥护者。对于他们而言，只有将土著居民置于比自己低的位置才能实现对他们的长期剥削，一旦给予人数居多的土著居民公民权，他们的优越性便荡然无存，所有不平等的殖民政策，如双轨税制将难以施行。相比殖民者的坚决态度，巴黎的法国政府并非不能接受给予当地人法国公民身份。最突出的一个例子是，拿破仑三世曾决定在尊重和保全阿拉伯社会的基础上实现法国人与阿尔及利亚人的协作，在尊重穆斯林信仰的基础上宣布他们为法国公民，宣布阿尔及利亚是一个阿拉伯王国而非殖民地。[②] 在他的推动下，法国元老院在 1865 年曾宣布给予穆斯林土著居民公民资格，初级《古兰经》学校得以复建。但这些政策随着他的下台而宣告流产，他希望成为"法国人的皇帝和阿拉伯人的皇帝"的愿望被评价为"充满了矛盾、善感多变和幻想"。[③] 另一个例子是，法国政府于 1919 年 2 月颁布了一项法令，规定"凡年满二十五岁并服过兵役的穆斯林，或业主、商人、官员和持有大学文凭的穆斯林，都有选举权和被选举权"。[④] 尽管只是赋予部分土著居民选举权和被选举权，这项法令还是遭到大殖民者的强烈反对，他们甚至扬言要与法国政府决裂。

除经济利益驱使外，分治政策还是法国人对阿尔及利亚穆斯林怀有普遍的东方主义偏见的表现。在殖民话语体系中，阿尔及利亚的土著居民是好斗、不友善的宗教狂热分子，他们的游牧传统意味着文化和政治上的不稳定和无序性，是一种反现代文明的特征。阿尔及利亚最高行政会议的成员们在 1894 年指出："'阿拉伯人（土著居民）是一个劣等的、不可教的种族'，因而对他们试行教育是无用的。"[⑤] 法国人作为基督徒对伊斯兰教的厌恶程度甚于对土著人本身，认为是伊斯兰教使阿拉伯人处于"一种与异教徒战斗的永恒状态和一种不能中

① 'Ammār Buḥūsh, *al-Tārīkh al-Siyāsī li al-Jazā'ir: Min al-Bidāyah wa li Ghāyah 1962*, p. 171.
② Zennep Celik, *Empire, Architecture, and the City: French-Ottoman Encounters, 1830-1914*, p. 12.
③ 〔法〕加布里埃尔・埃斯凯:《阿尔及利亚史：1830—1957》，第 44 页。
④ 同上书，第 77 页。
⑤ 同上书，第 74~75 页。

止的永恒战争的义务之中”；[1]“在穆罕默德的文明里，宗教和法律混为一谈，不能与欧洲和法国的法律兼容”。[2]1865年元老院法令同意给予土著居民公民身份，条件是后者放弃穆斯林身份。

因此，阿尔及利亚的土著穆斯林几乎不可能在保存其文化完整性的基础上成为法国人。殖民分治使土著居民在社会、文化和空间上与殖民者分离，在经济和文化的双重压迫下，土著居民对“我们”自身和“他们”殖民者的区别意识越来越强烈。法国入侵之前，阿尔及利亚人只有一个模糊的阿尔及利亚概念，人们仍以部落为界相互区分；法国人对自己和土著居民的区分，使当地穆斯林的“阿尔及利亚人”身份越来越清晰，加之阿尔及利亚经济共同体的不断完善和西式知识精英的不断成长，阿尔及利亚民族主义开始萌芽。当时出现的这种阿尔及利亚民族主义萌芽在民族的族群基础问题上是模糊的，并不区分或强调阿拉伯人或柏柏尔人，而是一种以与信奉基督教的法国人比照下的阿尔及利亚土著穆斯林为主体的民族主义。

第三节 柏柏尔人与阿拉伯人的族群认同分化

为了瓦解阿尔及利亚社会的凝聚力、巩固殖民统治，法国殖民政府实行了对柏柏尔人与阿拉伯人“分而治之”的分化政策。这项政策导致阿尔及利亚穆斯林内部出现了族群认同的分化。阿拉伯人与柏柏尔人的区分造成阿尔及利亚民族主义在萌芽之初就遭遇了民族国家认同构建的尴尬，“阿尔及利亚人是谁”的问题逐渐凸现。

北京大学国际关系学院李安山教授指出，“殖民主义者入侵后，他们的首要任务是按照传统的欧洲统治模式确定所属殖民地的一个个统治范围……殖民主义者缺乏对当地历史的了解，特别是缺乏对非洲民族的相对流动性和相互交往的历史的了解，其结果是建立了他们认可而当地人并不认可的政治单位。这为

① Brian Keith Axel ed., *From the Margins: Historical Anthropology and Its Futures*, p. 138.
② Ibid.

独立后出现的民族冲突埋下了种子”。[①] 法国殖民主义在阿尔及利亚的所作所为与西方殖民主义者在非洲的通行做法一致。他们无视阿尔及利亚柏柏尔人与阿拉伯人在漫长的历史中形成的共性，而是强调两个族群之间的差异，并将柏柏尔人聚居的卡比利亚地区划为一个单独的区域。李安山教授还指出，几乎在每个非洲殖民地都存在“受重用的民族”和“受歧视的民族”。[②] 在阿尔及利亚，法国殖民政府不仅努力挖掘柏柏尔人与阿拉伯人之间的差异，还进一步采取歧视占人口多数的阿拉伯人、抬高少数族群柏柏尔人的政策，以此来实现对阿尔及利亚殖民地的有效统治。

法国入侵阿尔及利亚以来，殖民当局及随军的人类学家、语言学家都竭力阐述一种独特的、独立于阿尔及利亚阿拉伯属性之外的柏柏尔认同。在军管时期，法国学者将阿尔及利亚柏柏尔人认定为欧洲人，使之与阿拉伯人区分开来。民事政府建立后，法国学者在区分柏柏尔人与阿拉伯人的基础上构建起北非历史的分析框架：“北非原本是罗马帝国的一部分，公元 7 世纪末遭阿拉伯人入侵，公元 11 世纪大批阿拉伯移民进入北非。北非历史是阿拉伯人与柏柏尔人激烈对抗的历史，也是阿拉伯人统治柏柏尔人的历史，法国殖民将结束这种统治。柏柏尔人本质上是欧洲人，是阿拉伯人的对立面，阿拉伯人是文明的敌人。”[③] 总而言之，法国殖民主义以北非的拯救者自居，认为“马格里布社会处于无可救药的落后状态，其政治领袖皆为暴君，乌莱玛则是一群迷信的狂热分子”。[④]

法国学者还根据语言和生活区域的差别，将柏柏尔人进一步区分为奥雷斯山区的沙维亚人、朱尔朱拉山脉的卡比尔人、利比亚边境的穆扎比人和撒哈拉沙漠中的图阿雷格人。他们特别关注柏柏尔人中的卡比尔人，通过对卡比尔人的综合研究，创造了一个“卡比尔神话”，将卡比尔人与阿拉伯人从宗教观、政治观、社会习俗、人种等诸多方面区分开来。法国学者创造了“卡比利亚”

① 李安山：《非洲民族主义研究》，中国国际广播出版社，2004，第 225 页。

② 同上书，第 228 页。

③ Abdelmajid Hannoum, "'Faut-Il Brûler L'Orientalisme?': On French Scholarship of North Africa," http://cdy.sagepub.com/content/16/1/71, 2012-02-08.

④ Edmund Burke, "Theorizing the Histories of Colonialism and Nationalism in the Arab Maghrib: Beyond Colonialism and Nationalism in North Africa," http://findarticles.com/p/articles/mi_m2501/is_n2_v20/ai_21187376/?tag=content;col1, 2012-03-27.

这一特定称谓，试图把卡比尔人具体化为一个实体。[①] 他们还以苏马姆河为界，将卡比利亚地区分成大、小两个卡比利亚。

法国政治思想家托克维尔是制造“卡比尔神话”的早期学者的代表。托克维尔对伊斯兰教缺乏好感，他曾提到：“我深信全世界仅有极少数宗教像穆罕默德的宗教这样病态。我认为它是导致伊斯兰世界衰落的主要原因。”[②] 他为“卡比尔神话”勾勒出大致的图景，其核心是卡比尔人比阿拉伯人优越，更接近于法国，更易于同化。托克维尔曾于1842~1849年在法国议会殖民委员会任职。1837年，他写下《阿尔及利亚信札》（Lettre sur l’Algérie），1841年他写下《阿尔及利亚研究》（Travail sur l’Algérie），1847年又写下《阿尔及利亚报告》（Rapport sur l’Algérie），这三篇文章后来都被收录在他的作品集《阿尔及利亚殖民地》（*De la colonie en Algérie*）中。托克维尔对阿拉伯人的态度十分强硬，他曾在《阿尔及利亚研究》中写道：“在法国，我常常听到一些我尊敬却不赞同的人对军队焚毁庄稼、洗劫粮仓、抓走手无寸铁者的行为感到痛惜。我认为这些不幸是想要对阿拉伯人开战者必须接受的。”[③] 相反，托克维尔对卡比尔人接受法国人充满信心，他说：“只要法国保证卡比尔人的安全、健康并施行善政，使他们不再担心失去自由，他们便会放弃抵抗，不可抗拒地被文明人所吸引。”[④] 他在自己的作品中对阿拉伯人和柏柏尔人进行了区分，指出阿拉伯社会的基本特征是“游牧”和“狂热”，而柏柏尔人却是“定居”和“谦虚”的。

1837年，法国国防部在阿尔及利亚发起了一项由博瑞·圣·文森（Bory de Saint-Vincent）上校领导的“科学探险”活动，组建了一个由历史学家、社会学

---

① Paul A. Silverstein, “The Kabyle Myth: Colonization and the Production of Ethnicity,” p. 140.

② Edmund Burke, “Theorizing the Histories of Colonialism and Nationalism in the Arab Maghrib: Beyond Colonialism and Nationalism in North Africa,” http://findarticles.com/p/articles/mi_m2501/is_n2_v20/ai_21187376/?tag=content;col1, 2012-03-27.

③ Olivier Le Cour Grandmaison and Le Monde Diplomatique, “Torturein in Algeria: Past Acts that Haunt France: Liberty, Eequality and Colony,” http://www.algeria-watch.org/en/analyses/grandmaison_torture_algeria.htm, 2012-03-29.

④ John W. P. Veugelers, “Tocqueville on the Conquest and Colonization of Algeria,” http://jcs.sagepub.com/content/10/4/339, 2012-02-10.

家和翻译组成的“科学委员会”。[①] 尽管“科学委员会”在1842年就结束了官方使命，但其成员出版的39本独立著作和大量论文构成了“卡比尔神话”的“学术”基础。

1837年以来，法国学者中致力于制造“卡比尔神话”的还有安德烈·查维伦（André Chevrillon，1864~1957年），著有《沙漠清教徒》（*Les puritains du désert*）；法国军官梅尔基奥·约瑟夫·尤金·达马斯（Melchior Joseph Eugène Daumas，1803~1871年），著有《大卡比利亚》（*La grande Kabylie*）；此外还有法国地质学家和古生物学家奥古斯特·尼古拉·波曼（Auguste Nicolas Pomel，1821~1898年）等。[②] 他们的著作无一不围绕着卡比尔人比阿拉伯人优越这一主题展开。

“卡比尔神话”在法国学者笔下越来越清晰，主要包括以下几方面内容。

（1）卡比尔人是勤劳、谦虚的定居居民，与散漫、易怒的游牧阿拉伯人不同。卡比尔人是典型的定居居民，他们非常重视与土地的关系，有强烈的私有财产概念，且具有商业天赋；定居生活赋予他们谦虚、勤劳、节俭的品行；因此他们与欧洲殖民者更加接近。相应的，阿拉伯人是居无定所、缺少稳定性和漫无目的的人。

（2）卡比尔人的伊斯兰信仰很薄弱，而阿拉伯人则是宗教狂热分子。卡比尔人虽然皈依了伊斯兰教，但不是虔诚的穆斯林。他们不遵守关于礼拜、斋戒、禁忌方面的规定；卡比尔人多实行一夫一妻制，女性不必戴面纱，拥有较高的家庭地位。因此卡比尔人的习俗符合基督教道德规范，他们的伊斯兰化是表面的，“在伊斯兰教的土层下，埋着一颗基督教的种子”。[③]

（3）卡比人的政治结构接近法国人的传统，并不完全遵照伊斯兰教的规则。卡比尔人富有自由、独立和平等的精神，誓死捍卫家园。他们的杰马制度是一种原始的民主制度。由于他们在民事方面不使用伊斯兰教法，而是遵照习惯法，

---

① Paul A. Silverstein, *Algeria in France: Transpolitics, Race, and Nation*, Bloomington and Indianapolis: Indiana University Press, 2004, p. 48.

② Paul A. Silverstein, “The Kabyle Myth: Colonization and the Production of Ethnicity,” p. 135.

③ Ibid., p. 141.

因此他们更具有世俗精神，更容易融入法国政治之中。

（4）卡比尔人与阿拉伯人处于文化上的对立状态，这种对立类似于法国人与阿拉伯人、基督教与伊斯兰教之间的相互对立。阿尔及利亚人从根本上分成阿拉伯人和卡比尔人两个类型，他们生活在不同的轨迹里，相互之间存在不可逾越的鸿沟，他们之间唯一的共同点是"卡比尔人憎恨阿拉伯人，阿拉伯人也憎恨卡比尔人"。① 总而言之，卡比尔人是法国人的天然同盟，因此是同化的首选对象。

这些观点的许多方面都是法国学者一叶障目、一厢情愿的解读。首先，阿尔及利亚的阿拉伯人中不乏定居农民，以定居和游牧的生活方式区分族群没有现实的基础。其次，卡比尔人不严格遵守伊斯兰教的基本规范，并不构成他们不是虔诚穆斯林的理由。自穆瓦希德王朝以来，北非地区的"穆拉比兑"传统很大程度上成为伊斯兰教在该地区的一种特殊的、大众化的形式，卡比利亚地区也不例外。在卡比利亚的村庄中，"穆拉比兑"拥有崇高的地位，他们不占有耕地，也无需从事集体劳动，他们的主要职责是进行宗教教育，作为仲裁者为村民解决矛盾、解答疑难。在卡比利亚，"穆拉比兑"墓地也是重要的宗教场所。② 因此可以说，卡比尔人忠诚于在北非居民中普遍流行的特殊形式的伊斯兰教。最后，卡比尔人与阿拉伯人的矛盾并不必然使他们与法国亲近。如果富有自由、民主、独立精神的卡比尔人仇恨阿拉伯人，那么又怎能接受侵占他们家园的法国人？历史证明，法国学者认为最易被同化的卡比尔人恰恰是阿尔及利亚民族解放运动的先驱者。

以"卡比尔人更优越、更接近法国人"的基本观点为指导，法国学术界对阿尔及利亚柏柏尔人的历史和文化开展了全方位研究，力图证明柏柏尔人与阿拉伯人之间的差异。法国学者为了证明柏柏尔人的文字"提菲纳格文"与欧洲古文字之间的关系，开展了"提菲纳格文"与西班牙文和伊特鲁里亚语、希腊

① Paul A. Silverstein, "The Kabyle Myth: Colonization and the Production of Ethnicity," p. 142.

② Jane E. Goodman, *Berber Culture on the World Stage: From Village to Video*, p. 10.

语之间的比较研究。[①] 尽管研究结果没能证明“提菲纳格文”与任何一种欧洲文字之间存在关联，却使关于“提菲纳格文”起源的争论延续至今。法国学者还试图割裂柏柏尔语与东方语言之间的关系。例如法国语言学家马赛尔·柯恩（Marcel Cohen）就曾提出“将柏柏尔语族、埃及语族、库施特语族和闪语族区分为四大独立的语族”[②] 的观点。此外，法国历史学家还试图将阿拉伯人征服北非过程中柏柏尔人的抵抗完全定位为族群对抗，竭力证明“柏柏尔人与阿拉伯人毫无人种上的联系，阿拉伯人完全是外来者和占领者”。[③]

法国殖民主义试图区分柏柏尔人与阿拉伯人的目的在于完全控制阿尔及利亚。事实上，殖民政府从未因“卡比尔人与法国人最为接近”而给予卡比尔人高于其他阿尔及利亚人的社会地位，卡比尔人从未获得过法国公民身份。“在阿尔及利亚的整个殖民时期，来自阿尔及利亚的民族志和军事调查报告，反复强调讲阿拉伯语的人口和讲柏柏尔语的人口之间的族群边界，并以这种区分来为经济和社会政策辩护。”[④] 由此可见，“卡比尔神话”不过是法国实施“分而治之”策略的需要。无论如何，在“卡比尔神话”的指导下，法国殖民政府对卡比利亚地区进行了同化改造。1856 年和 1871 年大起义中被毁的卡比尔村庄的村民，被安置到殖民政府按照法国本土乡村模式统一建设的村庄中。1880 年以后，大量法语学校在卡比利亚境内建立，当地劳动力被鼓励进入殖民地种植园或前往法国就业等。

尽管法国学者长期致力于宣扬柏柏尔人是欧洲人，但柏柏尔人并未因此成为阿拉伯人的敌人，也没有成为法国人的盟友。直到 20 世纪 20 年代阿尔及利亚民族主义兴起，法国殖民主义都没有放弃对阿拉伯人与柏柏尔人进行分化。他们不再强调柏柏尔人的欧洲血统，转而强调柏柏尔人独特的认同。1938 年，一位法国学者谈道:“柏柏尔人不仅屏蔽了法国的影响，他们坚不可摧的个性还

---

① Muḥammad al-Mukhtār al-‘Arbāwī, *Fī Muwājahah al-Naz‘ah al-Barbariyyah wa Akhṭārihā al-Inqisāmiyyah*, p. 44.

② Ibid., p. 66.

③ Ibid., p. 113.

④ Paul A. Silverstein, “The Kabyle Myth: Colonization and the Production of Ethnicity,” pp. 135-136.

使他们既不受东方影响也不受西方影响。”[①]

在“卡比尔神话”的影响下，柏柏尔人的族群意识开始觉醒。尽管“卡比尔神话”不完全是法国殖民主义的想象，阿拉伯人与柏柏尔人之间的差异的确存在，但在经历了漫长的伊斯兰化后，他们之间的共性远大于差异。在法国殖民统治下，阿尔及利亚民族意识与柏柏尔族群意识几乎同时觉醒了。

① Abdelmajid Hannoum, "'Faut-Il Brûler L'Orientalisme?': On French Scholarship of North Africa," http://cdy.sagepub.com/content/16/1/71, 2012-02-08.

第四章　柏柏尔认同与阿尔及利亚民族解放运动

20世纪20年代，阿尔及利亚民族主义正式兴起，阿尔及利亚开始朝着现代民族国家迈进。阿尔及利亚政治精英内部对阿尔及利亚民族属性的认定有两种不同的倾向。一种主张阿尔及利亚的阿拉伯伊斯兰属性；另一种则倾向淡化阿拉伯色彩，构建一个阿尔及利亚人的阿尔及利亚。柏柏尔政治精英多持后一种观点。柏柏尔政治精英与阿尔及利亚阿拉伯民族主义者的理念差异从阿尔及利亚民族主义兴起之初便露出端倪。在阿尔及利亚民族解放运动中，阿尔及利亚阿拉伯民族主义逐渐发展成阿尔及利亚民族主义的主流，这种民族主义强调阿尔及利亚民族的族群基础以阿拉伯人为主体。纵观阿尔及利亚民族解放运动的历史，一方面，柏柏尔认同与阿尔及利亚阿拉伯民族主义之间始终保持着张力；另一方面，由于阿尔及利亚人与法国殖民者的矛盾是主要矛盾，这种张力并没有使柏柏尔人脱离阿尔及利亚民族解放运动。但是，阿尔及利亚民族解放运动赶走法国殖民者，实现了国家独立后，阿尔及利亚被界定为阿拉伯伊斯兰国家，柏柏尔认同与阿尔及利亚阿拉伯伊斯兰国家属性之间的矛盾激化，柏柏尔主义运动随之兴起。如果说“阿尔及利亚人不是法国人”是阿尔及利亚国家独立的起点，那么“阿尔及利亚人是谁”则是阿尔及利亚自始至终需要面对的问题。

第一节　阿尔及利亚民族主义的兴起

20世纪20年代，阿尔及利亚民族主义兴起。阿尔及利亚民族主义者内部产生了关于民族国家认同的争鸣和关于民族解放运动斗争路线的分歧。

一　民族国家认同争鸣

20世纪20年代至1954年，在东西方社会思潮的影响下，阿尔及利亚各种民族主义党派轮番登场。各个党派对阿尔及利亚民族属性与未来见解不一。

阿拉伯人与柏柏尔人两大族群的关系是派别分歧中的一条暗线，阿拉伯人和柏柏尔人对阿尔及利亚民族国家认同的不同理解已初露端倪。柏柏尔人参与程度高的党派受法国影响较大，具有世俗化的倾向，以阿拉伯人为主的党派则强调重现阿拉伯人和伊斯兰教在历史上的辉煌。

（一）本土议员联合会

“本土议员联合会”（Fidrāliyyah al-Muntakhabīn al-Sukkān al-Aṣlīyīn bi al-Jazā'ir）由受到法国文化感染的阿拉伯和柏柏尔精英建立。他们是20世纪20~30年代与法国的主要对话者。成员包括接受法国教育的医生、律师、教师以及混合市镇官员。该组织不是一个严格意义上的民族主义政党，因为其目标并非建立一个独立的阿尔及利亚，而是在法国内部争取阿尔及利亚人的公民身份。

本土议员联合会的前身是“阿尔及利亚青年改革运动”。早在1908年，阿尔及利亚青年改革运动就派出代表团前往法国，与时任法国总理的克列孟梭商讨法国从阿尔及利亚征兵的问题，他们提出，“如果法国给予阿尔及利亚穆斯林完全公民权，那么阿尔及利亚青年改革运动就停止反对从阿尔及利亚征兵的政策”。[①]1911年，该组织进一步提出优待本土知识分子、实行公平税率、扩大选举范围等要求。1917年，该组织成员的努力产生了一些效果。克列孟梭召回

① Helen Chapan Metz ed., *Algeria: A Country Study*, GPO for the Library of Congress, Washington, 1994, http://countrystudies.us/algeria/25.htm, 2011-03-09.

了坚定的殖民主义者、阿尔及利亚总督查尔斯·路拓德（Charles Lutaud），任命具有改良思想的查尔斯·乔纳特（Charles Jonnart）为阿尔及利亚总督。1919年,《乔纳特法》颁布，拥有选举权的穆斯林人数扩大到42.5万人。[①]但至关重要的公民权问题却没有明确的进展，在某些方面,《乔纳特法》比1865年的元老院法令更为严苛。[②]

1926年，为了进一步扩大影响力，阿尔及利亚青年改革运动决定成立本土议员联合会。1927年9月，本土议员联合会在阿尔及尔召开了第一次代表大会，共有150人参加。[③]会议呼吁本土人士参与议会，实现法国人和阿尔及利亚人在政府机构中同工同酬和在军队中相同的服役年限，实现阿尔及利亚人在法国和阿尔及利亚之间自由来往，废除种族隔离，发展学术和专业教育，改革混合市镇选举程序。他们的核心诉求在于使阿尔及利亚人成为拥有完全公民权的法国人，将法国变成自己的民族归属，但同时保持自己的穆斯林认同。相对于阿尔及利亚整个民族的前途，这些法国化的精英更关注个人的前途和命运。

本土议员联合会产生过两位杰出领导人。一位是穆罕默德·萨利赫·本·杰卢勒（Muḥammad Ṣāliḥ b. Jalūl）。他于1898年出生在君士坦丁的一个中产阶级家庭，在家乡接受中学教育，1924年获阿尔及尔大学医学博士学位。他在30岁出头时步入政坛，1933~1936年担任本土议员联合会主席。他是激进的同化主义者，发表了大量鼓吹与法国同化的文章。

另一位是费尔哈特·阿巴斯（Farḥāt ‘Abbās）。他于1899年出生在小卡比利亚，其父是1871年卡比利亚大起义烈士。费尔哈特·阿巴斯曾担任阿尔及尔大学穆斯林学生组织的领袖，获得过法国的药理学学位。他是少数出身于阿尔及利亚传统家庭却成功进入殖民上层体系的本土精英的代表，于1935年当选西提夫市议员，1936年当选财政代表团[④]议员。他曾表示，“我不为阿尔及利亚祖

① Helen Chapan Metz ed., *Algeria: A Country Study*.

② John Ruedy, *Modern Algeria: The Origins and Development of a Nation*, p. 112.

③ Ibid., p. 132.

④ 财政代表团是法国殖民当局在1898年建立的咨议机构，主要负责政府财政预算。代表团由24名代表农村殖民者利益的代表、24名代表城市殖民者利益的代表和21名穆斯林组成。

国而死，因为这个祖国并不存在”。[①] 但费尔哈特仍然珍视自己的穆斯林身份，他曾表示，“阿尔及利亚是法国的领土，我们是法国人，我们有合法的穆斯林身份”。[②] 他强调《古兰经》中并没有任何禁止阿尔及利亚人做法国人的经文，唯一的障碍是殖民统治。

成为法国人的目标难以在阿尔及利亚人中获得广泛支持，本土议员联合会很快淡出了历史舞台。尽管该组织并非真正意义上的阿尔及利亚民族主义政党，但不可否认的是，它在殖民体系内为争取阿尔及利亚人的权利所做的努力是促进阿尔及利亚民族主义勃兴的一股力量。1938 年，费尔哈特・阿巴斯组建“阿尔及利亚人民联盟”，彻底放弃了成为法国人的想法，转而追求阿尔及利亚独立。他在该党成立大会上宣布：“我们要阿尔及利亚保存它自己的面貌，它自己的语言，它自己的习俗和它自己的传统。”[③]

（二）乌莱玛协会

“乌莱玛协会”于 1931 年由伊斯兰改革派建立，其思想渊源是沙特的瓦哈比运动，效法的对象是埃及改革派的实践。它号召通过回到《古兰经》的根本和先知圣训来纯洁伊斯兰教，同时强调伊斯兰乌玛应当接受现代科学精神。改革者引述古代先贤的事迹，提倡追随古代阿拉伯祖先、向东部阿拉伯世界的大城市看齐，推崇阿拉伯语。该派的主张得到广大穆斯林的拥护。

乌莱玛协会内部声望最高的是阿卜杜・哈米德・本・巴迪斯（‘Abd al-Ḥamīd b. Bādīs）。他 1889 年出生在君士坦丁的一个上层家庭，祖父、父亲都是殖民政府的高级官员，哥哥是一名接受法式教育的律师，他自己则选择了一条完全不同的道路。他先在阿尔及利亚接受了传统的经塾教育，之后前往突尼斯的宰图纳清真寺求学，学成后完成了朝觐。他毕生致力于纯洁阿尔及利亚的伊斯兰教，推动伊斯兰复兴事业。

其他著名的领袖还有：贝贾亚的巴希尔・易卜拉希米（Bashīr Ibrāhīmī），

---

① 〔法〕马赛尔・艾格列多：《阿尔及利亚民族真相》，第 143 页。

② ‘Ammār Buḥūsh, *al-Tārīkh al-Siyāsī li al-Jazā’ir: Min al-Bidāyah wa li Ghāyah 1962*, Dār al-Gharb al-Islāmī, 2005, p. 232.

③ Ibid., p. 232.

他在阿拉伯马什里克地区生活了10年，在麦地那接受教育；比斯克拉的塔伊卜·欧格比（Ṭayyib al-‘Uqbī），他早年在希贾兹地区求学，深受瓦哈比派的影响；阿卜杜·哈米德·本·巴迪斯的学生穆巴拉克·本·穆罕默德·希拉利·米利，他与自己的老师一样曾在宰图纳清真寺求学。这些领导人的共同特点是接受了传统的伊斯兰教育，深受瓦哈比派影响，对阿尔及利亚的伊斯兰教现状以及国家深受法国殖民压迫感到不满，希望通过恢复伊斯兰秩序拯救国家。

他们明确反对本土议员联合会所推崇的阿尔及利亚穆斯林的未来在于融入法国之中的理念。他们编写阿尔及利亚史，以此找寻阿尔及利亚的民族根源、促进民族觉醒。穆巴拉克·本·穆罕默德·希拉利·米利在1928~1932年编写了《阿尔及利亚古今史》，艾哈迈德·陶菲格·马达尼（Aḥmad Taufīq al-Madanī）在1932年出版了《阿尔及利亚书》。后者曾犀利地指出："让两个习俗、语言和历史完全不同的民族合二为一荒谬至极。"[①]他们还建立了现代的伊斯兰学校，教授阿拉伯语和阿拉伯伊斯兰文化，抵制法国化。针对费尔哈特·阿巴斯"阿尔及利亚祖国从未存在，因此人们应当把自己与法国联系起来"[②]的论调，阿卜杜·哈米德·本·巴迪斯如此反驳："阿尔及利亚并不是法国，它不能是法国，也不愿意是法国。要它变成法国是不可能的，即使它愿意接受同化，它也有它固定的领土，领土的范围就是阿尔及利亚目前的国界。"[③]阿卜杜·哈米德·本·巴迪斯的名言"伊斯兰是我们的宗教，阿拉伯语是我们的语言，阿尔及利亚是我们的祖国"后来成为阿尔及利亚阿拉伯民族主义者最经典的口号之一，独立后一直被官方沿用。

乌莱玛协会最直接的作用在于明确了阿尔及利亚作为一个民族的客观存在，为阿尔及利亚人提供了一个除法国以外的民族归属。法国学者弗朗兹·法农曾指出："在殖民统治下，民族文化是个被否定的文化，且继续受到系统的摧毁……在一个或两个世纪的剥削之后，产生了民族文化全貌的真正极度消

① John Ruedy, *Modern Algeria: The Origins and Development of a Nation*, p. 134.

② Ibid.

③〔法〕马赛尔·艾格列多：《阿尔及利亚民族真相》，第142页。

瘦……民族现实的衰败和民族文化的垂危导致相互依赖关系。”① 当时的阿尔及利亚正处于这种状态。“乌莱玛协会从一开始就致力于在阿尔及利亚青年心中播下民族精神的种子，教会他们父辈的语言，使他们了解阿拉伯伊斯兰文化的遗产，并以此使他们与被欧洲侵略者占领并试图吞并、抹杀其阿拉伯伊斯兰属性的阿尔及利亚之间产生强烈的联系。”② 其活动的深远意义在于，明确将阿尔及利亚的民族国家认同与阿拉伯语和伊斯兰教挂钩，这一主张最终成为阿尔及利亚民族主义的主基调。

（三）阿尔及利亚共产党

“阿尔及利亚共产党”（al-Ḥizb al-Shuyū ‘ī al-Jazā’ irī）是受法国共产党影响成立的党派，从阶级矛盾的角度看待阿尔及利亚当时的状况，主张“阿尔及利亚穆斯林可以随意进出法国，无需签证，在法国的时候可以像法国公民一样参加选举”。③ 当时阿尔及利亚移民法国的主体是卡比尔人，他们在法国的身份是产业工人，因此成为法国共产党的争取对象。1936 年以前，阿尔及利亚共产党只是法国共产党在殖民地影响的延伸。1936 年以后，阿尔及利亚共产党名义上脱离了法国，但未能完全摆脱其影响，因此在领导阿尔及利亚摆脱殖民统治问题上该党态度含混。与同样受马克思主义思想影响的“北非之星”相比，它更多关注阶级矛盾。

（四）北非之星

在法国谋生的阿尔及利亚工人（其中多数是卡比尔人），由于受到法国主流的排挤，逐渐凝聚成一个整体，并将自己定义为一个独立的民族。这些工人在法国接触到民族主义和马克思主义思想，逐渐确立了实现阿尔及利亚民族独立的目标。“北非之星”（Najm Shimāl Ifrīqiyā）正是在这些条件下于 1926 年在法国成立的，并成为当时最有影响力的民族主义政党。

该党成立初期得到法国共产党的大力支持。法国共产党的目的在于争取阿尔及利亚移民的支持以扩大自己的选民基础。法国共产党认为，与阶级斗争

① 〔法〕弗朗兹·法农:《全世界受苦的人》，万冰译，译林出版社，2005，第 166 页。

② ‘Ammār Buḥūsh, *al-Tārīkh al-Siyāsī li al-Jazā’ir: Min al-Bidāyah wa li Ghāyah 1962*, p. 244.

③ David Galula, *Pacification in Algeria, 1956-1958*, p. 29.

相比，阿尔及利亚独立与否是无足轻重的问题。然而，阿尔及利亚工人的终极诉求是摆脱法国殖民统治，实现民族独立。由于目标不同，北非之星最终与共产主义运动分离。与法国共产党划清界限后，北非之星开始将阿尔及利亚的民族解放事业作为其核心目标。这种变化与北非之星第一任总书记梅萨利·哈吉（Maṣālī al-Ḥājj）有着密切关系。

梅萨利·哈吉于 1898 年出生在特莱姆森的一个中下层家庭。他在家乡接受经塾教育，上过殖民地中学。他早年在法军服役，退役后来到巴黎，先后做过工人、报童、商人。他的妻子是一位活跃的法国共产党员，他在妻子的影响下加入了法国共产党。他还受到 1789 年法国大革命思想的影响，怀有自由民主的理想。与此同时他也接受了阿拉伯民族主义思想。“1935 年，梅萨利·哈吉参加了在日内瓦召开的穆斯林代表大会，他是‘马格里布主义’的主要拥护者之一。马格里布主义的目的是要在北非传播‘阿拉伯国’的思想，趋向于否定马格里布三个国家各自的民族特点。”①

20 世纪 30 年代以后，梅萨利逐渐把北非之星的活动中心转移到阿尔及利亚国内。北非之星提出了关注阿尔及利亚农民境遇、反对资本主义、要求阿尔及利亚独立三大主张，这些主张成为阿尔及利亚民族主义革命的重要理念。北非之星的建立标志着阿尔及利亚民族主义运动正式开始。相比其他两个本土组织，北非之星拥有更为广泛的群众基础和更易于调动大众的理念。

北非之星发展成真正意义上的民族主义政党，证明卡比尔人对建立一个独立的阿尔及利亚有着强烈的渴望。由于历史的原因，卡比尔人构成了侨居法国的阿尔及利亚工人的主体，他们受到的压迫最深，同时又有比本土阿尔及利亚人更便利的条件接触马克思主义和民族主义思想。这种特殊性造就了卡比尔人在阿尔及利亚民族主义兴起过程中的重要作用。与这种情况相对的是，北非之星的领袖梅萨利是阿拉伯民族主义者，他认为阿尔及利亚民族国家认同的属性是阿拉伯伊斯兰的。尽管后来梅萨利逐渐失去了民族主义领袖的地位，但建立阿拉伯伊斯兰的阿尔及利亚的精神延续下来，阿尔及利亚阿拉伯民族主义逐渐

① 〔法〕马赛尔·艾格列多：《阿尔及利亚民族真相》，第 140 页。

发展成阿尔及利亚民族主义的主流。

各种思潮轮番登场后，梅萨利派逐渐确立起在民族主义运动中的领导地位。1937 年，梅萨利建立“阿尔及利亚人民党”（Algerian People’s Party，PPA），替代在法国政府压力下解散的北非之星。人民党于 1939 年遭禁，梅萨利被捕入狱。1946 年，梅萨利出狱，组建“争取民主自由胜利党”（Movement for the Triumph of Democratic Liberties Algeria，MTLD）。三党名称不同，却一脉相承，是当时阿尔及利亚民族主义运动的领导者。

尽管梅萨利是阿拉伯民族主义者，但阿尔及利亚民族主义成为阿尔及利亚阿拉伯民族主义的过程并非一蹴而就。柏柏尔人的族群认同诉求造成梅萨利派在调动全民参加民族解放运动与强调阿尔及利亚的阿拉伯属性之间遭遇尴尬，导致其在民族主义的公民性和族群性两个层面上摇摆不定。

一方面，梅萨利派强调公民层面上的民族主义，追求实现全体阿尔及利亚人的公民权，模糊族群差异，以团结柏柏尔人。北非之星成员伊本·萨利姆（Ibn Salīm）在 1936 年的一次关于阿尔及利亚属性问题的论战中宣布：“阿尔及利亚人民一旦成为自己的主人，政治压迫必将结束，在一个自由独立的阿尔及利亚，没有犹太人，没有法国人，也没有土著，只有因自由而和睦相处的阿尔及利亚人。到那一天，就像我们英雄的主席所说的，每个人都有面包和自由。”①1938 年，人民党发表文章称：“我们的民族主义目标是给每一个穆斯林、法国人以及其他成为阿尔及利亚公民的外国人自我管理的权利。由此可见，这种民族主义既不是沙文主义也不是排外主义，因为它不是建立在种族偏见的基础上的。”②

另一方面，梅萨利派努力追求阿尔及利亚民族的族群基础的单一性，希望以穆斯林身份来统一阿尔及利亚人，以阿拉伯文化的辉煌历史来激发其斗志。人民党在一篇反殖民檄文中宣称：“北非穆斯林都是阿拉伯人，人们会在那些以作为阿拉伯人而感到自豪的人、那些宁愿保持现状的人以及那些事事让步并

① Rabah Aissaoui, *Immigration and National Identity: North African Political Movements in Colonial and Postcolnial France*, London and New York: Tauris Academic Studies, 2009, p. 51.

② Ibid., p. 52.

说只想做法国人的人之中区分出勇士和懦夫。”[①] 人民党人、乌莱玛协会成员拉敏·拉姆迪（Lamīn Lamūdī）这样描述阿拉伯人征服北非的历史：“阿拉伯人不是征服者，没有胜利者也没有失败者。柏柏尔人从充分的民主中受益，这就是在不到 20 年时间里，柏柏尔人在肉体和精神上都被阿拉伯人所征服的原因……在阿尔及利亚，没有什么阿拉伯人、卡比尔人和穆扎比人，只有穆斯林，如果我们团结起来，我们坚信我们的正义事业将会胜利。”[②]

尽管梅萨利派曾试图将自己追求的民族主义定位为在各族群公民平等的基础上建立民主国家，但在民族主义的框架内，“只有成为‘民族’成员才能成为公民，并得到只有民族国家才能赋予的公民权这种现代性所带来的种种实惠”。[③] 在民族国家里，没有脱离民族的公民，民族的共同文化植根在族群基础之上。公民权的普适性和民族的排他性形成了一对矛盾。阿尔及利亚独立是阿尔及利亚民族国家认同的实现过程，因此必须有一种族群文化充当民族国家认同的基础。作为当时阿尔及利亚民族主义运动的领导者，梅萨利派难以回避对阿尔及利亚民族国家认同做出定义，即阿拉伯伊斯兰的阿尔及利亚。

二 “柏柏尔危机”与路线之争

20 世纪 40 年代中期开始，阿拉伯国家联盟建立，阿拉伯国家在阿拉伯民族主义的指引下不断取得独立，这样的外部环境促使梅萨利坚定了走阿尔及利亚阿拉伯民族主义道路的信念。他与乌莱玛协会结盟，“伊斯兰是我们的宗教，阿拉伯语是我们的语言，阿尔及利亚是我们的祖国”成为阿尔及利亚民族主义的口号。以卡比尔人为主的“争取民主自由胜利党”法国分支对此不满，“柏柏尔危机”由此爆发。

1945 年，争取民主自由胜利党内的卡比尔领袖瓦伊里·巴纳伊（Wā ‘ilī

---

① Rabah Aissaoui, *Immigration and National Identity: North African Political Movements in Colonial and Postcolnial France*, p. 56.

② Ibid., p. 57.

③ 〔英〕安东尼·D. 史密斯:《全球化时代的民族与民族主义》，龚维斌、良警宇译，中央编译出版社，2002，第 115 页。

Banāyī）提出建立一个全体卡比尔人的统一地区，但争取民主自由胜利党中央否决了这一要求。1946 年，争取民主自由胜利党法国分支以梅萨利行动不力、不愿进行武装起义为由对梅萨利发难，紧接着他们对阿尔及利亚的阿拉伯伊斯兰属性提出质疑。“法国分支委员会 32 名成员中，28 名赞成对争取民主自由胜利党中央采取武力行动，否定一切将阿尔及利亚民族国家属性认定为阿拉伯伊斯兰的思想。”①1948 年，法国分支领导人赖世德·阿里·叶海亚（Rashīd ‘Alī Yaḥyā）在《阿尔及利亚之星报》上撰文，提出“阿尔及利亚不是阿拉伯人的，而是阿尔及利亚人的。要建立一个愿意为民族解放事业战斗的阿尔及利亚穆斯林联盟，不区分阿拉伯人和柏柏尔人”。② 同年，他发起“柏柏尔属性人民运动”。他甚至号召抵制将阿尔及利亚纳入大阿拉伯世界之中，声称阿尔及利亚的属性完全是柏柏尔的。③

1949 年 4 月，梅萨利开始反击。他解散了法国分支，撤销赖世德·阿里·叶海亚《阿尔及利亚之星报》主编一职，在法国对他们进行清算。他还对争取民主自由胜利党中央进行人事调整，将反对他的卡比尔骨干成员清除出党。与此同时，“争取民主自由胜利党中央任命了三名支持梅萨利的柏柏尔人，拉吉夫·贝勒卡西姆（Rājif Balqāsim）、萨阿迪·萨达格（Sa ‘dī Ṣādāq）、邵基·穆斯塔法维（Shauqī Muṣṭafāwī）负责重建该党的法国分支。并委托卡里姆·贝勒卡西姆（Karīm Balqāsm）负责肃清卡比利亚地区所有反对梅萨利的势力，以维护该党统一”。④

当时的许多柏柏尔政治精英并不完全赞同强调柏柏尔属性的主张。“卡里姆·贝勒卡西姆认为，柏柏尔属性不利于国家的独立和最高利益，它是殖民者加在我们身上的一种可怕武器，当我们正在为共同的事业奋斗时，敌人企图用

---

① ‘Ammār Buḥūsh, *al-Tārīkh al-Siyāsī li al-Jazā’ir: Min al-Bidāyah wa li Ghāyah 1962*, p. 31.

② Rabah Aissaoui, *Immigration and National Identity: North African Political Movements in Colonial and Postcolnial France*, p. 132.

③ James McDougall ed., *Nation, Society and Culture in North Africa*, London and Portland: Frank Cass Publishers, 2003, p. 88.

④ ‘Ammār Buḥūsh, *al-Tārīkh al-Siyāsī li al-Jazā’ir: Min al-Bidāyah wa li Ghāyah 1962*, p. 319.

它来引起我们自相残杀。”[①] 党内的另外两位柏柏尔领导人中，欧麦尔·乌阿姆兰（‘Umar Ū ‘amrān）不赞同强调柏柏尔属性，侯赛因·阿亚特·艾哈迈德（Ḥusayn Āyat Aḥmad）对这一立场持同情态度，但并不支持。1949 年底，主张强调柏柏尔属性的人对梅萨利的挑战宣告失败。

这一事件表明，在当时的阿尔及利亚，族群矛盾不是主要矛盾。阿拉伯人和柏柏尔人两方都更倾向于一个统一的阿尔及利亚民族国家认同。这正是强调柏柏尔属性难以成功的原因，也是阿尔及利亚民族主义运动得以继续发展的根本所在。这一事件之后，阿尔及利亚民族国家认同的阿拉伯伊斯兰属性基本确立下来。但柏柏尔人并没有放弃自己的族群认同，只是在民族独立目标下暂时让步。从长远看，这场危机暴露了柏柏尔人与阿尔及利亚阿拉伯伊斯兰的民族国家认同之间的不和谐，从这个意义上说，这场危机可以视为阿尔及利亚独立后柏柏尔主义运动的一次预演。

在阿尔及利亚民族国家认同属性问题上，多数柏柏尔政治精英选择支持梅萨利。但在斗争路线问题上，他们反对梅萨利的和平政治运动，主张发起武装斗争。

二战爆发前夕，人民党内的卡比尔军官建立了“北非革命行动委员会”（North African Revolutionary Action Committee，CARNA），并希望以此推动武装起义。梅萨利对此进行了反击，他称北非革命行动委员会是好战分子组织，认为他们的行为将断送民族解放运动。[②] 当时身在狱中的梅萨利凭借自己的威信和影响力解散了北非革命行动委员会，将其骨干成员清除出人民党。

1945 年，人民党决定在二战停战庆祝日当天（5 月 8 日）组织一场大规模游行，要求阿尔及利亚独立。游行开始后，在君士坦丁的盖勒马（Qālamah）和西提夫发生了警察驱逐游行者事件。暴力冲突旋即波及乡村，村民们开始自发袭击殖民机构。法国殖民当局出动军警和军舰镇压了起义。武装起义并不在人民党最初的计划中，因此直到法国的报复意图已非常明确时，人民党

---

① ‘Ammār Buḥūsh, *al-Tārīkh al-Siyāsī li al-Jazā’ir: Min al-Bidāyah wa li Ghāyah 1962*, p. 322.

② Rabah Aissaoui, *Immigration and National Identity: North African Political Movements in Colonial and Postcolnial France*, p. 131.

高层才发出起义号召。人民党对起义组织协调不力，最终导致起义遭到残酷镇压。

这一事件加速了党内武装起义派的行动。1947年，他们成立了一个秘密的军事组织“专门机构”（Special Organisation，OS），旨在为武装斗争准备武器、训练士兵。柏柏尔人主张武装斗争，因此是“专门机构”的拥护者。1949年9月，时任“专门机构”负责人的卡比尔人侯赛因·阿亚特·艾哈迈德向梅萨利领导的党中央发难，向人民党执行委员会提交了一份报告。“他在报告中强调阿尔及利亚问题是一个只能靠武力解决的问题。并质问人民党成员是准备武装起义，还是喜欢发表演讲。他还指出阿尔及利亚民族主义运动一直在原地踏步。”①

梅萨利立即对侯赛因·阿亚特·艾哈迈德进行报复，免去其“专门机构”负责人一职，但没有将其清除出党中央。艾哈迈德·本·贝拉（Aḥmad b. Billah）接任“专门机构”负责人一职。1950年春天，“专门机构”被法国当局解散，本·贝拉、阿班·拉马丹（‘Abbān Ramaḍān）等骨干被捕入狱，梅萨利趁势否定了该组织的武装斗争路线。该组织成员侯赛因·阿亚特·艾哈迈德和穆罕默德·海达尔（Muḥammad Khayḍar）逃往开罗。1952年春天本·贝拉成功越狱，与侯赛因·阿亚特·艾哈迈德、穆罕默德·海达尔会合，建立了“争取民主自由胜利党”外国代表团，在位于开罗的“阿拉伯马格里布解放委员会”代表该党活动。该组织另一成员穆罕默德·布迪亚夫（Muḥammad Būḍiyāf）前往法国，领导争取民主自由胜利党法国分支。他们四人都是后来“民族解放阵线”的创始人。

1919年以来，阿尔及利亚民族主义运动开始兴起。到1954年，阿尔及利亚民族主义者已对通过武装斗争实现民族独立达成共识。在梅萨利的主导下，建立一个阿拉伯伊斯兰的阿尔及利亚基本被确定为阿尔及利亚民族主义运动的目标。阿尔及利亚民族主义自梅萨利时代开始走向阿尔及利亚阿拉伯民族主义，强调族群成分的单一性，以卡比尔人为代表的柏柏尔政治精英，对此并非完全

① ‘Ammār Buḥūsh, *al-Tārīkh al-Siyāsī li al-Jazā’ir: Min al-Bidāyah wa li Ghāyah 1962*, p. 321.

拥护。但摆脱法国殖民统治的迫切需求，促使较理智的柏柏尔政治精英暂时搁置争议，他们与决心开展武装斗争的阿拉伯人一道，将阿尔及利亚民族主义运动推向最后的高潮。但隐藏的分歧在国家独立的目标实现后逐渐暴露出来。半个世纪后，柏柏尔主义者这样回顾这段历史：“卡比尔人的战略错误是在 1926 年时，将自己的命运交付给他人……在他们建立北非之星时，拥戴非卡比尔人梅萨利·哈吉为领袖。这种做法的目的在于扩大革命统一阵线，但同样意味着拱手让出领导权，这是权力自我放弃、对认同自我否定的开始。”①

第二节 实现民族独立与族群矛盾上升

“柏柏尔危机”之后，以侯赛因·阿亚特·艾哈迈德、卡里姆·贝勒卡西姆为代表的柏柏尔政治精英，总体上采取务实的态度，接受了阿尔及利亚阿拉伯民族主义。他们与阿拉伯人中的武装革命派一道推动阿尔及利亚民族主义运动进入新的历史时期。阿尔及利亚民族主义兴起以来围绕着民族国家认同和斗争路线的纷争告一段落。在武装斗争初期，柏柏尔人与阿拉伯人形成了统一战线，“阿尔及利亚民族解放阵线”（National Liberation Front，FLN，简称“民阵”）的建立即是明证。但随着革命形势的发展，梅萨利与民阵的权力斗争、民阵战区制度的缺陷、民阵“国内派”与“国外派”的矛盾等因素导致族群矛盾上升。在阿尔及利亚民族主义迈向民族独立目标的同时，族群间的隔阂也在加深。

一 阿尔及利亚民族解放阵线的建立

梅萨利虽然成功化解了“柏柏尔危机”并打击了武装起义派，但他在争取民主自由胜利党内的权威也被削弱。1950 年以来，该党一些中央委员发起了倒梅萨利运动，争取民主自由胜利党由此分裂成“中央派”和“梅萨利派”两派。在两派内斗的同时，武装起义的呼声日益高涨，陷于内讧的争取民主自由胜利

① Ferhat Mehenni, “The Strategic Errors of Kabylia,” http://www.kabylia.info/strategic-errors-kabylia, 2010-08-16.

党已难以承担领导阿尔及利亚民族解放运动的重任。

在这样的形势下，本·贝拉、穆罕默德·布迪亚夫和侯赛因·阿亚特·艾哈迈德顺势而为，联合原“专门机构”成员，建立“革命行动统一委员会”（Revolutionary Committee for Unity and Action，CRUA）。该委员会建立后，逐渐摆脱了争取民主自由胜利党中央的影响，向阿尔及利亚革命领导者的方向发展。1954 年夏天，革命行动统一委员会成立了“22 人委员会”，开始筹划武装起义。与此同时，革命行动统一委员会“开始着手建立自己的革命组织。它在 40 年代人民党建立的地下组织基础上将阿尔及利亚划分为五个战区，下设四级单位。每个战区由一位上校领导，配备三名助理，分管政务、后勤和通讯”。[①] 五个战区分别是第一战区奥雷斯和内门查（Nementcha）、第二战区北君士坦丁、第三战区卡比利亚、第四战区阿尔及尔和第五战区奥兰。之后不久，革命行动统一委员会在第三、第四、第五战区之间建立沙漠战区，即第六战区。

在革命行动统一委员会的领导下，阿尔及利亚独立战争的第一枪于 1954 年 11 月 1 日凌晨在奥雷斯山区打响。11 月 1 日，革命行动统一委员会发表《告阿尔及利亚人民和阿尔及利亚民族事业战士宣言》（简称《宣言》），《宣言》提到“在伊斯兰教原则的范围内，重建民主的和社会的阿尔及利亚主权国家；不分种族和信仰，尊重一切基本自由……聚集和组织阿尔及利亚人民的一切健康力量来消灭殖民制度……在阿拉伯－穆斯林的天然的范围内，实现北非统一”[②] 等目标。

武装起义开始后，阿尔及利亚境内相继发生 30 余次针对法国殖民当局的军事行动。其中最成功的是奥雷斯和卡比利亚起义，主要原因在于当年法国入侵时在这两个地区遭遇的反抗大大强于其他地区，因此那里的欧洲移民最少，殖民机构也最不健全。文献记载，“1 名法国官员、2 名助手和 8 名宪兵管理着拥有 10 万居民的富有斗争传统的奥雷斯。在卡比利亚，108 名宪兵负责 60 万居

---

① John Ruedy, *Modern Algeria: The Origins and Development of a Nation*, p. 156.

② 《阿尔及利亚民族解放阵线党第一次代表大会文件集（1964 年 4 月 16 日至 21 日）》，世界知识出版社，1965，第 144~145 页。

民”。[①] 此外，两地纵横的山区地形，为游击战提供了有利条件。

相比于奥雷斯和卡比利亚地区的胜利，武装起义在阿尔及尔、奥兰等地几乎没有取得成果，主要原因在于计划不够周详，同时缺少人力物力。据记载，参加两地起义的总人数不过3000人，且最多只有一半人拥有合格的枪支。[②] 面对这样的形势，革命行动统一委员会决定建立民族解放阵线，以最大限度地联合社会各阶层、各党派，共同参与民族解放运动。

革命行动统一委员会的22人委员会选举六名成员成立领导小组。六人领导小组由穆罕默德·布迪亚夫领导，另外五名战区上校担任委员。五名战区上校分别是第一战区的穆斯塔法·本·布莱德（Muṣṭafā b. Būl ‘īd）上校、第二战区的穆拉德·迪杜什（Murād Dīdūsh）上校、第三战区的卡里姆·贝勒卡西姆上校、第四战区的拉比赫·比塔特（Rābiḥ Bīṭāṭ）上校和第五战区的阿拉比·本·马西迪（al- ‘Arabī b. Mahīdī）上校。国内的六名领导小组成员，加上“专门机构”解散时逃亡埃及的本·贝拉、侯赛因·阿亚特·艾哈迈德以及穆罕默德·海达尔，这九人构成了阿尔及利亚武装革命的领导集体。这个新的领导集体的建立，标志着阿尔及利亚民族解放阵线建立。

从族群成分看，在民阵的九位创始人中，穆斯塔法·本·布莱德是沙维亚人，卡里姆·贝勒卡西姆、侯赛因·阿亚特·艾哈迈德是卡比尔人。九人领导集体的构成体现了柏柏尔与阿拉伯政治精英的合作。在这个集体的领导下，阿尔及利亚的武装斗争稳步开展起来。在武装斗争中，卡比尔人冲在了最前线，做出了巨大牺牲和突出贡献。

在民族解放战争中，卡比尔人延续了一贯的反抗精神。民阵游击队成功地在卡比尔人中招募了许多战士。卡比利亚当地百姓不仅在精神上支持游击队的斗争，还为游击队提供了后勤保障。“卡里姆·贝勒卡西姆凭借四五百杆枪便在数月之内控制了全境。1955年4月，法国宪兵、警察和军队完全失去了与卡比

① Abder Rahmane Derradji, *A Concise History of Political Violence in Algeria 1954-2000: Brothers in Faith, Enemies in Arms*, Lewiston, Queenston and Lampeter：The Edwin Mellen Press, 2002, p. 5.

② John Ruedy, *Modern Algeria: The Origins and Development of a Nation*, p. 159.

利亚的联系，当地法国殖民机构人员陷入孤立之中，在重装备掩护下才得以安全离开提济乌祖。”[①]1956 年，起义军逐渐控制了阿尔及尔。由于其他地区的起义没有取得实质性的胜利，卡比尔人在 1956~1957 年的武装斗争中占据了主导地位。

法国人因失败而恼羞成怒，开始在卡比利亚实施臭名昭著的“焦土”政策。他们用汽油弹烧毁村庄，毁掉良田和畜群，将成千上万的卡比尔人赶出家园，强迫卡比尔人进入集中营，试图用这种方式破坏游击队的根基。然而事实证明，这种政策更加坚定了卡比尔人的斗争决心，促使他们成为坚定的革命者和英勇的战士。

二 “民阵”与梅萨利派的斗争

民阵建立后，梅萨利派与之发生了权力斗争，由于梅萨利的支持者多为卡比尔人，双方的派系斗争引发了民阵屠杀卡比尔人事件。在争取民主自由胜利党时代，无论是在民族国家认同还是在斗争路线上，卡比尔人都站在梅萨利的对立面，民阵建立后，梅萨利何以获得卡比尔人支持？答案在于当时的卡比尔人并非铁板一块。北非之星创立时的主要成员大多是卡比尔人，“人民党成立之初的 46 名成员中有 35 名是卡比尔人”，[②] 尽管后来在争取民主自由胜利党时期部分柏柏尔人走向了梅萨利的对立面，但卡比尔人与梅萨利的历史渊源颇深，卡比人中有一批梅萨利的忠实追随者。

20 世纪 50 年代以来，长期鼓吹通过和平政治手段谋求阿尔及利亚独立的梅萨利改变了一贯立场，转而支持武装起义。这种改变的重要原因在于，由他一手培植的争取民主自由胜利党中央委员中许多走和平改良路线的骨干站到了他的对立面，而他的传统群众基础——以卡比尔人为主的阿尔及利亚移民——是武装革命的支持者。为了保住自己的地位，维持自己的群众基础，1954 年武装起义后不久，梅萨利组建了一个新的政党“阿尔及利亚民族运动”（Algerian National Movement，MNA），并组建军队，形成与民阵对峙之势。“梅萨利的主要支持者是移民群体，这是他的传统势力范围。阿尔及利亚民族运动还在阿尔

① David Galula, *Pacification in Algeria, 1956-1958*, p. 30.

② James McDougall ed., *Nation, Society and Culture in North Africa*, p. 90.

及利亚的一些地区获得了强大的支持，主要集中在卡比利亚。”①

从起义开始到1955年底，阿尔及利亚民族运动都试图掌控武装斗争。它鼓励自己的成员加入民族解放军，试图通过这种方式向民族解放军渗透自己的势力，建立两者之间的联系。此举为阿尔及利亚民族运动在卡比利亚地区赢得不少支持。

移民法国的阿尔及利亚人是梅萨利的群众基础，阿尔及利亚民族运动在移民中进行了广泛宣传，号召青年回国参加革命，以图壮大自己在国内的力量。为了扩大影响力，阿尔及利亚民族运动还在法国开展示威游行和罢工活动。例如1956年3月反对法国议会授权法国政府全权“恢复阿尔及利亚秩序”的游行示威；5月纪念1945年君士坦丁镇压事件的活动；7月纪念1830年阿尔及尔陷落的游行活动等。②同年，阿尔及利亚民族运动建立了“阿尔及利亚工人联盟”，在阿尔及利亚工人中扩大自己的影响力。

面对梅萨利派的挑战，民阵一方面致力于扩大国内民族统一战线，另一方面努力争取国际支持。1955年，原争取民主自由胜利党中央委员阿班·拉马丹加入民阵，成为民阵的政治新秀。阿班·拉马丹于1920年出生在卡比利亚。13岁进入卜利达的迪韦里耶学院，1942年从该学院数学专业毕业。他于1946~1950年负责人民党在阿尔及利亚东部地区的革命工作，1950年作为“专门机构”的成员被捕入狱。在他的协调下，1955年原争取民主自由胜利党的“中央派”加入了民阵，此前他们因穆罕默德·布迪亚夫负责民阵的统筹工作而拒绝加入。③基于“中央派”和“梅萨利派”的历史矛盾，他们的加入坚定了梅萨利与民阵对峙的决心。与此同时，阿班·拉马丹在“1956年春天争取到阿尔及利亚人民联盟和乌莱玛协会的支持，当年夏天阿尔及利亚共产党也支持其成员以个人身份加入民阵”。④梅萨利领导的阿尔及利亚民族运动遭到孤立。在国

① John Ruedy, *Modern Algeria: The Origins and Development of a Nation*, p. 164.

② Rabah Aissaoui, *Immigration and National Identity: North African Political Movements in Colonial and Postcolnial France*, p. 141.

③ ‘Ammār Buḥūsh, *al-Tārīkh al-Siyāsī li al-Jazā’ir: Min al-Bidāyah wa li Ghāyah 1962*, p. 385.

④ Rabah Aissaoui, *Immigration and National Identity: North African Political Movements in Colonial and Postcolnial France*, p. 141.

际舞台上，民阵成功获得纳赛尔的支持，实力因此大大提升。纳赛尔对民阵的支持也使民阵的阿尔及利亚阿拉伯民族主义色彩愈发浓厚。此外，民阵还在法国发展自己的势力，建立了民阵法国联盟，在移民群体中与阿尔及利亚民族运动争夺支持者。

1954 年底，埃及方面敦促全体阿尔及利亚人团结一致以更有效地抵抗法国殖民统治。埃及主张阿尔及利亚民族运动加入民阵，但珍视个人权威的梅萨利拒绝接受。阿尔及利亚民族运动与民阵关系破裂。梅萨利的忠实追随者——以卡比尔人为主的阿尔及利亚移民——沦为他的政治筹码。在武装斗争阶段，梅萨利既不关心阿尔及利亚民族的命运，也不关心他的核心支持者卡比尔人的诉求。他对个人权力的执着造成了部分卡比尔人和民阵的直接冲突。阿尔及利亚民族运动在卡比利亚建立了由 500 人组成的民兵队，1955 年夏天，这支队伍遭阿亚特·哈穆达·阿米鲁什（Āyat Ḥamūdah ‘Amīrūsh）领导的民阵游击队重创。①1956 年 4 月，卡比利亚地区支持梅萨利的伊弗拉敦村全村人口遭到民阵屠杀。②1957 年 5 月 29 日，民阵士兵在卡比利亚麦卢扎村杀害了 300 名支持阿尔及利亚民族运动的村民。③

这些针对卡比尔人的事件本质上是民阵对梅萨利派的镇压，卡比尔人由于陷入政治派别之争才遭此打击。民阵领导层中有两位卡比尔人，但没有证据证明他们与屠杀卡比尔人的决定没有任何关系，这足以说明当时民阵的镇压行动完全是出于政治目的。虽然这一系列事件在当时没有升级成阿拉伯人和柏柏尔人的族群对抗，也没有破坏民阵的统一，但随着民阵的阿尔及利亚阿拉伯民族主义色彩日渐增强，柏柏尔普通群众阶层将屠杀的仇恨记在阿拉伯人身上。这些政治斗争引发的流血事件，后来成为柏柏尔主义者抨击民阵打击柏柏尔人的口实。

---

① John Ruedy, *Modern Algeria: The Origins and Development of a Nation*, p. 164.

② Rabah Aissaoui, *Immigration and National Identity: North African Political Movements in Colonial and Postcolnial France*, p. 257.

③ J. N. C. Hill, *Identity in Algerian Politics: The Legacy of Colonial Rule*, Boulder & London: Lynne Rienner Publisher, 2009, p. 54.

三 “民阵”战区制

梅萨利和民阵的矛盾虽然牵连到卡比尔人，但对当时族群关系的影响有限。导致柏柏尔人与阿尔及利亚阿拉伯民族主义渐行渐远的诸因素中，民阵战区制（wilāyah）是其中之一。将柏柏尔人聚居地奥雷斯、卡比利亚划为单独战区使民阵在两地遭遇根深蒂固的柏柏尔传统杰马制度，由此导致民阵在两地施政困难。同时，民阵未能在各战区公平分配战备物资，造成战区间不睦，进一步引发族群不和。战区制导致柏柏尔人与民阵中央的离心力增强，柏柏尔人开始作为一个整体朝着地方主义的方向发展。

奥雷斯、卡比利亚这两个地区保留了柏柏尔人传统的杰马制度。尽管法国殖民主义试图破坏这种社会结构，但杰马制度仍然保留在山区的柏柏尔部落之中，拥有绝对权威。这种地方权威致使民阵在推行政令时，必须与这些分散的、顽固的政治实体相协调。民阵在这两个战区的政治组织只能选择服从这一传统。在某些情况下，民阵在这两个战区的领导只能通过强制手段直接推行政令，这导致了民阵和柏柏尔人的冲突。

根据奥雷斯和卡比利亚地区的传统，外人只能被接受为一名战士，而不能成为凌驾于当地人之上的领袖。[①] 在第一战区奥雷斯，穆斯塔法·本·布莱德作为本地人有效地调动了当地人的革命积极性，打响了武装起义的第一枪。在他被捕后，民阵任命巴希尔·希哈尼（Bashīr Shihānī）为第一战区负责人。但奥雷斯人根据他们当地的传统认为，穆斯塔法的弟弟欧麦尔·本·布莱德（‘Umar b. Būl ‘īd）是合法的继承人。巴希尔·希哈尼在当地受到很大压力。他软硬兼施，力图平息战区内部矛盾，但没有成功。由于缺少武器和食物供应，巴希尔·希哈尼与当地人陷入无休止的争吵之中，当地人拒绝为他的部下提供粮食和其他支持。作为回应，他对拒绝合作者施以传统的柏柏尔刑罚，例如割掉舌头和鼻子。他的所作所为导致他无法完全控制奥雷斯地区，法国趁机对第

① Abder Rahmane Derradji, *A Concise History of Political Violence in Algeria 1954-2000: Brothers in Faith, Enemies in Arms*, Lewiston, Queenston and Lampeter：The Edwin Mellen Press, 2002, p. 6.

一战区施加军事压力，巴希尔·希哈尼腹背受敌，节节败退。

1955年，穆斯塔法·本·布莱德成功越狱，第一战区逐渐恢复了军事上的团结和胜利。出狱后，他紧锣密鼓地筹划“春季攻势”，目标是获得更多武器、提高游击队员的战斗水平。在推行这一行动过程中，穆斯塔法·本·布莱德直接处死了不听政令者，试图用铁腕手段重建第一战区。这种独断专行的做法触动了柏柏尔人的杰马传统，给他招来了杀身之祸。1956年3月27日，穆斯塔法·本·布莱德在其总部身亡。

卡比利亚的卡里姆·贝勒卡西姆也遇到类似麻烦。他是地道的卡比尔人，因此很大程度上团结了当地柏柏尔人参与民阵组织的武装斗争，却并不能获得绝对支持。为了加强民阵的影响力，他在各个村庄都建立了三人委员会来加强民阵的控制。这三人分别是负责征兵的政治助理、负责募款的税收官和负责管理百姓日常生活的民生事务官。[①] 当地人对此不以为然，卡里姆·贝勒卡西姆只能严惩不听政令者，但这样的做法适得其反。与穆斯塔法·本·布莱德相比，卡里姆·贝勒卡西姆采取了更务实的态度，他选择与杰马合作。在各层级的杰马帮助下，民阵在那里逐渐建立自己的军事单位，将柏柏尔人团结到自己的阵营里参加反法殖民斗争。

这两个例子充分说明了柏柏尔社会结构的稳定性，民阵只能顺应已有的制度争取柏柏尔群众的支持。这也反映出柏柏尔社会的封闭性，他们不相信外来的意识形态宣传，不接纳外来的领导人，即便是本族的政治精英也难以改变这种深厚的传统。

物资分配不均是战区间矛盾的起因。第一战区奥雷斯首先感到物资不足。武装斗争在那里打响第一枪，法军以重兵镇压。穆斯塔法·本·布莱德很快遇到武器不足的问题。他只能通过偷袭法军军火库或借助贝都因人从利比亚走私武器等方式对游击队进行补给。为了获得武器，他曾亲自前往埃及会见本·贝拉，希望民阵国外代表团为第一战区争取更多武器装备。第一战区的游击队员向国外代表团发出了呼吁：“给我们武器，或与我们一同战死沙场，如果你们

---

① Abder Rahmane Derradji, *A Concise History of Political Violence in Algeria 1954-2000: Brothers in Faith, Enemies in Arms*, p. 10.

不是叛徒。”①

随着战事的发展，第一战区的武器匮乏问题逐渐得到解决。第一战区、第五战区在物资方面获得了民阵的倾斜。这两个战区逐渐壮大。而中部战区却遭到忽视，其中包括卡比利亚。从对革命的贡献角度看，卡比尔人并不亚于奥雷斯人，但他们却几乎无法获得民阵国外代表团的补给。“他们抱怨位于突尼斯的民阵总部故意不给他们提供足够的武器，称军用物资在奥雷斯和君士坦丁北部被盗走。如果不是这样他们可以武装上千名农民。”②“在起义开始后一年半的时间里，卡比利亚地区仍然在使用猎枪作战，而民阵在奥兰和君士坦丁的作战部队的装备要好得多。”③

总体上，民阵国外代表团未能给国内各战区提供足够的武器支持，因此民阵国内领导对国外代表团普遍感到不满。而卡比利亚地区是获得战争物资最少的地区，因而成为对国外代表团最不满的地区。国外代表团背靠埃及，是典型的阿尔及利亚阿拉伯民族主义者，而国内的游击战则以柏柏尔人为主力。国外代表团对国内游击队补给不利造成了族群间的隔阂。

四　民阵“国内派”与“国外派”的矛盾

1954 年 11 月武装起义爆发之后，民阵领导集体的弱点很快暴露出来，成员各行其是，缺少统一的决策机制和对革命行动的制度保障。起义爆发后，穆罕默德·布迪亚夫前往埃及与本·贝拉、侯赛因·阿亚特·艾哈迈德和穆罕默德·海达尔会合，以筹措武器装备，为大规模武装斗争做准备。五名战区司令则留在国内领导武装斗争。民阵领导由此分成了“国内派”和“国外派”。

1955 年以来，“国内派”是阿尔及利亚革命的实际领导者。从 1955 年初开始，三名卡比尔人成为“国内派”的核心人物，他们是卡里姆·贝勒卡西姆、

① Abder Rahmane Derradji, *A Concise History of Political Violence in Algeria 1954-2000: Brothers in Faith, Enemies in Arms*, p. 6.

② David Galula, *Pacification in Algeria, 1956-1958*, p. 30.

③ Behr Edwards, *The Algerian Problem*, Santa Barbara: Greenwood Press Reprint, 1976, p. 106.

阿班・拉马丹和欧麦尔・乌阿姆兰，[①] 其中灵魂人物是卡里姆・贝勒卡西姆。武装起义爆发以来卡比利亚战区的突出战绩使卡里姆・贝勒卡西姆成为战区司令中声望最高的一位。1955 年，卡里姆・贝勒卡西姆邀请刚刚出狱的阿班・拉马丹加入民阵，并委托他接替穆罕默德・布迪亚夫的工作，负责战区间的协调工作。在卡里姆・贝勒卡西姆的支持下，阿班・拉马丹迅速成长为一名革命领袖。1955 年 1 月，第二战区司令穆拉德・迪杜什牺牲。同年 3 月，第四战区司令拉比赫・比塔特被殖民当局逮捕，卡里姆・贝勒卡西姆任命自己的副手欧麦尔・乌阿姆兰接任。

1956 年和 1957 年第一战区司令穆斯塔法・本・布莱德和第五战区司令阿拉比・本・马西迪相继牺牲后，民阵成立时领导核心中的五名战区司令仅剩卡里姆・贝勒卡西姆。这更增强了 1955 年以来形成的三人领导核心的政治影响力。“国外派”的四人虽为民阵元老，但由于他们在 1954 年以后就脱离了国内的斗争实践，在争取武器资源上也未能做出巨大贡献，导致了“国内派”对他们的不满。而“国内派”的三名核心领导成员都是卡比尔人，这一点成为“国外派”攻击“国内派”的一个理由。

此处必须指出的是，“国内派”的权力三角并不稳定，三名卡比尔领导人内部也存在着竞争和矛盾。卡里姆・贝勒卡西姆本是这个权力三角中的核心人物，欧麦尔・乌阿姆兰是他的旧部，阿班・拉马丹在他的提拔下才得以跻身民阵最高领导层。阿班・拉马丹负责协调战区间工作以来颇有作为，成功拉拢了原争取民主自由胜利党的“中央派”、阿尔及利亚人民联盟和乌莱玛协会等党派加入统一战线。突出的成绩使阿班・拉马丹的个人野心不断膨胀，最终导致“国内派”权力三角的破裂和他个人的惨淡结局。在 1956 年苏马姆（Ṣūmām）会议召开前后，“国内派”和“国外派”之间的矛盾是民阵领导集体中的主要矛盾，另外国内战区间的矛盾和来自梅萨利派的挑战也困扰着民阵。

为了解决矛盾、理顺关系、形成合力，民阵国内领导层在阿班・拉马丹的主导下，于 1956 年 8 月在卡比利亚苏马姆峡谷的伊弗里（Ifrī）召开了第一

① ‘Ammār Buḥūsh, *al-Tārīkh al-Siyāsī li al-Jazā’ir: Min al-Bidāyah wa li Ghāyah 1962*, p. 385.

次代表大会。苏马姆会议是阿尔及利亚民族解放运动武装斗争阶段的重要事件，一方面，民阵内部政治建设得以完善，民阵对阿尔及利亚革命的领导地位进一步确立；另一方面，由于会议的诸多缺陷，民阵领导集体内的矛盾不但没能解决反而有所激化，这种矛盾深刻影响了柏柏尔人和阿拉伯人的族群关系。

会议即将召开之际，"国外派"的本·贝拉和他的同僚在的黎波里等待卫士前来护送他们参加会议。但直到会议召开20天之后，一直在的黎波里等待的他们才得到会议已召开的消息。[①] 一些遭到法国方面通缉的流亡者也未能与会。苏马姆会议最后在只有民阵国内领导参加的情况下召开，并最终确立民阵国内领导的地位高于国外领导。

会议产生了新的民阵领导集体"协调与执行委员会"（Committee of Coordination and Enforcement，CCE），这一机构成为民阵的最高领导机构。第一届协调与执行委员会委员包括阿班·拉马丹、阿拉比·本·马西迪、卡里姆·贝勒卡西姆、萨阿德·达赫拉卜（Sa 'd Daḥlab）、尤素福·本·赫达（Yūsuf b. Khaddah）。[②] 会议还建立了一个立法机构"阿尔及利亚全国革命委员会"（National Council of the Algerian Revolution，CNRA）。"国外派"被排除在领导集体之外。会议强调国内斗争优先于外交行动，试图使国内斗争摆脱外部影响。大会通过的《阿尔及利亚民族解放阵线纲领》（简称《民阵纲领》）提到阿尔及利亚革命"既不依赖开罗，也不依赖伦敦，或莫斯科，或华盛顿……我们与兄弟国家领导人的接触从来只是同盟者的接触，而不是作为别人的傀儡来进行接触的"。[③] 这明确阐释了与埃及方面的关系，同时间接否定了纳赛尔支持的本·贝拉对阿尔及利亚革命的主导作用。通过这次会议，以阿班·拉马丹为代表的"国内派"对阿尔及利亚民族解放运动的领导地位确立了。

"国外派"无法接受这样的结果，民阵领导集体面临着分崩离析的危险。一

① John Ruedy, *Modern Algeria: The Origins and Development of a Nation*, p. 167.

② Ibid., p. 166.

③《阿尔及利亚民族解放阵线党第一次代表大会文件集（1964年4月16日至21日）》，第184~185页。

个偶然的事件暂时缓和了双方的矛盾。1956年10月，一架搭载本·贝拉、穆罕默德·布迪亚夫、穆罕默德·海达尔、侯赛因·阿亚特·艾哈迈德等人的飞机，在从拉巴特飞往突尼斯途中被法国空军截获，四位民阵“国外派”领导随后被关入法国的监狱，直到《埃维昂协议》签订后才获释。这个偶发事件使“国外派”难以直接对“国内派”发难，但入狱后的本·贝拉仍对“国内派”发起反击。他首先针对阿班·拉马丹批评国外代表团未能给国内游击队提供足够补给做出了强烈反驳。他的追随者们在第一战区煽动对代表大会指定的领导集体协调与执行委员会的敌对情绪。本·贝拉还开始与第五战区负责人、接替协调与执行委员会委员阿拉比·本·马西迪的阿卜杜·哈菲德·布素夫（‘Abd al-Ḥafīd Būṣūf）通信，很快在东南和西部地区获得了支持。①

与会者的族群成分是本·贝拉质疑苏马姆会议合法性的重要口实，他对民阵国内成员瓜分所有职位，特别是柏柏尔人成为领导核心表示不满。会议的牵头人阿班·拉马丹、协调与执行委员会委员卡里姆·贝勒卡西姆都是卡比尔人，与会者中的大多数都是柏柏尔人或他们的支持者。除了人数的优势外，大会通过的《民阵纲领》开篇就写道：“在一个比较短的时间内，驻扎在奥雷斯和卡比利亚的民族解放军成功地经受了战火的考验”，②强调了柏柏尔地区在武装革命中的贡献。

苏马姆会议的人事安排的确反映出以卡比尔人为代表的柏柏尔人成为民阵的领导核心。但是，围绕卡比尔人形成的这个利益共同体当时的目标并非树立柏柏尔人在阿尔及利亚的主导地位，而是实现从法国殖民统治时代起开始萌芽的阿尔及利亚民族主义目标。他们与“国外派”争夺的是革命的领导权，没有直接证据显示苏马姆会议将阿尔及利亚革命引向柏柏尔人的民族解放运动。纲领明确指出，殖民者“人为地把阿尔及利亚人分为相互敌视的柏柏尔人和阿拉伯人”。③本·贝拉不过是抓住与会者族群成分这一点攻击阿班·拉马丹及其代

① Hugh Roberts, *The Battlefield: Algeria 1988-2002, Studies in a Broken Polity*, London and New York: Verso, 2003, p. 48.

②《阿尔及利亚民族解放阵线党第一次代表大会文件集（1964年4月16日至21日）》，第147~148页。

③ 同上书，第169页。

表的新领导集体，希望通过这种指控煽动阿尔及利亚阿拉伯人对新领导集体的不满，瓦解新领导集体的群众基础。一场原本是“国内派”和“国外派”之间的权力争夺战被引向族群层面。本·贝拉的这种策略无疑加深了族群间的隔阂，刺激柏柏尔人在阿尔及利亚独立后走向柏柏尔主义。

苏马姆会议的《民阵纲领》与1954年11月1日《宣言》的基本目标是一致的，即实现阿尔及利亚民族独立和领土完整。最大的不同是，苏马姆会议强调了革命的阿尔及利亚属性，弱化了革命的阿拉伯性质。《民阵纲领》提到：“在摧毁建立在殖民专制基础上的种族殖民主义后，自由和独立的阿尔及利亚将在新的基础上发展阿尔及利亚民族的统一和兄弟情谊，阿尔及利亚民族的产生将使其辉煌的创造性更加光芒四射。”[①] 会议还主张革命向世俗化方向发展，弱化革命的伊斯兰色彩。《民阵纲领》宣称：“这一场战争是为了一个民主的、社会的、共和的阿尔及利亚国家的诞生，而不是为了恢复一个过时的君主制度或者神权制度”，[②]“阿尔及利亚革命不是一场内战，也不是一场宗教战争。阿尔及利亚革命要争取民族独立，以便建立一个民主的和社会的共和国，毫无歧视地保证同一祖国的所有公民的真正平等”。[③]

苏马姆会议对革命性质的诠释很快遭到了强调阿尔及利亚阿拉伯伊斯兰属性的阿尔及利亚阿拉伯民族主义者的反对，他们认为：“阿尔及利亚革命从此被世俗主义者所绑架。这种做法是以牺牲他们的祖辈自1830年就开始为之奋斗的穆斯林阿尔及利亚为代价的。”[④] 本·贝拉也抓住这一点大做文章，攻击苏马姆会议背离了民阵的阿拉伯伊斯兰基础，反对阿尔及利亚革命脱离阿拉伯民族主义运动。这样一来，本·贝拉就在与阿班·拉马丹的争斗中掌握了两张有力的王牌：阿拉伯民族主义和伊斯兰。

本·贝拉利用阿拉伯民族主义既获得了国内阿拉伯人的拥戴，也获得了

---

① 《阿尔及利亚民族解放阵线党第一次代表大会文件集（1964年4月16日至21日）》，第163页。

② 同上书，第152页。

③ 同上书，第177页。

④ Abder Rahmane Derradji, *A Concise History of Political Violence in Algeria 1954-2000: Brothers in Faith, Enemies in Arms*, p. 18.

阿拉伯世界的支持。而阿班·拉马丹却缺少坚实的群众基础，他的影响力仅限于民阵内部。即使是在故乡卡比利亚，他也没有多少支持者。尽管苏马姆会议确立了阿班·拉马丹的领导地位，但由于一系列的决策失误和对个人权威的过分追求，他逐渐失去了地位，他的提拔者和盟友卡里姆·贝勒卡西姆也走向他的对立面。有文献记载，卡里姆·贝勒卡西姆正是最后处死阿班·拉马丹的行刑官之一。[①] 本·贝拉当时的盟友、“国外派”的主要领导人之一侯赛因·阿亚特·艾哈迈德也是柏柏尔人。这说明当时的“国内派”与“国外派”之间虽然存在族群的区分，但其主要方面仍是利益和权力的联盟。从“国内派”对阿尔及利亚民族主义的定义看，柏柏尔政治精英对阿尔及利亚阿拉伯民族主义终究有所排斥。

在阿尔及利亚民族解放运动进程中，卡比尔人最早以实现阿尔及利亚独立为目标投身革命，北非之星的建立和发展足以证明卡比尔政治精英对民族解放运动的引领作用。此后，卡比尔政治精英还有效地推动了武装起义的爆发，民阵的九名创始人中有三名是柏柏尔人。在整个民族解放进程中，解放运动的最高领导层中一直有卡比尔政治精英，以卡比尔人为代表的柏柏尔普通群众也是独立战争的中坚力量。纵观 1954~1962 年的 8 年斗争史，柏柏尔人作为一个整体，其首要目标是实现阿尔及利亚的独立，这一点与阿拉伯人没有区别。在整个民族解放战争期间，柏柏尔人与阿拉伯人之间并没有发生群体性对抗，族群差异很大程度上是政治斗争的借口。但柏柏尔人更倾向于建立一个文化多元化的阿尔及利亚，一个将柏柏尔人作为一个与阿拉伯人平等的族群的阿尔及利亚。

第三节　本·贝拉与本·赫达的权力斗争

1962 年 3 月 18 日，阿尔及利亚与法国签署了《埃维昂协议》，双方同意停火，阿尔及利亚独立成为不可阻挡的趋势。阿尔及利亚人民还未来得及享受独

---

① Abder Rahmane Derradji, *A Concise History of Political Violence in Algeria 1954-2000: Brothers in Faith, Enemies in Arms*, p. 28.

立带来的喜悦，一场最高领导人的权位争夺已拉开帷幕，角逐的双方是本·贝拉和本·赫达。他们之间的权力斗争是苏马姆会议以来日益激化的民阵“国外派”和“国内派”之间矛盾的延续，实质上是阿尔及利亚阿拉伯民族主义与柏柏尔人所倾向的阿尔及利亚民族主义之间的对决。

本·贝拉是“专门机构”的创始人之一、推动阿尔及利亚武装起义的功臣、民阵的九位创始人之一。1952年越狱逃往埃及后，他接受了阿拉伯民族主义思想，赢得了纳赛尔对阿尔及利亚独立的支持。在1956年的苏马姆会议后，他有效打击了阿班·拉马丹，“国外派”和他个人的威望都大大提升。从这段经历可以看出，按照1956年之前的轨迹发展，本·贝拉很有希望成为阿尔及利亚独立后的最高领导人。但1956年入狱之后，他对民族解放运动的直接贡献大大减少。1958年发生的两个事件与本·贝拉的政治命运有关：阿班·拉马丹之死和阿尔及利亚临时政府的建立。

苏马姆会议后，阿班·拉马丹主导下的“国内派”做出了两个失策的决定，“为向法国和全世界宣布民阵对阿尔及利亚的领导地位而举行为期八天的全国大罢工；将斗争的重点从乡村转移到城市”。① 这两个决定导致革命走向困局。阿班·拉马丹只得逃往突尼斯，戏剧性地成为“国外派”，国内游击队陷入空前孤立的状态，他也因此失去了国内的群众基础。本·贝拉的支持者对其进行了口诛笔伐。阿班·拉马丹的一系列错误使得他走到了权力和人生的尽头。1958年9月，阿班·拉马丹在摩洛哥被民阵协调与执行委员会处决。阿班·拉马丹的失败虽然没有给本·贝拉带来立竿见影的好处，但为他后来的崛起创造了可能性。

苏马姆会议之后，本·贝拉再也没有成为民阵最高领导机构协调与执行委员会的成员，他实际上被排挤出了民阵的最高领导层。阿班·拉马丹死后，卡里姆·贝勒卡西姆全面负责民阵的工作。②1958年9月，为了重新整合各派领

① John Ruedy, *Modern Algeria: The Origins and Development of a Nation*, p. 166.

② 在1958年4月产生的民阵第三届协调与执行委员会中，卡里姆·贝勒卡西姆成为排名第一的委员，负责阿尔及利亚民族解放阵线全面工作。参见 ‘Ammār Buḥūsh, *al-Tārīkh al-Siyāsī li al-Jazā’ir: Min al-Bidāyah wa li Ghāyah 1962*, Dār al-Gharb al-Islāmī, 2005, p. 583。

导，卡里姆·贝勒卡西姆在费尔哈特·阿巴斯的建议下推动建立了阿尔及利亚临时政府，阿尔及利亚的最终独立是在临时政府主导下获得的。尽管也被列入历届临时政府领导人名单，但身在狱中的本·贝拉没有实权。加上苏马姆会议以来与"国内派"之间的矛盾，本·贝拉对临时政府难有好感。

本·赫达于1947年当选争取民主自由胜利党中央委员，1951~1954年任该党中央秘书长，是该党"中央派"的代表人物。[①] 加入民阵后，他成为阿班·拉马丹的心腹。在苏马姆会议上，他当选协调与执行委员会委员。会议还确定由该委员会负责筹备阿尔及利亚临时政府。在阿班·拉马丹的安排中，本·赫达是权力核心中的一员。1956~1957年，阿班·拉马丹组织建立了阿尔及利亚总工会和民阵法国联盟。[②] 这两个组织后来都成为本·赫达的权力基础。阿班·拉马丹被处决后，本·赫达的政治前途似乎变得黯淡。然而本·贝拉、穆罕默德·海达尔、侯赛因·阿亚特·艾哈迈德身陷囹圄，新崛起的民阵国内领导人忙于应付战事的局面给本·赫达创造了政治上的发展空间。

1957年2月，本·赫达与阿班·拉马丹一同前往突尼斯，此后他一直致力于民阵的外交工作，在1958~1961年走访了许多国家，为阿尔及利亚民族解放运动争取国际支持。"1958年9月19日，阿尔及利亚全国革命委员会在开罗举行会议，宣布成立一个独立的阿尔及利亚共和国，并组成以费尔哈特·阿巴斯为首的临时政府（1961年8月改由本·赫达继任总理）。"[③] 在临时政府的平台上，本·赫达开始了频繁的外交活动。其中值得一提的是，1958年12月，他率团访问中国，中国政府承诺为阿尔及利亚民族解放运动提供武器和其他军事支持。[④] 这次出访是本·赫达在政治上的重要胜利，他不仅解决了国内战场武器紧缺的燃眉之急，还获得了中国对阿尔及利亚民族解放运动的支持。继任临时政府总理后，他很快推动了与法国的谈判，签署了《埃维昂协议》。1962年6月3日，在阿尔及利亚人民的欢呼中，本·赫达作为国

① 'Ammār Buḥūsh, *al-Tārīkh al-Siyāsī li al-Jazā'ir: Min al-Bidāyah wa li Ghāyah 1962*, p. 500.

② Hugh Roberts, *The Battlefield: Algeria 1988-2002, Studies in a Broken Polity*, p. 47.

③ 苏联科学院非洲研究所编《非洲史1918~1967》，上海新闻出版系统"五·七"干校翻译组译，上海人民出版社，1974，上册，第141页。

④ J. N. C. Hill, *Identity in Algerian Politics: The Legacy of Colonial Rule*, p. 63.

家元首回国。

1956年以来，本·赫达在政治上的成就显然超过了本·贝拉，似乎能在最高领导人的争夺中胜出。但表面风光的背后却有许多难以理顺的关系。在本·贝拉与本·赫达之间，胡阿里·布迈丁（Huwārī Būmadīn）是关键性的第三方。他是民族解放军最高统帅，掌握着民族解放军中最精良的部队。

胡阿里·布迈丁，本名穆罕默德·易卜拉欣·布哈鲁巴（Muḥmmad Ibrāhīm Būkharūbah）。1932年8月23日出生在阿尔及利亚东部的盖勒马省的一个贫寒农民家庭，从14岁开始学习阿拉伯语，曾在突尼斯的宰图纳清真寺求学，1951年进入埃及爱资哈尔大学学习。回国后他一直在第五战区进行武装斗争，并在乌季达发展了自己的势力。①

1958年，布迈丁在时任协调与执行委员会委员、第五战区司令阿卜杜·哈菲德·布素夫的支持下，出任民阵西部边境总司令，成功训练了一支纪律严明的民阵境外部队。1960年3月15日，布迈丁晋升为上校（“民族解放军”最高军衔），并被任命为民族解放军总参谋长，成为民族解放军最高领导人。

布迈丁领导的总参谋部与临时政府早有分歧。他认为临时政府未能有效地促成军事力量的整合，也没有为军队提供足够的武器和补给以支持其继续战斗直至胜利。② 因此在临时政府时代，他领导的总参谋部一直谋求建立一个取代临时政府的新政府。本·赫达与卡里姆·贝勒卡西姆合作，开始在各战区司令中游说，试图离间他们与总参谋部的关系。

布迈丁也在寻找新的同盟者。他最早选择拉拢穆罕默德·布迪亚夫，“但穆罕默德·布迪亚夫更愿与卡里姆·贝勒卡西姆合作，以阻止本·贝拉掌权”。③ 由此，总参谋部转而与本·贝拉结盟，并向他提出了建立政治局以取代临时政府的设想。

“1962年6月初，阿尔及利亚全国革命委员会在的黎波里召开会议，讨论

---

① Benjamin Stora, *Algeria, 1830-2000: A Short History*, translated by Jane Marie Todd, Ithaca and London: Cornell University Press, 2001, p. 144.

② ‘Ammār Buḥūsh, *al-Tārīkh al-Siyāsī li al-Jazā’ir: Min al-Bidāyah wa li Ghāyah 1962*, p. 503.

③ Ibid.

阿尔及利亚的发展道路问题。”[①] 尽管这次会议的一个重要议题是决定未来阿尔及利亚的发展战略，但权力斗争才是真正的焦点。本·贝拉提出建立政治局，并由政治局统筹阿尔及利亚建国的各项事宜，本·赫达则坚持由临时政府主持建国事宜。显而易见，获胜一方将成为阿尔及利亚的领导者。

本·贝拉提出了一份政治局成员的名单，他们是“本·贝拉、侯赛因·阿亚特·艾哈迈德、拉比赫·比塔特、穆罕默德·布迪亚夫、穆罕默德·海达尔、哈吉·本·阿拉（al-Ḥājj b. ‘Alā）和穆罕默迪·赛义德（Muḥammadī al-Sa ‘īd）”。[②] 其中侯赛因·阿亚特·艾哈迈德、拉比赫·比塔特和穆罕默德·布迪亚夫是1956年与他一同被捕的“国外派”，哈吉·本·阿拉是新生代的将领，“穆罕默迪·赛义德[③] 是卡比尔人，选择他是对柏柏尔人的一种照顾，他是整个团队中实力最弱的一位”。[④] 本·赫达被排除在政治局之外。

之后，本·贝拉抛出了一份后来被称为《的黎波里宪章》的文件。这份文件首先抨击了《埃维昂协议》：“1962年3月18日签订的埃维昂协议，确认了阿尔及利亚的国家主权和领土完整。但是，这个协议规定以实行阿法合作的政策作为独立的代价。……埃维昂协议是法国准备用来建立和安排它在新形势下统治我国的新殖民主义的纲领。”[⑤] 文件之后罗列了民阵在政治上的缺点，包括不关心民族独立以外的其他目标，由于缺乏指导思想而出现封建主义、家长作风、小资产阶级思想、脱离群众和形式主义等倾向。[⑥] 文件最后表示：“从一诞生就同民族解放阵线领导机关混在一起的阿尔及利亚临时政府，同时削弱了国家和政党这两个概念。国家机构和民族解放阵线机构的混合，使民族解放阵

---

① 苏联科学院非洲研究所编《非洲史1918~1967》，上册，第154页。

② J. N. C. Hill, *Identity in Algerian Politics: The Legacy of Colonial Rule*, p. 74.

③ 穆罕默迪·赛义德是卡里姆·贝勒卡西姆的亲信，1958年在卡里姆·贝勒卡西姆的主导下出任民族解放军东部边境司令，任内表现平平，不及同时任命的西部边境司令布迈丁。参见‘Ammār Buḥūsh, *al-Tārīkh al-Siyāsī li al-Jazā’ir: Min al-Bidāyah wa li Ghāyah 1962*, p. 472。

④ John Ruedy, *Modern Algeria: The Origins and Development of a Nation*, p. 193.

⑤《阿尔及利亚民族解放阵线党第一次代表大会文件集（1964年4月16日至21日）》，第190~195页。

⑥ 同上书，第196~200页。

线仅仅成为一个行政管理机构，这种混合在国内产生的结果，是由民族解放军承担民族解放阵线的职责，而且由于战争的关系，实际上是取消了民族解放阵线。”①

这一系列的指控暗含着本·贝拉的政治意图。《埃维昂协议》是由本·赫达领导的临时政府签订的，1956 年以来，本·贝拉实际上已被排除出民阵领导层。抨击《埃维昂协议》和民阵，落脚点在于否定临时政府。“在本·贝拉碌碌无为、妄自尊大的指责之下，本·赫达提前离开的黎波里前往突尼斯。”② 本·贝拉在这一回合中胜出。

本·赫达很快开始策划反击。1962 年 6 月 5 日，临时政府及其盟友，第二、第三、第四战区司令，阿尔及利亚总工会，民阵法国联盟宣布提济乌祖为阿尔及利亚临时首都。定都提济乌祖后，本·赫达在阿尔及利亚全民公投日 7 月 1 日前夜罢免了总参谋部三名最高军事长官：胡阿里·布迈丁上校、卡伊德·艾哈迈德（Qā’ id Aḥmad）少校和阿里·曼吉利（‘Alī Manjilī）少校。本·赫达的动作是对本·贝拉在的黎波里会议上提出整编民族解放军计划的回击，目的在于拉拢国内各战区武装力量。根据本·贝拉的计划，未来的阿尔及利亚国家人民军的主体是民族解放军国外部队。国内部队或取消番号变成文职，或加入新成立的国家人民军，接受总参谋部的领导。对于在前线浴血奋战的战区司令而言，这一计划意味着放弃自己 8 年来在本战区建立的权威，拱手将胜利果实让给在他们眼里对武装斗争贡献甚少的布迈丁。

本·赫达做出这一决定后，总参谋部立刻公开宣布支持本·贝拉。在除穆罕默德·布迪亚夫和侯赛因·阿亚特·艾哈迈德以外的其他政治局成员、总参谋部以及费尔哈特·阿巴斯的支持下，本·贝拉在自己的家乡特莱姆森建立了一个与提济乌祖对峙的临时首都。

双方最后的对决发生在布迈丁的部队和国内战区司令之间。本·赫达撤销布迈丁的职务后，他的部队开始向阿尔及尔进发，支持本·赫达的战区司令相

---

① 《阿尔及利亚民族解放阵线党第一次代表大会文件集（1964 年 4 月 16 日至 21 日）》，第 200 页。

② J. N. C. Hill, *Identity in Algerian Politics: The Legacy of Colonial Rule*, p. 74.

继战败。到了当年9月，本·贝拉在这场权力争夺战中获得了最终胜利。

本·贝拉与本·赫达之间的这场权力斗争是民阵建立以来派系矛盾的总爆发。在这场斗争中，那条从阿尔及利亚民族主义运动兴起之时就存在着的族群关系的暗线逐渐清晰起来。本·赫达的支持者绝大多数是柏柏尔人，提济乌祖这个卡比利亚的中心城市也被他选为根据地，而本·贝拉的支持者则几乎全是阿拉伯人。

阿拉伯人和柏柏尔人的这种态度是苏马姆会议以来出现的族群间分歧的一种延续。本·赫达实际上代表苏马姆会议以来形成的以卡比尔人为主的民阵“国内派”，主张阿尔及利亚民族主义。本·贝拉则是推崇阿拉伯伊斯兰文化的阿尔及利亚阿拉伯民族主义者的代表。两人的核心竞争力分别在于卡里姆·贝勒卡西姆主导的民阵国内部队和布迈丁领导的民阵西部边境军。

有学者认为本·赫达是卡比尔人。[①] 但鉴于本·赫达出生在阿尔及尔以西麦迪亚省的贝鲁瓦吉耶（Berrouaghia），他是卡比尔人的说法有待考证。他对独立后柏柏尔主义运动的冷淡态度说明，无论是否为卡比尔人，他都不是柏柏尔主义者。从其成长历程看，他的确借助了柏柏尔人的力量以提升自己的地位。他与柏柏尔人的渊源可以追溯到他作为阿班·拉马丹的心腹跻身民阵最高领导层之时。从那以后，他与民阵内的柏柏尔人就形成了一种默契。卡里姆·贝勒卡西姆曾打算自己代替费尔哈特·阿巴斯出任临时政府总理。[②] 本·赫达利用阿卜杜·哈菲德·布素夫与卡里姆·贝勒卡西姆的矛盾以及临时政府与总参谋部的矛盾，将自己装扮成矛盾的调停者，获得了临时政府总理的职务。接着他又利用卡里姆·贝勒卡西姆与布迈丁之间的矛盾获得了卡里姆·贝勒卡西姆的支持，从而取得权力斗争的军事保障。在权力对决之前，他得到阿班·拉马丹任内创立的以卡比尔移民为基础的阿尔及利亚总工会、民阵法国联盟的支持。

① J. N. C. Hill, *Identity in Algerian Politics: The Legacy of Colonial Rule*, p. 79; Patricia M. E. Lorcin ed., *Algeria and France: Identity Memory Nostalgia*, Syracuse: Syracuse University Press, 2006, p. 123.

② ‘Ammār Buḥūsh, *al-Tārīkh al-Siyāsī li al-Jazā’ir: Min al-Bidāyah wa li Ghāyah 1962*, p. 502.

阿尔及利亚总工会、民阵法国联盟和卡里姆·贝勒卡西姆三支柏柏尔人的主要力量与本·赫达形成同盟，与本·赫达的政治运作不无关系，但柏柏尔人凝聚成一派说明柏柏尔人的族群认同正越来越强，他们与阿尔及利亚阿拉伯民族主义之间的离心力越来越大。本·赫达虽然称不上是柏柏尔人的代言人，但他背后的确隐藏着柏柏尔政治精英的权力诉求。

在本·贝拉方面，尽管与布迈丁的联手也是为了政治利益，但阿尔及利亚阿拉伯民族主义的立场却是促成双方结盟的根本所在。苏马姆会议以后，特别是阿班·拉马丹死后，卡里姆·贝勒卡西姆成为民阵九位创始人中唯一在世且未被囚禁的一位。这样的地位使他及其领导的第三战区在国内各战区中占据显要地位，特别是在1958年当选民阵协调与执行委员会排名第一的委员后，他安排了不少来自第三战区的亲信渗入各战区。唯一令他鞭长莫及的是西部边境，因为当时的第五战区司令阿卜杜·哈菲德·布素夫坚决抵制卡里姆·贝勒卡西姆按照自己的意志规划武装斗争。出生在阿拉伯穆斯林家庭、自幼接受伊斯兰经堂教育并曾就读于爱资哈尔大学的布迈丁[①]并不是卡里姆·贝尔卡希姆选择的西部边境司令。卡里姆·贝勒卡西姆本想安排自己的亲信执掌西部边境军。阿卜杜·哈菲德·布素夫的坚定支持使布迈丁获得了西部边境司令的职位。1958年以来，布迈丁在阿尔及利亚和摩洛哥边境建立了一支训练有素的部队，他也成为阿尔及利亚民族解放军最高将领。到1960年前后，这支部队已有两三万人，但这支部队并未入境直接参加对法战斗。他的成长背景和发展历程决定了他与本·赫达不可能成为盟友。

在整个阿尔及利亚民族解放运动中，阿尔及利亚民族主义最终走向了阿尔及利亚阿拉伯民族主义，阿尔及利亚民族国家认同的属性被解释为阿拉伯伊斯兰认同。这导致柏柏尔人不得不在阿尔及利亚民族国家认同和柏柏尔族群认同两者之间摇摆，一方面他们与阿拉伯人一样抱有摆脱法国殖民统治、实现阿尔及利亚民族独立的强烈愿望；另一方面又难以放弃自己独特的文化属性。在阿尔及利亚民族解放运动早期，由于梅萨利将阿尔及利亚定位成阿拉伯伊斯兰国

① 《布迈丁言论选编》，上海人民出版社，1974，第239页。

家，一部分柏柏尔人制造了一场“柏柏尔危机”。面对法国殖民主义，多数柏柏尔人选择了继续为阿尔及利亚民族独立而战斗。然而1954年武装斗争爆发以来，复杂的派系斗争和国内外环境导致柏柏尔人的族群认同不仅没有减弱反而不断增强。阿尔及利亚独立后，柏柏尔人倾向的阿尔及利亚民族主义派与阿尔及利亚阿拉伯民族主义派之间发生了争夺最高领导权的斗争。本·贝拉在这场领导权争夺中的胜利代表着阿尔及利亚阿拉伯民族主义力量成为国家的主导者。此后，柏柏尔人与阿拉伯伊斯兰的阿尔及利亚渐行渐远，柏柏尔主义运动兴起和发展起来。

第五章　当代阿尔及利亚柏柏尔主义运动的兴起

第一节　柏柏尔主义运动兴起的标志

本·贝拉成为阿尔及利亚最高领导人后，阿尔及利亚的阿拉伯伊斯兰属性被写进阿尔及利亚宪法，阿尔及利亚阿拉伯民族主义最终确立了主导地位，阿尔及利亚的民族国家认同构建围绕着阿拉伯和伊斯兰两个中心展开。在这样的背景下，柏柏尔人的族群认同不断增强，失意的柏柏尔政治精英和对阿拉伯化政策不满的柏柏尔群众结合在一起，柏柏尔主义运动以此为基础兴起，标志性的事件是阿尔及利亚第一个柏柏尔主义政党“社会主义力量阵线”（FFS，简称“社阵”）的建立及随后出现的柏柏尔文化组织。

一　社会主义力量阵线的建立

成为阿尔及利亚最高领导人后，本·贝拉立刻着手巩固自己的地位。由于经历了长期的派系斗争，本·贝拉倾向于建立总统制政体来最大限度地保持自己的地位和政治权威、边缘化自己的政敌、推行自己选择的意识形态。为此，他开始致力于排除所有能够对他构成威胁的对手。

1963 年 3 月，对本·贝拉拟定的宪法草案提出不同意见的政治局主席穆罕默德·海达尔流亡瑞士；6 月穆罕默德·布迪亚夫被捕；8 月费尔哈特·阿巴斯因抗议政治局不具备广泛代表性而辞去国民议会议长的职务。与此同时，本·贝拉废除了战区制，代之以行省制度，削夺了战区司令的兵权。9月13日，本·贝拉出任总统、总理和总司令三职。[①] 在排除异己的同时，本·贝拉加紧制定宪法，力图以法律的形式确定阿尔及利亚的阿拉伯伊斯兰属性。

本·贝拉的种种政策导致柏柏尔政治精英与本·贝拉领导的民阵分道扬镳。首先，柏柏尔政治精英对本·贝拉独吞革命成果，排除政治对手的做法感到不满；其次，本·贝拉主导的阿拉伯伊斯兰属性的阿尔及利亚，将柏柏尔人的诉求视为妨碍国家统一的地方主义，否定了柏柏尔人的文化独特性，他们从感情上难以接受。出于这两方面的原因，1963年9月底，国民议会中的四名柏柏尔代表宣布辞职，他们是侯赛因·阿亚特·艾哈迈德、卡里姆·贝勒卡西姆、提济乌祖代表穆罕默德·布达乌德（Muḥammad Būdāwud）、阿尔及尔代表侯赛因·马道伊（Ḥusayin al-Madau‘ī）。柏柏尔政治精英脱离本·贝拉已不仅仅是出于政见不和，要求在政治中顾及柏柏尔族群认同是重要的动因。

在脱离本·贝拉的柏柏尔政治精英中，最典型的人物是侯赛因·阿亚特·艾哈迈德。他建立了第一个卡比尔人政党“社会主义力量阵线”。在拒绝政治局的邀请和辞去国民议会代表身份之后，侯赛因·阿亚特·艾哈迈德回到家乡卡比利亚，在那里组织抵制宪法公投和只有本·贝拉一名候选人的总统选举。他称现政府是一个“昏庸的政府”，是本·贝拉的“个人专政”，本·贝拉是一个“强硬、盲目、固执”的人，等待公投的宪法是“怪兽宪法”。[②] 尽管本·贝拉最终当选总统，但他在卡比利亚地区的得票率远远低于其他地区。“官方数字显示52%的卡比利亚选民参加了选举，民间记者统计的投票率要远低于这个数字。”[③]

1963年9月，侯赛因·阿亚特·艾哈迈德在原第三战区司令穆罕默德·哈吉的支持下建立了社阵，发起了推翻本·贝拉政府的行动。9月29日，社阵发表公开声明，将本·贝拉打击异己的行为定义成“法西斯主义”，称

① Martin Stone, *The Agony of Algeria*, London: Hurst & Company, 1997, p. 47.

② Alf Andrew Heggoy, “The F.F.S., An Algerian Opposition to a One-Party System,” *African Historical Studies*, Vol. 2, No. 1, 1969, p. 123.

③ J. N. C. Hill, *Identity in Algerian Politics: The Legacy of Colonial Rule*, p. 77.

“历史将给我们的国家实现民主和真正的社会主义一次机会”。[①] 侯赛因·阿亚特·艾哈迈德代表的是民阵中的左派力量，他的主要目标是将社阵打造成一个全国性的反对党，从而实现真正的社会主义。他的盟友穆罕默德·哈吉并不是社会主义者，而是在更大程度上代表了卡比尔人的利益。社阵在建立时具有两重性，首先它是反对本·贝拉独裁的反对党，与此同时在很大程度上是柏柏尔人的代言者。社阵的成立可视为柏柏尔主义兴起的最重要的标志。

社阵的这种特殊性导致侯赛因·阿亚特·艾哈迈德推翻本·贝拉政府的号召未能得到广泛的回应。侯赛因·阿亚特·艾哈迈德获得的支持主要来自以卡比尔人为主的原第三战区和民阵法国联盟。另外的支持主要来自原第四战区（阿尔及尔）的军官，这是因为在本·赫达与本·贝拉发生权力争夺战时，原第四战区游击队曾与布迈丁的部队发生激战，因此对本·贝拉和布迈丁怀有不满情绪。

双方的直接冲突于1963年10月爆发，支持侯赛因·阿亚特·艾哈迈德的军队与国家人民军在麦迪亚和米舍莱（Michelet）交火。这次交火很快因为阿尔及利亚与摩洛哥的边境纠纷而平息。由于阿尔及利亚拒绝就西部沙漠的争议领土与摩洛哥进行谈判，摩洛哥发动了对阿尔及利亚的战争。本·贝拉利用边境冲突指控侯赛因·阿亚特·艾哈迈德“阴谋颠覆阿尔及利亚革命”，是“摩洛哥间谍”、“帝国主义的代理人”。[②] 对于刚刚独立的阿尔及利亚而言，民族主义的感召力非同凡响。侯赛因·阿亚特·艾哈迈德很快陷入被动，他不得不宣布停止与国家人民军的战斗，并派兵前往阿尔及利亚和摩洛哥边境参加保卫领土的战斗。

1964年，阿尔及利亚和摩洛哥两国的边境纠纷告一段落，社阵开始新一轮的反政府运动，主要的行动是在卡比利亚展开针对国家人民军的游击战，并策划对本·贝拉实施刺杀。与此同时，社阵组织抵制新的国民议会选举，这一号召仍旧只得到卡比尔人的回应，卡比利亚地区的投票率大约只有50%，

① Alf Andrew Heggoy, “The F.F.S., An Algerian Opposition to a One-Party System,” p. 128.
② John Ruedy, *Modern Algeria: The Origins and Development of a Nation*, p. 202.

全国其他地方的投票率则达到了85%。布迈丁很快开始反击。1964年秋天，布迈丁在卡比利亚和阿尔及尔东部集结了5万部队，并控制了局势。侯赛因・阿亚特・艾哈迈德及其盟友悉数被捕。他最初被判处死刑，法国的卡比尔移民群体为他进行了一些活动，最终他被改判终身监禁，并于1966年越狱流亡欧洲。

至此，社阵推翻本・贝拉的行动宣告失败，但社阵作为第一个柏柏尔主义政党的影响力却是持续的。柏柏尔主义者将1963~1964年政府与社阵之间发生的武装冲突视为"阿尔及利亚政府重新殖民卡比利亚地区，用'阿拉伯人的阿尔及利亚'取代之前多元化的'阿尔及利亚人的阿尔及利亚'的历史性时刻"。① 社阵的建立及其在卡比利亚获得的支持再次证明，柏柏尔人的族群认同正在不断增强。社阵的主张集中在反对本・贝拉及其治国方略上，并没有提出自治或独立的目标，这说明当时的柏柏尔人保持着对阿尔及利亚民族国家的忠诚。他们只是不认可本・贝拉主导的民阵对阿尔及利亚属性及发展道路的设计。侯赛因・阿亚特・艾哈迈德流亡欧洲后，社阵的活动主要集中在法国，主要的工作转向争取柏柏尔人在阿尔及利亚的权利。

二　柏柏尔文化组织的建立

20世纪60~70年代，许多柏柏尔文化组织建立，这是柏柏尔主义运动兴起的重要表现。由于阿尔及利亚政府严格控制结社，这些组织主要在卡比尔移民聚集的法国活动。在法国建立的柏柏尔文化组织中，最著名的是1967年成立的"柏柏尔文化研究与交流学院"（Berber Academy of Cultural Research and Exchange）和1972年成立的"柏柏尔研究小组"（Berber Studies Group）。这两个组织致力于加强柏柏尔文化、传统和语言的影响力，向阿尔及利亚和其他马格里布国家的政府施加压力，以实现柏柏尔人更大的政治、文化和语言自由。

---

① Paul A. Silverstein, "Of Rooting and Uprooting: Kabyle Habitus, Domesticity, and Structural Nostalgia," in Jane E. Goodman and Paul A. Silverstein ed., *Bourdieu in Algeria: Colonial Politics, Ethnographic Practices, Theoretical Developments*, Lincoln & London: University of Nebraska Press, 2009, p. 179.

这两个组织得到了皮埃尔·布迪厄的支持，“他凭借自己在法兰西学士院中的学术地位，长期宣传柏柏尔人的智力成果”。[①] 阿尔及利亚国内最重要的组织是“柏柏尔文化运动”（Berber Culture Movement，简称“文运”）。

（一）柏柏尔文化研究与交流学院

1967 年 3 月，一批卡比尔知识分子和社阵活跃分子在法国建立了“柏柏尔文化研究与交流学院”。该学院的创始人包括柏柏尔主义运动的“精神教父”毛卢德·马米里（Maulūd Māmirī）和柏柏尔作家兼歌手塔乌斯·阿姆鲁什（Taos Amrouche）。

毛卢德·马米里 1917 年出生在卡比利亚地区的陶里尔特·米蒙（Tāwurīrt Mīmūn）。他曾在法国和摩洛哥求学，1962 年阿尔及利亚独立后回国，在阿尔及尔大学任教。1965~1973 年，他一直在人类学系讲授柏柏尔语，直到 1978 年当局以人类学是殖民者的学科为由撤销人类学系。他出版过两部柏柏尔诗集、一部柏柏尔语法书和若干关于柏柏尔文化的散文。塔乌斯·阿姆鲁什出生在一个卡比尔天主教家庭，是让·阿姆鲁什的妹妹。她是阿尔及利亚第一位女作家，1947 年出版了一部自传体小说。与此同时，她还将卡比利亚的传统音乐介绍到西方。

以上述两人为代表的柏柏尔知识精英建立的柏柏尔文化研究与交流学院在建立之初以学术研究为主，并没有形成广泛的影响力。1969 年之后，社阵成员穆罕默德·阿拉伯·本·萨欧德（Muḥammad ‘Arab b. Sa ‘ūd）将该运动更名为“阿格鲁·伊马齐根”（Agraw Imazighen，简称“阿格鲁”[②]）。阿格鲁开始从事争取柏柏尔人在阿尔及利亚的语言和文化权利的政治运动。该组织致力于柏柏尔语的标准化，发明了“新提菲纳格文”（Neo-Tifinagh），从左往右书写，加入了一些元音以适应柏柏尔语的语音。[③] 与此同时，它还创办杂志，刊登柏柏尔语的文学作品，宣扬柏柏尔文化。这些地下刊物在柏柏尔大学生中被广泛传

① Paul A. Silverstein, “Of Rooting and Uprooting: Kabyle Habitus, Domesticity, and Structural Nostalgia,” p. 182.

② “阿格鲁”是柏柏尔语单词，意思是“大会”。

③ James McDougall ed., *Nation, Society and Culture in North Africa*, p. 90.

阅。此外，它还渗透到咖啡馆和卡比利亚地区的乡村组织杰马。它是第一个正式提出要求柏柏尔语成为官方和民族语言的组织。[①]

（二）柏柏尔研究小组

到了20世纪70年代，阿格鲁开始出现极端主义的苗头，表现出对阿拉伯人和阿拉伯伊斯兰文化的极端仇恨。1972年，一部分反对极端主义的成员退出了阿格鲁，在巴黎第八大学建立了一个新的组织"柏柏尔研究小组"。该小组在两个层面上开展活动。

在学术研究层面，该组织成员在巴黎第八大学成立了柏柏尔研究中心，主要从事柏柏尔语及柏柏尔文化的教学，此外还创办了一本学术期刊《提苏拉夫》（*Tisuraf*）[②]。该中心的研究活动受到许多知名学者的关注。皮埃尔·布迪厄和英国民族主义理论大师厄内斯特·盖尔纳都是《提苏拉夫》杂志编委会的成员。

在大众文化层面，该组织在巴黎建立伊米德亚岑（Imedyazen）[③]出版社集团。该集团出版了大量柏柏尔语诗歌、戏剧、小说、儿童读物、幽默小品文以及柏柏尔歌曲磁带，此外还负责《提苏拉夫》杂志的发行工作。

这两个海外团体的活动唤起了许多卡比尔人的族群感情，法国国立东方语言及文明研究院柏柏尔语教授卡利纳·斯利马尼（Karina Slimani）曾这样评价它们的活动："可以毫不夸张地说，成千上万的卡比尔青年通过法国的出版物学会了读写自己的语言。"[④]

（三）柏柏尔文化运动

"柏柏尔文化运动"诞生于1968年反布迈丁文化政策的一次学潮。20世纪60~70年代，该组织主要开展地下秘密活动。它宣传文化多元化，反对国家对柏柏尔人的种族清洗，主张柏柏尔人的文化和语言权利。它是20世纪70年代反布迈丁政府的重要力量，许多柏柏尔人都被吸引进该组织，以反对政府的阿

---

① Jane E. Goodman, *Berber Culture on the World Stage: From Village to Video*, p. 38.

② 柏柏尔语音译，意思是"小步伐"。

③ 柏柏尔语音译，意思是"诗人"。

④ James McDougall ed., *Nation, Society and Culture in North Africa*, p. 92.

拉伯化政策。它是当时最激进的持不同政见组织。由于政府安全部门对其密切监视，其活动的影响力有限。

一些柏柏尔青年选择了更激进、更直接的方式来表达对政府的不满。1976年，几名卡比尔青年袭击了民阵官方报纸《圣战者报》总部。爆炸并未造成严重损失，但参与此事的所有成员都被判处死刑或长期监禁。政府宣布，法国的某一组织授意肇事者制造了这起爆炸案，柏柏尔主义运动受到外国势力支持。[①]当年卡比利亚地区还爆发了抗议柏柏尔语广播播出时间调整的示威活动，政府因此逮捕了一些抗议者。

第二节 布迈丁时期的政治经济政策与“柏柏尔之春”

阿尔及利亚实现独立后，开始了以阿拉伯伊斯兰为核心的民族国家认同建设，以彻底摆脱法国影响，实现真正的民族独立。为了实现这一目标，阿尔及利亚高层一方面推行语言、文化上的阿拉伯化政策，另一方面致力于通过快速工业化实现经济腾飞。这两大方针分别以直接和间接的方式推动了柏柏尔主义运动，并最终在1980年引发了被称为“柏柏尔之春”的大规模动荡。

一 阿拉伯化政策与柏柏尔主义运动

阿尔及利亚独立后，高层普遍认为，阿尔及利亚的完全独立需要一种阿尔及利亚人共同的认同来维系。本·贝拉平息了社阵主导的卡比尔人的反政府武装起义之后，并没有停止打击政敌。他和布迈丁之间的同盟关系很快破裂。他进行密集的人事调整，试图限制布迈丁的“乌季达派”对政治的影响力。1965年5月28日，布迈丁在开罗代表阿尔及利亚出席阿拉伯首脑峰会期间，本·贝拉罢免了“乌季达派”的阿卜杜·阿齐兹·布特弗利卡（‘Abd al-‘Azīz Būtaflīqah）外交部部长一职。布特弗利卡很快向布迈丁汇报了这一情况。布迈丁随即召集“乌季达派”成员，会同受到本·贝拉打压的“君士坦丁派”，

① Martin Stone, *The Agony of Algeria*, p. 205.

开始策划推翻本·贝拉。6月，布迈丁成功推翻了陷于孤立的本·贝拉，成为阿尔及利亚第二任总统。尽管他们之间发生了权力斗争，但布迈丁和本·贝拉对阿尔及利亚民族国家属性的认识是一致的。他们之间的斗争反映了阿尔及利亚阿拉伯民族主义内部的矛盾。布迈丁时代，高层权力斗争平息，阿尔及利亚政局稳定下来。“战争造就了阿尔及利亚，布迈丁必须完成阿尔及利亚民族的构建，建立历史上第一个真正的阿尔及利亚国家。”① 因此他必须打破部落组织，解决柏柏尔人与阿拉伯人之间的矛盾，通过建设统一的民族国家认同来保持民族国家的稳定。阿拉伯伊斯兰的阿尔及利亚是当时最可行的一种选择，主要有两方面原因。

第一，阿尔及利亚民族国家认同在法国殖民统治时期开始形成。阿尔及利亚人与法国殖民者最大的不同在于他们都是穆斯林，阿拉伯伊斯兰文化在法国殖民之前已在阿尔及利亚根深蒂固。阿拉伯伊斯兰文明的辉煌历史给予阿尔及利亚人形成民族所必需的共同记忆和荣誉感。将阿尔及利亚与人类文明史上重要的阿拉伯伊斯兰文化对接，能够最大限度地否定法国人强加给他们的“野蛮人”称谓，为阿尔及利亚找到坚实的历史基础。

第二，20世纪50~60年代，阿拉伯民族主义在整个阿拉伯世界盛极一时，取得了许多胜利。阿拉伯民族主义的领袖人物埃及总统纳赛尔积极支持阿尔及利亚的民族解放运动。纳赛尔承诺为民阵的反法斗争提供物资支持，这一承诺是法国参与针对埃及的第二次中东战争的原因之一。1956年的中东战争以纳赛尔的胜利告终，这大大增强了阿拉伯民族主义的感召力。对于当时正处于民族解放战争关键时期的阿尔及利亚而言，阿拉伯民族主义的胜利具有极大的吸引力。这正是1956年苏马姆会议确立的民阵领导集体和革命性质遭到质疑的原因所在，更是本·贝拉成功夺取最高领导人位置的重要原因。

随着1967年第三次中东战争的失败，阿拉伯民族主义影响力减弱，但阿尔及利亚却是一个例外。布迈丁很大程度上成为纳赛尔的继承者，他坚定地支持巴勒斯坦解放事业，甚至为此断绝了与美国的外交关系。他的强硬姿态为他赢

① Martin Evans and John Phillips, *Algeria: Anger of the Dispossessed*, p. 85.

得了广泛的群众支持。布迈丁在一定程度上使阿尔及利亚从埃及手中接过了阿拉伯民族主义的大旗。

在布迈丁时代，阿尔及利亚的阿拉伯伊斯兰属性得到了广泛的支持，确立了主导地位。在布迈丁的领导下，阿尔及利亚确立了清晰的目标和宏伟的计划。1967 年，全国的地方政府完成建制，成功进行了地方选举。1968 年，除石化企业以外的企业实现国有化。1971 年，阿尔及利亚成为阿拉伯国家中第一个开始石油产业国有化的国家。阿拉伯伊斯兰的阿尔及利亚显示出强大的生命力。

在这样的背景下，推行阿拉伯化政策，以阿拉伯伊斯兰文化来取代法国文化对阿尔及利亚的控制，将阿尔及利亚打造成一个阿拉伯伊斯兰国家，成为独立后阿尔及利亚民族国家认同建设的中心任务。

由于经历了长期殖民，独立时的阿尔及利亚没有统一的民族语言，法语是唯一通行的语言。除法语以外，柏柏尔人操各种不同的柏柏尔方言，阿拉伯人讲具有地方特色的阿拉伯土语。本·贝拉时期，阿拉伯语课开始成为小学生的必修课。1965 年，一年级小学生已完全使用阿拉伯语授课，各年级学生的阿拉伯语课时从每周 7 小时增加到每周 10 小时。到了布迈丁时期，阿拉伯语课和使用阿拉伯语开设的其他课程时长稳步增加。1968 年，一、二年级小学生完全使用阿拉伯语授课，他们的阿拉伯语课周课时增加到 20 小时，三、四年级学生为 15 小时。①

一位出生在 1957 年的卡比尔人阿马尔（‘Ammār）曾这样回忆他的学生时代：在 20 世纪 60 年代的卡比利亚学校中，柏柏尔语被明令禁止。违反禁令的学生会领到一枚钉子，领到钉子的学生如果抓到其他说柏柏尔语的学生就可以把钉子传出去。第二天早晨，手上拿着钉子的学生将受到体罚。② 阿马尔的例子具有典型性。这些强制性的措施未能让当时的卡比尔儿童成为阿拉伯穆斯林，

---

① Bennoune, *The Making of Contemporary Algeria, 1830-1987: Colonial Upheavals and Post-Independence Development*, Cambridge and New York: Cambridge University Press, 2002, pp. 222-223.

② Jane E. Goodman, *Berber Culture on the World Stage: From Village to Video*, p. 36.

痛苦的记忆加强了他们对本族群文化的忠诚。20 世纪 60 年代开始被强迫学习阿拉伯语的卡比尔小学生到了 20 世纪七八十年代陆续成年，这部分人正是“柏柏尔之春”的生力军。

到了 20 世纪 70 年代，经过近 10 年的反复宣传和阿拉伯语普及教育，阿尔及利亚的阿拉伯伊斯兰属性已被官方完全固定下来。尽管如此，官方高层仍然保持着对法国的高度警惕，并将阿尔及利亚内部的柏柏尔文化视为威胁阿尔及利亚民族团结的因素。官方高层认为，如果柏柏尔语获得与阿拉伯语同等的地位，那么卡比利亚地区将走向分裂并落入法国控制。为此，政府开始以更大的力度和更快的速度推进阿拉伯化。

时任信息文化部部长的艾哈迈德·塔利卜·易卜拉希米（Aḥmad Ṭālib Ibrāhīmī）①1973 年撰文称：“法国通过切断阿尔及利亚的全部血脉，割断它的今天与其历史之间的关系，并以此谋杀了阿尔及利亚。”②“在读到所有关于阿尔及利亚的阿拉伯人与柏柏尔人的文章时，我们意识到有人在蓄意分裂阿尔及利亚人。把阿尔及利亚人分为阿拉伯人和柏柏尔人完全是一种历史性的错误。”③他坚称柏柏尔人是阿拉伯人的后裔，他们的各种方言应当归于阿拉伯语。1974 年，时任民阵理论研究室主任的阿里·阿马尔（‘Alī ‘Ammār）撰文提到：“在 1974 年的阿尔及利亚，人们比过去更广泛地使用着从殖民者那里继承来的语言。人们在见面时本能地使用法语交谈。这就意味着 1974 年的阿尔及利亚比过去更容易受法国文化的影响。”④

1976 年，阿尔及利亚颁布了新宪法。新宪法回避了所有关于柏柏尔人和柏柏尔语的内容，强调了推广阿拉伯语、使之成为阿尔及利亚人日常交际工具的重要性。在政府的努力下，阿拉伯语课的学时在各阶段教育中成倍增长。到布迈丁去世时，所有的小学生、52.6% 的初中生和 57.1% 的高中生都学习

---

① 乌莱玛协会领袖巴希尔·易卜拉希米之子。

② Bennoune, *The Making of Contemporary Algeria, 1830-1987: Colonial Upheavals and Post-Independence Development*, p. 169.

③ Ibid., p. 181.

④ Benjamin Stora, *Algeria, 1830-2000: A Short History*, translated by Jane Marie Todd, p. 170.

阿拉伯语。① 到了 1982 年，高等教育中的人文社会科学完全实现阿拉伯语教学。②

阿拉伯化不仅没有完成预期目标，还带来了决策者未能预见的影响国家稳定的结果。首先，对于全体阿尔及利亚人而言，无论是阿拉伯人还是柏柏尔人，法语早已成为母语，标准阿拉伯语完全是一种外语，从零学习的难度可想而知。直到 20 世纪 90 年代，阿尔及利亚的双语状态仍在延续，阿拉伯语报纸的订阅量远远低于法语报纸。其次，由于缺少使用阿拉伯语教学的教师，阿拉伯语教育只能依靠来自阿拉伯马什里克地区的外教，伊斯兰主义思潮通过这种渠道渗透进阿尔及利亚。由于师资力量的限制，阿拉伯语教学在文科的普及程度高于理工科。与此同时，由于公共机构和经济部门的阿拉伯化落后于教育领域阿拉伯化的步伐，以及许多教师无法使用阿拉伯语讲授理工科课程，仍有一部分学生接受法语教学，这些受法语教育的技术精英获得了比受阿拉伯语教育的学生更好的工作机会。"1979 年 12 月，阿尔及尔大学爆发了为期两个月的罢课。罢课的阿拉伯语学生要求获得比法语学生更好的就业机会。"③ "80 年代初期，阿尔及尔大学里讲法语的学生和讲阿拉伯语的学生之间的冲突日益频繁。"④ 为了捍卫阿拉伯化政策的合法性，沙德利政府出台了一些针对阿拉伯语学生的优惠政策，特别是在政府部门设置面向他们的岗位，与此同时加快了教育和其他公共事业的阿拉伯化，例如将全国的地名全部更换成阿拉伯语等。这些举措引发了柏柏尔人的不满，在政府宣布加速阿拉伯化的同时，提济乌祖和阿尔及尔均爆发了柏柏尔人的示威活动。

阿拉伯化政策的初衷是最大限度地团结阿尔及利亚人，为阿尔及利亚人找到认同归属。尽管阿拉伯化政策让许多阿尔及利亚人学会了阿拉伯语，却无法改变柏柏尔人对本族群文化和历史的忠诚。阿尔及利亚阿拉伯民族主义在构建民族国家认同的过程中遭遇瓶颈。问题的症结在于阿尔及利亚阿拉伯民族主义

---

① J. N. C. Hill, *Identity in Algerian Politics: The Legacy of Colonial Rule*, p. 94.

② Benjamin Stora, *Algeria, 1830-2000: A Short History*, translated by Jane Marie Todd, p. 170.

③ J. N. C. Hill, *Identity in Algerian Politics: The Legacy of Colonial Rule*, p. 99.

④ Martin Evans and John Phillips, *Algeria: Anger of the Dispossessed*, p. 125.

者不愿承认阿尔及利亚存在柏柏尔人的现实，将民族团结理解为族群的单一性，试图人为地构建一个纯粹的阿拉伯伊斯兰的阿尔及利亚。

独立以来，民阵秉持的“伊斯兰是我们的宗教，阿拉伯语是我们的语言，阿尔及利亚是我们的祖国”的信念尽管听起来振奋人心，但在执行过程中却遭遇了许多问题，包括：伊斯兰与世俗的政治和经济体制之间的关系；阿拉伯语是指绝大多数人不会说的标准阿拉伯语，还是指阿尔及利亚人所说的阿尔及利亚方言；柏柏尔人及柏柏尔语言、文化的地位问题；阿尔及利亚这个祖国与大马格里布、阿拉伯民族、伊斯兰乌玛之间的差异等。这些代表阿尔及利亚特殊性的问题导致阿尔及利亚民族国家认同构建陷入困境，各种次国家认同上升，柏柏尔族群认同便是其中之一。

二 经济因素与柏柏尔主义运动

从经济角度看，两方面因素促进了柏柏尔主义运动的兴起。首先，独立以来的经济建设使卡比利亚地区的内部经济联系不断增强，内部市场逐渐形成，卡比利亚地区在经济一体化的基础上发展成一个社会、经济和文化的共同体。其次，盲目追求快速工业化带来的经济发展不平衡导致民生艰难，柏柏尔人对国家的向心力减弱、不满情绪滋长。

卡比利亚地区有三个传统的支柱产业——林业、贸易和对外劳务输出。卡比利亚地区多为山地，种植了各类水果和橄榄树。贸易和劳务输出是对林业收入的补充。朱尔朱拉山脉附近的部落商队游走于阿拉伯人聚居的区域，他们出售的商品包括珠宝、火器、农具、陶器、香料等。① 卡比利亚其他地区的居民则常常在农忙季节前往阿拉伯人聚居区务工。贸易和劳务输出具有很强的依附性，卡比尔人因此与阿拉伯人聚居区保持着密切往来。

法国殖民者打破了阿尔及利亚原有的社会经济结构。北部肥沃的农田被殖民者抢占，建起机械化生产的殖民庄园，种植葡萄、小麦、橄榄、烟草、柑橘等作物，主要满足法国对农产品和园艺产品的需求。无地可种的阿尔及利亚穆

① Hugh Roberts, “The Economics of Berberism: The Material Basis of the Kabyle Question in Contemporary Algeria,” *Government and Opposition*, Vol. 18, Issue 2, 1983, p. 219.

斯林逐渐沦为法国人在北部种植园和城镇工厂中的廉价劳动力。法国殖民者取代阿拉伯人聚居区成为卡比尔人的贸易和劳务输出对象，卡比尔人在此基础上还形成向法国移民的传统。在阿尔及利亚独立以前，卡比利亚地区没有形成统一的内部市场，其生产关系中的交换和消费环节与外部密切相关。

1968 年，阿尔及利亚政府出台了“大卡比利亚地区特别发展计划”。商业传统和丰富的劳动力使服务业和劳动密集型工业成为该地区经济发展的新支柱。服务业方面，在提济乌祖、贝贾亚等中心城市，商业、餐饮业、公用事业、居民服务业逐渐建立起来；在山区，旅游业成为重要经济支柱。工业方面，阿尔及利亚国家纺织品公司、阿尔及利亚国家电器公司等企业最早在该地区投资设厂。随着经济的发展，山区和城镇之间的联系也变得更加紧密。1971 年国家巴士公司成立后，边远地区的交通服务得到大大改善。山区的剩余劳动力向中心城镇移民，成为服务业从业人员或工厂工人。随着服务业和工业的发展，卡比利亚地区内部的经济关系越来越紧密，这促使卡比利亚地区成为一个社会、经济和文化的共同体。

布迈丁时代，阿尔及利亚经济围绕快速工业化和农业社会主义改造经历了一段高速发展时期。1970~1973 年第一个“四年计划”期间，一半的石油企业完成国有化，天然气企业完全实现国有化；1974~1977 年执行了第二个“四年计划”；1978 年执行了一年发展计划。在这 9 年时间里，国家石油经营运输公司、国家钢铁公司、国家化工公司、国家机械工程公司和国家社会主义建设公司陆续建立。这个时期，阿尔及利亚的平均国内生产总值增长率达到了 7.2%。[①]这一傲人的发展数据主要依赖石化行业的收入，特别是 1973 年中东战争以来，国际油价在近 10 年时间里一路走高，阿尔及利亚因此获得丰厚利润。石油收入保证了基本生活用品的供应，创造了每年 17.5 万个就业机会，并保证了卡比利亚和奥雷斯这两个柏柏尔人聚居区获得持续的投资。[②]

高经济增长率背后是严重的产业发展不平衡。为了实现快速工业化的目标，国民收入的大部分都用于重工业，特别是石化行业。这给阿尔及利亚经济带来

① John Ruedy, *Modern Algeria: The Origins and Development of a Nation*, p. 220.

② Martin Evans and John Phillips, *Algeria: Anger of the Dispossessed*, p. 87.

三大风险。首先是消费品、农业产品投资欠缺导致进口依赖；其次是其他产业发展不足导致国民收入高度依赖石油出口，收入风险较大；最后是为弥补工业投资不足导致外债激增。截至 1980 年，阿尔及利亚的外债高达 163 亿美元，外汇收入的 25% 都用于偿付利息。①

农业方面，政府于 1971 年出台了农业改革计划，对国有土地和大地主所有的土地进行土改，并尝试建立生产合作社，目的在于提高贫困农民收入，实现农产品自给自足。1972 年 1 月 ~1973 年 6 月，大约 70 万公顷的国有土地被分配给 54 万农民，64 万公顷的地主土地被分配给 60 万农民，获得土地的农民成为自给自足的村民。② 然而土改并没有获得预期的效果。1977 年，2064360 公顷土地仍然属于国有农场，4472220 公顷土地在地主手中。③ 在合作社建设方面，截至 1975 年，共建成 5261 个大小不一的农业合作社，涉及 9 万农民和 17 万自治农场工人。④ 但当时阿尔及利亚农民大约有 700 万，因此可以说绝大多数农民并没有参与到农业改革之中。不彻底的农业改革未能实现预期目标，1978 年阿尔及利亚的粮食自给率降到了 35%。

1979 年 2 月 7 日，对社会主义制度特别是计划经济持否定态度的沙德利 · 本 · 杰迪德（Shādhlī b. Jadīd）成为新任总统。1980 年 6 月，沙德利政府出台了新的“五年计划”，试图扭转过去十年快速工业化带来的产业发展不平衡。⑤ 新的“五年计划”强调私有经济在国家经济生活中的重要作用，着手改革石油产业政策，标志性举措是 1980 年 5 月 7 日，国家石油经营运输公司重组为四个企业。1982~1983 年政府开始向民间工业企业、服务业和农民发放贷款；允许私营企业进口零部件。在农业方面，政府对社会主义农场进行改革，将 170 万公顷社会主义农场的土地分配给农民，1985 年的农业私营率从 1980 年的 55% 上升到 62%。

---

① John Ruedy, *Modern Algeria: The Origins and Development of a Nation*, p. 220.

② Ibid.

③ Ibid., p. 223.

④ Benjamin Stora, *Algeria, 1830-2000: A Short History*, translated by Jane Marie Todd, pp. 156-157.

⑤ Ibid., p. 184.

但以发展私营经济为中心的“五年计划”没能达到预期目标。工业领域的产业调整刚刚起步，改革需要的资金仍然主要来自石油出口收入。1982 年石油收入占阿尔及利亚出口产品的 92%，而在 1972 年时这一比例是 88%。1983 年，国际油价下跌，阿尔及利亚经济遭到重创，改革更加艰难。农业也没有因为土地私有化而获得长足发展。1984 年，阿尔及利亚的粮油产品、奶制品、糖等基本生活产品仍有大部分依靠进口。此外，产业结构调整没有达到预期效果和国际石油价格暴跌两方面因素导致阿尔及利亚不得不继续举借外债，以致到 1988 年时，阿尔及利亚的外债高达 249 亿美元。①

沙德利上台时，阿尔及利亚经济建设中的弊端已暴露无遗，经济开始出现危机的端倪。尽管沙德利试图通过一系列改革来调整产业结构和经济增长方式，但旧经济体制的巨大惯性和国际油价暴跌将经济进一步推向危机，政府的公信力和执政理念遭到质疑，阿尔及利亚阿拉伯民族主义的号召力减弱。

三 “柏柏尔之春”

在 20 世纪 60~70 年代，对于阿尔及利亚阿拉伯民族主义者而言，阿拉伯化和对柏柏尔文化的打压并未使国家权威加强，反而导致其在柏柏尔人中的合法性不断下降。对于柏柏尔人而言，多年的斗争并未使柏柏尔语获得官方地位，反而招致政府更严厉的文化政策和镇压。

1978 年，布迈丁逝世。对于柏柏尔主义者而言，他的死意味着最坚定的阿尔及利亚阿拉伯民族主义者不复存在。他们期待沙德利政府对柏柏尔文化采取新的态度。沙德利上台后不久，一次接受阿拉伯语教育的学生要求平等就业机会的罢课摆在他面前。为了防止这些学生发展为伊斯兰激进分子，沙德利宣布加大教育和公共服务领域的阿拉伯化力度。在遭受了近 20 年的文化压制之后，改变的希望瞬间落空，加之经济状况的恶化，柏柏尔人的不满情绪达到顶点。

① I. William Zartman and William Mark Habeeb, *Polity and Society in Contemporary North Africa*, Boulder and Summertown: Westview Press, 1993, p. 157.

1980 年初，有谣言称政府考虑关闭卡比利亚地区的柏柏尔语广播。[①] 消息一出，卡比利亚地区陷入不安和骚动。3 月 1 日，政府取缔了提济乌祖大学举办的毛卢德·马米里关于卡比利亚古诗的演讲。在这样的形势下，侯赛因·阿亚特·艾哈迈德和文运开始在阿尔及尔大学、提济乌祖大学秘密策划大规模游行示威。提济乌祖大学的卡比尔学生首先进行了罢课，他们占领了校园内的建筑物，在教室内静坐。安全部队到达后，双方发生了持续两周的暴力冲突。4 月 7 日和 8 日，阿尔及尔发生大规模游行示威。4 月 10 日，卡比利亚地区再次爆发罢工，政府宣布示威受到外国势力的煽动。4 月 16 日，提济乌祖的国企工人和公立医院员工声援学生罢课。第二天，沙德利发表电视讲话，强调阿尔及利亚是一个阿拉伯伊斯兰国家，民主的含义不是暴乱。4 月 20 日，政府逮捕了数百名示威者，示威活动因此达到高潮。4 月 22 日，卡比利亚爆发了新一轮大罢工，巴黎和渥太华的卡比尔人社区也进行声援。随着事态的升级，沙德利政府出动军队镇压了动乱。这次动乱最终导致 30 多人死亡、100 多人受伤。这一系列事件被称为“柏柏尔之春”。[②]

除了武力镇压外，政府也做出了一些让步。“1980 年 5 月，阿尔及利亚高等教育和科学研究部部长承诺在提济乌祖大学建立卡比尔研究专业，并在阿尔及尔大学恢复于 1962 年被取消的柏柏尔研究的教席。此后，沙德利承诺建立一个专门委员会对所有的文化政策进行彻底的检查，并起草一份文化宪章。”[③] 然而政府的承诺不过是权宜之计。民阵中央委员会在 5 月份的大会上一致支持阿拉伯化进程。1981 年 6 月通过的“文化宪章”并未否定阿尔及利亚的阿拉伯伊斯兰属性，而在大学中开设的与柏柏尔文化有关的课程也被要求使用标准阿拉伯语讲授。

面对这一局面，文运于 1981 年 9 月组织了反“文化宪章”罢工，但罢工并未得到广泛的支持，政府逐渐占据了上风。在阿尔及利亚的官方报道中，这场运动的参与者“焚毁了《古兰经》……他们的目的在于建立一个柏柏尔人国

---

① Martin Stone, *The Agony of Algeria*, p. 206.

② 也被称为“提济乌祖之春”。

③ Martin Stone, *The Agony of Algeria*, p. 205.

家……他们是法国人的政党”。[1] 当局逮捕了大批参与者，“柏柏尔之春”由此宣告失败。

“柏柏尔之春”正式拉开了柏柏尔人要求语言和文化权利的群众运动的大幕，柏柏尔人提出重新考虑“以牺牲柏柏尔语和文化为代价”的阿拉伯化，试图给阿尔及利亚的历史提供一个不同于阿尔及利亚阿拉伯民族主义的版本。“阿尔及利亚革新党”（Party of Algerian Renewal，PRA）这样评价“柏柏尔之春”：“1980 年 4 月 20 日本是平常的一天，但柏柏尔运动却使这一天彪炳史册，它是要求对柏柏尔文化承认的开始。”[2]

“柏柏尔之春”与 1962 年的权力斗争有着微妙的联系。“柏柏尔之春”的一位活跃分子、长期担任“争取文化与民主联盟”（RCD，简称“文民盟”）主席的赛义德·萨阿迪（Sa‘īd Sa‘dī）曾说，独立后的政权从法国公共传统中继承了中央集权的国家模式，否定柏柏尔人是阿尔及利亚人的一个组成部分，偏离了历史的真相，由此播下了内部仇恨的种子。[3] 对于柏柏尔政治精英而言，1962 年是历史的转折点。但“柏柏尔之春”并非 1962 年权力斗争的简单延续，而是矛盾升级的一个标志，大规模的柏柏尔群众运动取代了精英阶层中的政治反对派成为柏柏尔主义运动的主要形式。

“柏柏尔之春”表现出的柏柏尔主义思潮还影响到摩洛哥和世界其他地方的柏柏尔社区，加强了卡比利亚地区和国外移民社区间的联系。此后，世界各地的柏柏尔社区每年 4 月都会举行各种形式的“柏柏尔之春”纪念活动。受影响最大的是法国的柏柏尔社区。1980 年以来，许多柏柏尔文化组织在法国建立，一股“欧洲柏柏尔运动”发展起来。这股运动一方面致力于保护移民在欧洲的公民权，另一方面致力于在地中海两岸发展柏柏尔人共同的事业。由此可见，“柏柏尔之春”不仅是阿尔及利亚国内柏柏尔主义运动的一次高潮，还促进了全球柏柏尔人族群意识的觉醒。

---

① ‘Izz al-Dīn al-Munāṣarah, *al-Mas’alah al-Amāzīghiyyah fī al-Jazā’ir wa al-Maghrib*, p. 53.

② Ibid., p. 54.

③ Martin Evans and John Phillips, *Algeria: Anger of the Dispossessed*, p. 123.

“柏柏尔之春”并非单纯的柏柏尔少数族群要求文化和语言权利的运动。作为“独立以来最严重的一次挑战阿尔及利亚政权的群众运动”，[①]它给阿尔及利亚的命运带来了长远的影响。阿尔及利亚占统治地位的意识形态遭到挑战，多元化的话题被正式引入政治生活。这场运动唤起了阿尔及利亚人对民主、人权和文化多元化的要求，柏柏尔主义者也由此发展成持续挑战一党制国家的一股力量。事件发生后，一些在野党提出了诸如“1980 年事件是对现有秩序的挑战，是 1988 年大暴乱的先声”、“柏柏尔语和柏柏尔文化是阿尔及利亚民族文化的一部分”、“它是民众民主斗争的重要转折点”[②]等观点。这些不同的声音表明，柏柏尔主义运动开始挑战民阵自国家独立以来的绝对权威和阿尔及利亚的阿拉伯伊斯兰民族国家认同。“柏柏尔之春”开启了阿尔及利亚发展道路的争鸣，也拉开了阿尔及利亚政治动荡的序幕。

第三节　沙德利时期的柏柏尔主义运动

“柏柏尔之春”发生后，沙德利政府加大了打击柏柏尔主义运动和推行阿拉伯化的力度。因此，20 世纪 80 年代以来的柏柏尔主义运动更加注重策略，有较强的隐蔽性。这一时期的柏柏尔主义运动回避与政府的正面冲突，着力点和突破口是宣扬柏柏尔人在民族解放运动中的贡献和推动人权运动。尽管这一时期的柏柏尔主义运动没有表现为与政府的激烈对抗，但仍对民阵政权造成了持续性的破坏。

一　从烈士子女组织到人权运动

“柏柏尔之春”发生后，由于阿尔及利亚国内不允许任何未经政府批准的机构活动，且与“柏柏尔”有关的字眼已变得十分敏感，因此柏柏尔主义者开始以一种十分微妙的方式结社，他们组建起许多烈士子女组织。这些组织名义上

① Hugh Roberts, “The Unforeseen Development of the Kabyle Question in Contemporary Algeria,” *Government and Opposition*, Vol. 17, Issue 3, 1982, p. 312.

② ‘Izz al-Dīn al-Munāṣarah, *al-Mas’alah al-Amāzīghiyyah fī al-Jazā’ir wa al-Maghrib*, p. 55.

与为阿尔及利亚独立献出生命的烈士有关，以改善烈士遗孀及子女的生活为目的，但实际目标仍然是实现柏柏尔人的权利。

烈士子女组织成员的共同特征是他们的父母多为在民族解放运动中牺牲的卡比尔人，主要是第三战区卡比利亚的游击队烈士。这股结社潮流实际上是民族解放运动过程中和独立后柏柏尔人所倾向的阿尔及利亚民族主义派与阿尔及利亚阿拉伯民族主义派争夺革命和未来国家领导权斗争的一种延续。这些组织的出现说明当年本·赫达的失败并未终结革命时代延续而来的分歧。卡比尔人在民族解放运动中的贡献仍被他们的后人牢记。20 世纪 80 年代，当年烈士的子女业已成年，他们从其牺牲的父辈那里获得了必要的政治资本，试图以此谋求柏柏尔人在阿尔及利亚的权利。1982~1985 年，许多烈士子女组织出现，其中包括总部设在提济乌祖的“哭泣”组织、谢里夫的“月亮”组织，[①] 以及柏柏尔文化运动下属的分布在卡比利亚地区各个城市的烈士子女组织。

烈士子女组织的两位代表人物是阿里·法乌兹·拉巴尼（‘Alī Fauzī Rabbānī）和阿姆拉尼·阿亚特·哈穆德（‘Amrānī Āyat Ḥamūdah）。阿里·法乌兹·拉巴尼于 1955 年 11 月 24 日出生在阿尔及尔。他的父亲曾参加革命，在独立战争期间牺牲。阿里·法乌兹·拉巴尼是“阿尔及尔烈士子女组织”的创始人之一，也是阿尔及利亚捍卫人权联盟的成员。1983 年，因危害国家安全罪被捕入狱，次年获释。1985 年 1 月 5 日因非法结社罪再次被捕，被判处有期徒刑 13 年。1987 年，沙德利总统签署赦免令将其释放。1991 年 3 月 27 日，他建立了“五四一代党”，以纪念阿尔及利亚民族解放运动。他曾参加 2004 年总统大选，但得票甚少。

阿姆拉尼·阿亚特·哈穆德于 1949 年 7 月 15 日出生在提济乌祖。他是阿尔及利亚民族英雄、卡比利亚游击队军官阿亚特·哈穆达·阿米鲁什上校之子。1959 年，他的父亲在与法军的一次交火中牺牲。作为民族英雄的后代，阿姆拉

① Jane E. Goodman, “Imazighen on Trial: Human Rights and Berber Identity in Algeria, 1985,” in Katherine E. Hoffman and Susan Gilson Miller ed., *Berbers and Others: Beyond Tribe and Nation in the Maghrib*, p. 111.

尼·阿亚特·哈穆德在青年时代就加入了民阵。1978年，结识了社阵负责人之一赛义德·萨阿迪。“柏柏尔之春”后，逐渐成为柏柏尔主义运动的一名激进分子。民阵派他前往提济乌祖，作为眼线打入当地的烈士子女组织。他拒绝了这一任务，并最终退党。[①] 事实上，当时他已接受文运的委托，在提济乌祖筹备当地的烈士子女组织。1983年，他第一次被捕，此后成为提济乌祖地区著名的柏柏尔主义运动领导人。他还是1985年成立的捍卫人权联盟的创始人之一，并因此在当年被判处有期徒刑12年，之后很快出狱。1989年，他参与筹建了文民盟。

烈士子女组织成员通过纪念父辈为阿尔及利亚独立战争做出的贡献，试图给出一个与官方不同的现代阿尔及利亚历史的版本，证明柏柏尔人在阿尔及利亚民族国家内不容抹杀的历史地位。[②] 在他们眼里，1962年的权力斗争是一个重要的历史节点，本·赫达的失败意味着代表阿尔及利亚阿拉伯民族主义的“国外派”夺去了以卡比尔人为主的“国内派”浴血奋战获得的胜利成果，因此他们必须通过某种手段恢复历史的真相。

1984年11月，提济乌祖烈士子女组织建立了一个专门机构，负责从柏柏尔人的视角重新编写一部《阿尔及利亚史》，以此来对抗民阵主导的阿拉伯伊斯兰史观。[③]1985年2月，烈士子女组织的一批活跃分子试图闯入一场官方赞助的关于撰写卡比利亚历史的研讨会。他们因此遭到逮捕，但很快获释。获释后他们走上街头散发传单，提出了“法治国家”、“尊重人权”、“言论自由”和“与阿尔及利亚人民和烈士相称的历史”等口号。[④] 他们还致信沙德利，要求他尊重“11月革命精神：自由民主、人权和文化及语言的多样性”。[⑤]

---

① Jane E. Goodman, “Imazighen on Trial: Human Rights and Berber Identity in Algeria, 1985,” p. 116.

② Martin Evans and John Phillips, *Algeria: Anger of the Dispossessed*, p. 123.

③ Martin Stone, *The Agony of Algeria*, p. 208.

④ Jane E. Goodman, “Imazighen on Trial: Human Rights and Berber Identity in Algeria, 1985,” p. 111.

⑤ Salem Mezoud, “Glasnost the Algerian Way: The Role of Berber Nationalists in Political Reform”, in George Joffe ed., *North Africa: Nation, State and Region*, London and New York: Routledge, 1993, p. 157.

在阿尔及利亚政府看来，烈士子女组织的活动显然是对国家稳定的挑战。许多活跃分子都因“非法结社”、“危害国家安全”等罪名入狱。但由于烈士子女组织成员的特殊身份，民阵在处理他们的问题上难以像对待普通柏柏尔主义者那样强势。他们往往在入狱之后很快获释，获释以后又继续开展活动。在政府与烈士子女组织之间的博弈中，柏柏尔主义者开始转向人权运动，试图以此作为与政府之间拉锯战的突破口。

1984 年 11 月，阿尔及利亚人权运动发起人阿卜杜·努尔·阿里·叶海亚（‘Abd al-Nūr ‘Alī Yaḥyā）与 6 名来自不同组织、具有不同背景的柏柏尔主义者会面，商讨建立人权联盟。① 由于各方存在分歧，未能形成一个统一的人权组织。此后，叶海亚又与烈士子女组织成员密集接触，并在 12 月 10 日世界人权日当天宣布建立“阿尔及利亚人权联盟”。

阿卜杜·努尔·阿里·叶海亚于 1921 年 1 月 18 日出生在提济乌祖。1945 年加入人民党，1949 年“柏柏尔危机”发生后退出了争取民主自由胜利党。1955 年，他加入民阵。1956 年与阿班·拉马丹一道筹备阿尔及利亚总工会。1963 年，他参加了侯赛因·阿亚特·艾哈迈德领导的起义。上述经历表明阿卜杜·努尔·阿里·叶海亚是柏柏尔政治精英的核心人物之一，他与阿尔及利亚阿拉伯民族主义者之间的分歧由来已久。布迈丁时期，他出任农业部部长，最终因不赞成布迈丁的计划经济路线而退出政府。② 此后，作为一名律师，为柏柏尔人的各项权利奔走。1985 年以来，他成为阿尔及利亚人权运动的代表人物。1991 年大选后，他与社阵采取了同样的政治态度，同意与“伊斯兰拯救阵线”（FIS，简称“伊阵”）和解，并为伊阵的一些领袖辩护。他还在 1994 年参加了由罗马圣·艾智德团体（Comunità di Sant’Egidio）③ 调停的和解会议。

阿尔及利亚人权联盟影响力最大的一次活动是 1985 年的麦迪亚审判。1985

① Susan E. Waltz, *Human Rights and Reform: Changing the Face of North African Politics*, Berkeley and Los Angeles: University of California Press, 1995, p. 140.

② John Ruedy, *Modern Algeria: The Origins and Development of a Nation*, p. 243.

③ 圣·艾智德团体是当代意大利著名的宗教非政府组织。该组织成立于 1968 年，成员遍布全球 72 个国家。该组织受到意大利外交部认可，在全球范围内开展公益活动。

年6月5日，一批烈士子女组织和人权联盟成员发起了一场集体悼念革命烈士的行动。1962年6月5日，本·赫达领导的临时政府宣布定都提济乌祖。柏柏尔人选择这一天发起纪念活动无疑是对民阵版本的阿尔及利亚独立运动的一种挑衅。他们在阿尔及尔、布米尔达斯、谢里夫、汉舍莱、提帕萨、提济乌祖的革命英雄纪念碑和悼念活动现场放置花圈。① 政府逮捕了肇事者，将他们押往麦迪亚省贝鲁瓦吉耶监狱。② 被捕人员包括阿里·法乌兹·拉巴尼、阿姆拉尼·阿亚特·哈穆德、阿卜杜·努尔·阿里·叶海亚、赛义德·萨阿迪和卡比尔政治歌手费尔哈特·麦赫尼（Farḥāt Mahnī）③ 等。1985年11月中旬，烈士子女组织和人权组织的23名活跃分子因“非法结社”和“危害国家安全”等罪名被送上了麦迪亚国家安全法庭。这次庭审引起了国际人权联盟的关注，阿尔及利亚人权联盟由此获得国际人权联盟承认，柏柏尔人成功地将柏柏尔人的少数族群权利问题包装成人权问题，推销给全世界。

据一位当事人称，当时阿尔及利亚政府已经准备无罪释放在押的被告人，条件是每人都同意写一份认罪书。④ 无论这种说法是否可靠，最终23名被告人没有获释，但他们争取到了公开审判的机会。外国媒体和国外人权组织观察员首次获准参加阿尔及利亚的庭审。

庭审过程中，被告人在陈述时都力图将柏柏尔人的语言文化权利与人权问题挂钩。例如阿里·法乌兹·拉巴尼在陈词中说：“我们拥有纪念我们为阿尔及利亚革命献出生命的父辈的权利……我生来就是一个完全的自由人，我将永远做一个自由人。”⑤ 在谈到自由人时他使用的是“阿马齐格”，这个词一

---

① Jane E. Goodman, “Imazighen on Trial: Human Rights and Berber Identity in Algeria, 1985,” p. 112.

② 1994年11月14日，贝鲁瓦吉耶监狱罪犯试图越狱，随后发生了大屠杀，官方公布的死亡人数为8人，但阿尔及利亚《人民报》报道称死亡人数高达200人。

③ 费尔哈特·麦赫尼出生于1951年3月5日，毕业于阿尔及尔大学政治学系。1973年，迈入歌坛，他的歌曲大多反映柏柏尔人的文化诉求。他曾先后13次被捕入狱。2001年6月，费尔哈特·麦赫尼建立了“卡比利亚自治运动”，2010年在法国建立卡比利亚流亡政府。

④ Jane E. Goodman, “Imazighen on Trial: Human Rights and Berber Identity in Algeria, 1985,” p. 109.

⑤ Ibid., p. 115.

语双关，既表达了自己作为柏柏尔人的族群身份，又巧妙地与人权问题挂钩。赛义德·萨阿迪和费尔哈特·麦赫尼则以更直接的方式提到了柏柏尔人问题。费尔哈特·麦赫尼指责官方媒体在采访他时质疑他使用柏柏尔语，认为这是对人权的侵犯。而赛义德·萨阿迪则认为过去十几年，政府都力图证明柏柏尔人危害国家安全，柏柏尔人因此遭遇了不公正的待遇，承受政府所有滥用职权的行为。

1985 年的庭审是一个标志性的事件，柏柏尔人将一个原本只属于阿尔及利亚国内的少数族群权利问题与全球性的人权运动挂钩。尽管所有被告均被判有罪，但值得注意的是，他们的陈词通过国际媒体在全球传播，无论是在阿尔及利亚国内还是在法国，各种声援活动此起彼伏。

柏柏尔人主导的人权运动也是促成阿尔及利亚社会进一步向西方式自由民主发展的巨大推动力。休·罗伯茨认为，20 世纪 80 年代的这种变化意味着“柏柏尔主义运动为以人权为焦点的自由民主运动让路”。① 休·罗伯茨的论断将 20 世纪 80 年代的人权运动视为对柏柏尔主义运动的替代。从更宏观的角度看，20 世纪 80 年代的人权运动更像是柏柏尔主义运动的一种策略和手段。无论这两个运动之间的关系如何，1985 年以来的人权运动无疑给沙德利政府带来了巨大的国际压力，也给阿尔及利亚政治生活带来了微妙的变化。1987 年，为促成人权运动内部分化，沙德利政府批准了由米卢德·易卜拉希米（Mīlūd Ibrāhīmī）领导的同样名为“阿尔及利亚人权联盟”的官方组织。② 阿卜杜·努尔·阿里·叶海亚被迫将自己的组织更名为“阿尔及利亚捍卫人权联盟”。尽管官方人权联盟是为制衡阿卜杜·努尔·阿里·叶海亚而建，但是这一组织既不隶属于政府也不隶属于民阵，这代表了民阵垄断的公共生活中的一个前所未有的变化。③

① Hugh Roberts, *The Battlefield: Algeria 1988-2002, Studies in a Broken Polity*, p. 29.

② Andrea Liverani, *Civil Society in Algeria: The Political Functions of Associational Life*, London and New York: Routledge, 2008, p. 110.

③ Hugh Roberts, *The Battlefield: Algeria 1988-2002, Studies in a Broken Polity*, p. 30.

二　柏柏尔主义运动与伊斯兰主义

伊斯兰主义的兴起是沙德利时代的一个重要事件。从表面看，柏柏尔主义运动与伊斯兰主义两者之间相互独立，没有牵涉。但从深层次分析，两种运动之间有着千丝万缕的联系。

首先，两种运动的兴起都与阿尔及利亚独立以来的阿拉伯化和经济政策有关。在推行阿拉伯化的过程中，由于阿尔及利亚缺少阿拉伯语教师，政府从阿拉伯马什里克地区引进了大量教师，哈桑·班纳、赛义德·库特布等人的思想通过这一渠道传入阿尔及利亚。由于其他公共领域的阿拉伯化落后于教育领域的阿拉伯化，阿拉伯语学生在就业市场上供大于求，大量就业困难的学生成为伊斯兰主义潜在的感召对象。在经济领域，一方面，许多虔诚的穆斯林对社会主义改造中将私人土地收归国有的做法不满，他们认为政府的行为违背了伊斯兰的精神；另一方面，经济发展失衡导致的经济疲敝制造了一批对社会不满的城市中产阶级和失业青年，伊斯兰主义在这批人中发展了不少追随者。前者渴望摆脱民阵的社会主义主张，回复到伊斯兰的精神；后者则希望通过对安拉的坚定信仰，改变生活现状。①

其次，柏柏尔主义运动为伊斯兰主义的兴起制造了机会。阿尔及利亚的伊斯兰主义在阿尔及利亚独立后不久便出现了苗头。独立以来，阿尔及利亚高层致力于发展一种具有双重色彩的伊斯兰，即将伊斯兰学者和教长转化为国家公务员，从而实现官办伊斯兰的目的。20 世纪 60 年代，以艾哈迈德·萨赫努（Aḥmad Saḥnūnun）② 和哈希米·提加尼（Ḥāshimī Tījānī）为代表的伊斯兰学者因对布迈丁“官办伊斯兰”不满，建立了“价值”组织（al-Qiyam），呼吁“在真主之党的范畴内行动，反对撒旦之党”、“在伊斯兰原则下建国”。③ 随着第

① Martin Evans and John Phillips, *Algeria: Anger of the Dispossessed*, pp. 150-151.

② 艾哈迈德·萨赫努（1907~2003 年），出生于比斯克拉，是阿尔及利亚备受尊敬的宗教领袖。民族解放运动期间曾多次遭法国逮捕。阿尔及利亚独立后，他拒绝接受官办伊斯兰教，参与建立“价值”组织。20 世纪 80 年代，他积极参与反对沙德利政府的行动。1991 年后，坚决拒绝与军方和解，被认为是阿尔及利亚伊斯兰主义的精神领袖之一。

③ Benjamin Stora, *Algeria, 1830-2000: A Short History*, translated by Jane Marie Todd, p. 172.

三次和第四次中东战争的失败，阿拉伯民族主义遭到巨大挫折，伊斯兰主义在阿拉伯世界兴起，成为阿拉伯民族主义之外的意识形态选择。阿卜杜·拉提夫·苏尔坦尼（'Abd al-Laṭīf Sulṭānī）等宗教领袖在各清真寺活动，宣传激进的伊斯兰思想，在青年中赢得了众多追随者。阿卜杜·拉提夫·苏尔坦尼出生于比斯克拉，是阿尔及利亚著名宗教领袖，青年时代在突尼斯宰图纳清真寺接受教育。他反对社会主义，抵制官办伊斯兰教。他曾在多个清真寺讲学，被认为是阿尔及利亚伊斯兰激进思想的鼻祖，他的许多弟子成为伊阵的骨干。1974 年，阿卜杜·拉提夫·苏尔坦尼在摩洛哥出版《拜火教是社会主义的根源》，严厉批评了布迈丁政府的亲社会主义立场及其对民间伊斯兰学者的压制，这是伊斯兰主义者第一次公开发出批评政府的声音。[①]1979 年伊朗伊斯兰革命胜利，阿尔及利亚的伊斯兰主义者备受鼓舞。他们自视为民族解放运动精神的继承者和彻底的反殖民者，对民阵的世俗主义立场展开口诛笔伐。

20 世纪 60~70 年代，在布迈丁的强势统治下，宗教势力在很大程度上受到抑制。此外，由于社会经济状况呈向上趋势、阿拉伯民族主义热情尚未消退，伊斯兰主义的影响十分有限。1980 年的“柏柏尔之春”打破了阿尔及利亚独立以来近 20 年的政治稳定，各种思想潮流都活跃起来。面对挑战，沙德利试图通过默许伊斯兰主义的发展来遏制其他反政府派别。伊斯兰主义者放弃了半遮半掩的态度，利用阿拉伯语学生对就业机会不平等的不满情绪迅速扩张势力，开始进行有组织的活动，以实现自己的政治目标。

1981 年 5 月 19 日，由阿尔及利亚共产党领导的阿尔及利亚全国学生会举行纪念 1956 年学生会罢课活动，伊斯兰主义分子携带刀棍袭击了现场。[②]1982 年 11 月 12 日，阿尔及尔大学爆发了学生游行，明确提出了“为一个伊斯兰共和国制订宪章”[③] 的要求。当时的伊斯兰主义三大领袖人物艾哈迈德·萨赫努、

① Benjamin Stora, *Algeria, 1830-2000: A Short History*, translated by Jane Marie Todd, p. 172.

② Martin Evans and John Phillips, *Algeria: Anger of the Dispossessed*, p. 125.

③ Ray Takeyh, "Islamism in Algeria: A Struggle between Hope and Agony," http://www.cfr.org/world/islamism-algeria-struggle-between-hope-agony/p7335, 2011-05-25.

阿卜杜·拉提夫·苏尔坦尼和阿巴西·马达尼（'Abbāsī Madanī）[①]联合签署了一份“十四点声明”，批评国家的世俗化政策，要求推广伊斯兰教法。[②]伊斯兰主义者的行动超出了沙德利的底线，政府出动警察镇压伊斯兰主义者的游行示威，软禁了三大领袖。

1984年4月12日，阿卜杜·拉提夫·苏尔坦尼去世。尽管官方没有公布他葬礼的信息，参加葬礼的民众却多达2.5万人。[③]迫于压力，政府释放了艾哈迈德·萨赫努和阿巴西·马达尼。当年6月，伊斯兰主义者成功游说阿尔及利亚全国人民议会通过《家庭法》，取得了一个标志性的胜利。这项法律否定了1976年宪法中规定的女性公民权。伊斯兰主义者备受鼓舞，开始为在全国范围内实施伊斯兰教法而努力。

除了和平政治运动外，伊斯兰武装组织也在沙德利时期发展起来。伊斯兰武装运动的精神领袖是穆斯塔法·布亚利（Muṣṭafā Būya 'lī）。他曾是民阵的一名战士，1963年因参加侯赛因·阿亚特·艾哈迈德阵营而被开除党籍。1970年以来，他开始接触伊斯兰主义思想。1979年，建立了“打击非法行为小组”，开始有组织地袭击酒吧等娱乐场所，并谴责民阵政府的社会主义路线和腐败问题。1981年左右，开始筹备武装斗争。1982年，他的弟弟在与政府的一次冲突中丧生，穆斯塔法·布亚利下定决心走暴力路线。7月，他将“打击非法行为小组”更名为“阿尔及利亚伊斯兰武装运动”（Algerian Islamic Armed Movement）。阿尔及利亚伊斯兰武装运动建立后，制造了多起针对政府机构的袭击事件。例如在1985年8月25日，袭击了苏马姆的一家警察局。他们将自己的行为定义为“圣战”，在苏马姆警察局的大门上刷上了“复仇者安拉与我们同在”的标语。尽管穆斯塔

---

① 阿巴西·马达尼（1931~），出生于阿尔及尔，伊斯兰拯救阵线领导人。早年曾加入民阵，参与了民族解放战争。1975~1978年赴伦敦留学，获教育心理学博士学位，回国后成为阿尔及尔大学教育学教授。他反对民阵的社会主义倾向，在1989年参与建立了伊斯兰拯救阵线。他认为《的黎波里宪章》、《阿尔及尔宪章》以及独立以来多次修改的宪法均背叛了1954年11月革命的精神。

② James D. Le Sueur, *Algeria since 1989: Between Terror and Democracy*, London and New York: Zed Books Ltd., 2010, p. 34.

③ Martin Evans and John Phillips, *Algeria: Anger of the Dispossessed*, p. 126.

法·布亚利在 1987 年被政府军击毙，阿尔及利亚伊斯兰武装运动随之瓦解，但他的影响并没有消退。他的追随者在 1989 年加入伊阵。在伊阵遭禁后，这批伊斯兰武装分子组建了与阿尔及利亚伊斯兰武装运动一脉相承的“伊斯兰武装运动”。

最后，柏柏尔主义运动与伊斯兰主义运动相互参考，暗中竞争。沙德利时期，柏柏尔主义运动和伊斯兰主义运动在各自的轨道上发展，两者之间未正面冲突，但存在着某种微妙的联系。1979 年 12 月，阿尔及利亚爆发了阿拉伯语学生的抗议活动，政府为防止他们被拉入伊斯兰主义阵营而加大了对他们的就业优惠。柏柏尔人因此感到不满，1980 年的“柏柏尔之春”与 1979 年的事件不无关系。另外，在 1984 年，当柏柏尔人忙于推进人权事业之时，伊斯兰主义者成功推动了限制女性权利的《家庭法》的通过。沙德利政府力图在两股势力之间保持一种平衡，以维持民阵的统治权威。它最初默许伊斯兰主义的发展，将柏柏尔主义运动视为对国家属性的根本性挑战。但随着伊斯兰主义的发展，沙德利政府又不得不对柏柏尔主义运动做出让步以达成政治平衡。1985 年麦迪亚审判向国际社会公开，以及所有被告“危害国家安全”的罪名最终被取消正是这种让步的体现。然而沙德利政府不仅未能通过平衡两派力量保持民阵的权威，反而不断丧失主动权。柏柏尔主义运动和伊斯兰主义运动在不同的方向上，撕扯以阿拉伯伊斯兰文化为内核、以世俗化为取向的阿尔及利亚民族国家。

三 1988 年“黑色十月”事件

20 世纪 80 年代末，民阵的统治已摇摇欲坠。1986 年国际石油价格暴跌，油价骤降导致阿尔及利亚的石油天然气收入从 1981 年的 142 亿美元锐减至 1986 年的 73 亿美元。① 到 1988 年，阿尔及利亚的经济增长率跌至 –3.6%。② 由

① James D. Le Sueur, *Algeria since 1989: Between Terror and Democracy*, p. 27.

② Frederic Volpi, *Islam and Democracy: The Failure of Dialogue in Algeria*, London and Sterling: Pluto Press, 2003, p. 38.

于陷入财政危机，政府取消了对粮食和基本生活用品的补贴，粮食价格随即飙升，住房问题越来越严峻，官方公布的失业率上升至30%。①

危机在1988年10月4日爆发。当晚，大批青年示威者在阿尔及尔举行大规模游行示威，抗议物价飞涨和基本生活用品短缺。示威者在巴布瓦德地区（Bāb al-Wād）焚毁汽车、砸毁商店和公共设施。第二天，示威活动转化成武装暴动。示威者捣毁了主要的商业建筑和阿尔及尔的标志性建筑三叶塔。②暴乱很快波及其他主要城市，暴乱也从最初要求改善生活状况逐渐向要求进行彻底的经济社会改革转变。

柏柏尔主义者在这场运动中表现得比较低调。暴乱发生后数小时内，柏柏尔主义运动领袖收到了一份警告，称一旦卡比利亚地区有变，政府将进行镇压。柏柏尔主义运动领袖因此呼吁卡比利亚居民保持克制，不参与暴乱，防止遭到政府报复。③尽管柏柏尔人的直接参与程度不高，但自"柏柏尔之春"以来，柏柏尔主义运动一直试图在全国范围内宣传自由民主思想，期待其他地区与之产生共鸣，1988年的群众运动证明了"柏柏尔之春"的影响在全国范围内不断扩散。此外，卡比利亚地区的相对平静并不意味着柏柏尔主义者对这次暴乱完全置身事外。1988年11月，曾在1985年接受国家安全法庭审判的烈士子女组织成员阿里·法乌兹·拉巴尼联合一些民间商会和学术团体建立了"全国反酷刑委员会"。该组织与阿尔及利亚记者协会和律师协会形成合力，谴责政府对示威者的抓捕行动，呼吁实现司法独立，呼吁进行彻底的政治体制改革、结束一党制和保证民主自由。④

较之柏柏尔主义者的相对平静，蓄势待发的伊斯兰主义在这场运动中出尽风头。10月7日，艾哈迈德·萨赫努和阿巴西·马达尼在阿尔及尔发起了一场约有6000名伊斯兰主义者参与的游行。10月10日，激进的新生代伊斯

① James D. Le Sueur, *Algeria since 1989: Between Terror and Democracy*, p. 33.

② Benjamin Stora, *Algeria, 1830-2000: A Short History*, translated by Jane Marie Todd, p. 195.

③ Salem Mezhoud, "Glasnost the Algerian Way: The Role of Berber Nationalists in Political Reform," pp. 160-161.

④ Benjamin Stora, *Algeria, 1830-2000: A Short History*, translated by Jane Marie Todd, p. 196.

兰主义领袖阿里·贝勒哈吉（‘Alī Balḥājj）[①] 在巴布瓦德地区组织起一场约有2万人参与的大游行。游行者与安全部队发生直接冲突，导致33人死亡。[②] 伊斯兰主义者的伤亡为其博得了民众的同情和支持，他们被看作暴乱的主要推动者，因而成为万众瞩目的焦点。沙德利试图与宗教领袖对话以平息动乱，却无果而终。

1988年10月10日，陷入孤立的沙德利只得宣布修改1976年宪法，提出了三项政治改革措施：实现民阵与国家分离、放开市政选举和议会选举中对候选人的限制、实现群众组织独立。[③] 面对汹涌澎湃的群众运动，民阵已无反制手段，除军队以外的国家机器开始崩溃。1989年2月阿尔及利亚颁布宪法修正案，删去了所有关于“社会主义”和“民族解放阵线”的内容，为开启多党制提供了法律保障。2月23日，全民公决通过新宪法。各种新政党如雨后春笋般涌现。与此同时，军方选择了自保。1989年3月，军队高层集体退出民阵中央委员会。

纵观整个沙德利时代，经济和社会危机一直困扰着民阵政权。经济危机的根本原因在于经济发展结构性失衡以及经济缺乏活力。沙德利上台时，已经察觉到经济发展中的问题，并试图推行改革。然而改革尚未成功时，国际石油价格的暴跌使经济彻底陷入泥潭。社会危机主要体现在柏柏尔主义运动和伊斯兰主义运动引发的社会动荡。20世纪80年代，柏柏尔主义运动以人权和民主的话语来表达少数族群的权利诉求，这种策略促进了民主自由价值观的传播。沙德利试图利用伊斯兰主义遏制柏柏尔主义运动及其他异见集团，伊斯兰主义成长为实力最强的政治反对派。

1988年暴乱是阿尔及利亚独立以来各种社会矛盾的总爆发。此后，阿尔及利亚开始进行“公开化”改革。从“柏柏尔之春”到烈士子女组织的活动以及人权运动，柏柏尔主义运动在沙德利时代的活动脉络显示出反对专制、提倡多

① 阿里·贝勒哈吉（1956~），伊斯兰拯救阵线二号人物。早年曾是一名阿拉伯语教师，1983~1987年因激进活动被捕入狱，出狱后成为巴布瓦德地区一所清真寺的阿訇。

② Benjamin Stora, *Algeria, 1830-2000: A Short History*, translated by Jane Marie Todd, p. 195.

③ Ibid., p. 197.

元化、追求平等的特征。柏柏尔主义者显然是阿尔及利亚最早的民主派。尽管如此，不能武断地认为20世纪80年代的柏柏尔主义运动直接推动了阿尔及利亚的民主化试验。柏柏尔主义者最迫切的愿望是在新的体制下实现柏柏尔人在阿尔及利亚民族国家框架内的地位和尊严。

第六章　当代阿尔及利亚柏柏尔主义运动的发展

“黑色十月”事件结束后，阿尔及利亚开始了民主化进程。在民主化进程中，柏柏尔主义运动主要表现为柏柏尔人的政党政治，其焦点从维护柏柏尔人权利本身转移到更广阔的领域，试图推动阿尔及利亚的政治民主化，以期通过彻底改造现有体制，实现柏柏尔主义运动的目标。1988~1998 年，柏柏主义运动的主要特征是从群众运动走向政党政治。1998 年以来，柏柏尔主义运动回归群众运动，并发展出“柏柏尔主义阿尔及利亚祖国派”、“柏柏尔主义卡比利亚地方派”和“国际柏柏尔主义”三个分支。

第一节　“公开化”与内战时期的柏柏尔主义运动

一　从群众运动走向政党政治

1988 年 10 月暴乱结束后，阿尔及利亚开始“公开化”（Glasnost）改革。1989~1990 年间建立了 44 个政党，它们都准备参加 1991 年 6 月举行的议会选举。人权联盟、独立的妇女组织和各种文化运动获得了发展。公众获得了对社会问题进行批评的自由。新闻业出现了多元化，《祖国报》等报纸分割了《圣战者报》的销量。此外许多独立出版社建立，打破了国家对图书出版的垄断。信息自由很快推进了政治、文化和经济的自由化，民主化进程取得实质进展。尽管民阵仍然是第一大党，但其权威已大不如前，各种派别纷纷登场，试图主宰阿尔及利亚未来的命运。

20 世纪 80 年代以来的历史充分证明，柏柏尔人是阿尔及利亚走向民主和多元化的重要推动力。“公开化”改革带来的自由政治空气使柏柏尔人备受鼓舞。以社会主义力量阵线的合法化和争取文化与民主联盟的建立为标志，柏柏尔主义运动开始从群众运动走向政党政治。两个柏柏尔主义政党肩负着实现柏柏尔人语言和文化权利的目标，与此同时也具有全国性的目标，代表着柏柏尔政治精英对阿尔及利亚民族国家命运的态度。

1980 年以来，赛义德·萨阿迪成为“柏柏尔之春”后新一代的柏柏尔主义运动领袖。1947 年，赛义德·萨阿迪出生在卡比利亚的阿格里布（Aghrib）。自学生时代起，他就是一名政治活跃分子，曾加入侯赛因·阿亚特·艾哈迈德领导的社阵。他强烈反对一党制，同时为柏柏尔人的文化权利奔走。他是“柏柏尔之春”的领袖之一，20 世纪 80 年代以来致力于人权运动，是阿尔及利亚捍卫人权联盟的创始人之一。他呼吁在阿尔及利亚实现民主，并以此实现柏柏尔人的语言和文化权利。赛义德·萨阿迪的经历是独立以来柏柏尔主义运动发展的缩影。

20 世纪 80 年代末，赛义德·萨阿迪脱离社会主义力量阵线。1989 年 2 月 9 日，他联合文运的骨干建立了另一个柏柏尔主义政党“争取文化与民主联盟”（简称“文民盟”）。文民盟代表“柏柏尔之春”以来崛起的新生代柏柏尔政治精英，其基础主要是普通群众和接受西方教育的年轻知识阶层，以提济乌祖、阿尔及尔为阵地。成立半年后，该党宣布党员人数达到 32000 人。[①] 该党与社会主义力量阵线的政见基本一致，集中体现在要求承认柏柏尔语和柏柏尔文化的官方地位，主张宗教与社会分离的世俗主义原则。此外，该党还是女性权利的支持者，该党领导人之一赫丽达·突米（Khalīda Tūmī）是阿尔及利亚著名的女政治家，是阿拉伯化和伊斯兰主义的坚定反对者。在赫丽达·突米的感召下，大批女性加入了文民盟。“在 1989 年 12 月召开的第一次全体会议上，与会的

① Martin Evans and John Phillips, *Algeria: Anger of the Dispossessed*, p. 155.

950名代表中女性占了十分之一。”[①] 赫丽达·突米曾在一档直播电视节目中与阿里·贝勒哈吉、阿巴西·马达尼进行公开辩论，指责他们以伊斯兰教的名义试图让女性回到黑暗的时代。[②]

文民盟建立后，沙德利政府于1989年11月20日宣布老牌柏柏尔主义政党“社会主义力量阵线”（简称“社阵”）为合法政党。12月15日，侯赛因·阿亚特·艾哈迈德回国。社阵由侯赛因·阿亚特·艾哈迈德等民族解放运动领袖领导，其主要支持者是传统的上层人士“穆拉比兑”，以卡比利亚东部的贝贾亚为阵地。社阵提出“混合经济”和“社会民主”主张，同时呼吁政府承认柏柏尔语的合法地位。沙德利政府表示愿意为社阵提供经费支持，但侯赛因·阿亚特·艾哈迈德拒绝接受，他认为这是政府试图控制社阵的表现，声称多党制不过是沙德利为了保住位子做出的假象。[③]

合法化的社阵和新建的文民盟在民主化进程中充当了柏柏尔人的代言人。两党的政治主张基本一致，都热衷于推动实现柏柏尔人的语言和文化权利。两党的建立似乎意味着柏柏尔人将通过在民主化进程中的有效政治参与，实现柏柏尔文化在阿尔及利亚认同中的地位。然而文民盟的建立实际上代表了柏柏尔政治精英的代际更迭，两代政治精英间存在分歧，侯赛因·阿亚特·艾哈迈德和赛义德·萨阿迪之间的公开争论与谩骂经常发生。此外，两党的选民基础都是卡比尔人，内部竞争消耗了柏柏尔人的政治力量。

1988年以来的“公开化”改革的高潮是1990~1991年的地方选举和议会选举，这是阿尔及利亚独立以来首次多党制选举。选举开始前，阿尔及利亚知识阶层中产生了一种乐观情绪，认为真正的市民社会即将实现，民主化的前途一片光明。柏柏尔政治精英亦摩拳擦掌，准备通过选举实现柏柏尔人的政治参与，进而实现柏柏尔主义运动的目标。但伊斯兰拯救阵线在大选中的意外胜出打乱了阿尔及利亚民主化的步伐，柏柏尔主义政党政治也因此陷入困境。

① Martin Evans and John Phillips, *Algeria: Anger of the Dispossessed*, p. 155.
② James D. Le Sueur, *Algeria since 1989: Between Terror and Democracy*, p. 50.
③ Martin Evans and John Phillips, *Algeria: Anger of the Dispossessed*, p. 155.

1990 年省、市两级地方选举开始前，阿尔及利亚政坛已形成世俗派和伊兰主义派分庭抗礼的局面。世俗派阵营的主力是民阵。“公开化”改革中，该党为挽回政治威信进行了重组，但大势已去。1988 年以后，民阵由反殖民斗争光荣历史支撑的阿尔及利亚阿拉伯民族主义神话，在日益凋敝的社会经济情况面前已经失去了昔日的光彩。高失业率和公共服务不足，导致青年人对一个陶醉于历史、无力解决现实困难的政权感到失望和不满。[①]“公开化”改革以来，民阵领导人沙德利一直力图将自己打扮成国内各政治派别间公正、中立的仲裁者，以此保住总统位置。其他的世俗派政党，如本·贝拉建立的争取阿尔及利亚民主运动等，皆带有很强的“旧时代”特点，存在的依据大多与民族解放运动和建国初期的政治相关，无法获得一心求变、以青年为主体的阿尔及利亚民众的支持。

两个柏柏尔主义政党亦属世俗派，它们与其他在“公开化”改革中改头换面的世俗派政党存在区别。两党是坚定的民主派，对在阿尔及利亚实现民主政治怀有热望，积极主张社会变革。尽管同属世俗派，但柏柏尔主义政党与民阵的对立并没有改变。例如，社阵拒绝与任何党派结盟，认为选举会被当局操控，因此决定不参加选举。从理论上讲，两党有望成为以民阵为代表的民族解放运动精英的继任者，同时保持阿尔及利亚世俗政权的属性。但由于其显著的柏柏尔主义色彩和党内竞争，两党均未能成为全国性大党。

伊斯兰阵营的代表是 1989 年 2 月 18 日由阿巴西·马达尼和阿里·贝勒哈吉建立的“伊斯兰拯救阵线”（简称“伊阵”）。伊阵以民族解放运动继承人自居，指责民阵背弃了 1954 年 11 月起义的精神。对现政权强烈的批评为伊阵赢得了广泛支持。其支持者主要由三部分组成：城市中产阶级，特别是厌恶民阵社会主义话语的商人；接受阿拉伯语教育的学生；失业青年。

伊斯兰阵营还包括马哈福兹·纳赫纳赫（Maḥfūẓ Naḥnāḥ）领导的“哈马斯党”。美国政治学家威廉·匡特指出，马哈福兹·纳赫纳赫的运动更接近于埃及穆斯林兄弟会。与伊阵不同，马哈福兹·纳赫纳赫认为伊斯兰主义者必须

① James D. Le Sueur, *Algeria since 1989: Between Terror and Democracy*, p. 50.

接受与世俗主义党派共存的现实。[①] 哈马斯党试图提供一种伊阵以外的选择，提倡对话和更宽容的多党制。但是伊阵对民阵彻底而犀利的批评为它赢得了众多支持者，哈马斯党的影响力远不及伊阵。获得合法身份的伊阵开始准备通过参与民主化进程，谋求阿尔及利亚的最高领导权。

上述分析表明，“公开化”改革以来，世俗派与伊斯兰主义成为阿尔及利亚政治棋局对弈的双方。两派政治力量的核心分别是民阵和伊阵。两个柏柏尔主义政党试图提出区别于民阵的阿尔及利亚世俗政治的新版本，却未能产生广泛影响。这一方面是因为世俗派内部其他政治力量对柏柏尔政治势力保持着警惕。另一方面是因两党的柏柏尔出身致使其难以获得全国民众的普遍支持。柏柏尔政治的发展陷入困境：坚持主张柏柏尔人的权利则无法发展，放弃主张柏柏尔人的权利则失去群众基础。这种困境导致两个柏柏尔主义政党陷入了内部竞争，全力争夺卡比利亚地区的支持。

1990 年 6 月 12 日，阿尔及利亚省、市两级地方选举拉开序幕。民阵与伊阵的对决正式开始。在投票率为 65% 的情况下，伊阵获得了 54% 的选票，民阵仅获得 28% 的选票，[②] 文民盟获得了卡比利亚地区的全部议席，但在全国范围内仅获得 2.1% 的选票。[③] 伊阵在 31 个省获得绝对支持，控制了 48 个省中的 45 个。[④]

伊阵赢得地方选举后，深感危机的沙德利政府开始紧锣密鼓地筹备议会选举。政府主导国民议会修改选举法，规定在第二轮选举中只能留下得票最多的两个党。与此同时，参选选民数量扩大了近 1 倍，主要集中在伊斯兰主义势力尚未渗透的农村和山区。伊阵为此号召进行大罢工，政府顺势逮捕了阿里·贝勒哈吉和阿巴西·马达尼。政府与军方达成了权力分配协议。军方高层哈立德·尼扎尔（Khālid Nizār）出任国防部部长，成为阿尔及利亚独立以来首位担任这一职务的军方高层。此外，沙德利还做出了党政分离的姿态。民阵进行了

---

① William B. Quandt, *Between Ballots and Bullets: Algeria's Transition from Authoritarianism*, Washington, D.C.: Brookings Institution Press, 1998, p. 50.

② James D. Le Sueur, *Algeria since 1989: Between Terror and Democracy*, p. 43.

③ Martin Evans and John Phillips, *Algeria: Anger of the Dispossessed*, p. 157.

④ Ibid.

若干次重组，他本人于1991年6月辞去党主席一职。

伊阵的胜算似乎在下降，但1990年8月2日海湾战争的爆发给伊阵带来了继续扩张力量的契机。伊拉克入侵科威特、美国做出回应后，团结一致反西方的情绪使伊斯兰主义者内部的矛盾和分歧被暂时搁置。① 此外，20世纪90年代以来，阿尔及利亚“使用本国语言受教育的大学生的比例越来越高，他们因此日益受到伊斯兰主义的影响”。②1990年初，伊阵“即声称它已有成员300万人，其中骨干分子3000人”。③ 在这样的背景下，伊阵的群众基础迅速扩大。尽管伊阵的两位领袖被捕入狱，但它很快进行了人事调整，等待大选的到来。

1991年12月26日，伊阵以压倒性的胜利战胜民阵和其他党派。在第一轮选举中，伊阵赢得231个席位中的188席，取得绝对胜利，民阵仅获得15席，柏柏尔主义政党社阵以25席位居第二。根据阿尔及利亚新选举法，社阵将与伊阵一道进入第二轮选举，争夺剩余的199个议席。社阵的意外收获似乎预示着柏柏尔政治势力将获得重大突破。但军方的行动打断了选举进程。总参谋长阿卜杜·马立克·古扎里、哈立德·尼扎尔以及时任内政部长的阿拉比·贝勒海伊尔（al-‘Arabī Belkhayr）将军首先迫使沙德利在1992年1月的新闻发布会上宣布辞职，同时宣布解散议会，成立“最高安全委员会”。该委员会宣布取消1991年12月选举的结果，成立由五人组成的“最高国务委员会”，由穆罕默德·布迪亚夫出任主席，并宣布逮捕伊阵领导人阿卜杜·卡迪尔·哈沙尼（‘Abd al-Qādir Ḥashānī）。2月9日，军方宣布国家进入紧急状态，3月4日取缔伊阵。社阵短暂的胜利随之夭折。

阿尔及利亚的民主化尝试以灾难性的结局收场。军方以非常方式终结伊阵的胜利后，阿尔及利亚陷入内战。在民主化尝试中，两个柏柏尔主义政党的发

① Hugh Roberts, “A Trial of Strength: Algerian Islamism,” in James Piscatori ed., *Islamic Fundamentalisms and the Gulf Crisis*, The fundamentalism Project and The American Academy of Arts and Sciences, 1991, p. 131.

②〔美〕塞缪尔·亨廷顿:《文明的冲突与世界秩序的重建》，周琪等译，新华出版社，2002，第114页。

③ 陈嘉厚主编《现代伊斯兰主义》，经济日报出版社，1998，第433页。

展受到多重因素掣肘，陷入困境。在内战的漩涡中，两个柏柏尔主义政党的分歧日渐加深，柏柏尔主义运动陷入低潮。

二 内战时期柏柏尔主义运动的低潮

最高国务委员会时期，伊斯兰武装势力针对政府、警察甚至平民的暴力事件不断升级。政府军与伊斯兰武装分子之间爆发了旷日持久的内战。内战使柏柏尔主义运动陷入低潮，一方面柏柏尔政治精英因对待伊斯兰主义的不同态度出现内部分化；另一方面柏柏尔政治精英遭到伊斯兰武装组织的暗杀。

内战开始后，阿尔及利亚政治精英内部因对伊斯兰主义者的不同态度而分成两派。一派被称为“根除派”，主张肃清激进的伊斯兰武装势力，从肉体上消灭他们；另一派被称为“和解派”，主张通过谈判的方式寻求与伊斯兰武装势力的和解。

柏柏尔主义政党政治也因此出现内部分化。文民盟是坚定的“根除派”，它拒绝与伊斯兰主义者进行任何形式的对话，“反对一切中东或阿富汗式的认同向阿尔及利亚渗透，抵制阿尔及利亚成为国际伊斯兰主义运动的追随者，呼吁卡比尔人追随‘永恒的朱古达自由精神’”。① 它积极支持政府在卡比利亚地区发放武器，建立民兵队的举措，其二号人物赫丽达·突米表示必须“遏制伊阵势力，同时重启政治进程”。② 在伊斯兰主义和政府之间，文民盟更倾向后者，它参加了 1995 年和 1999 年的大选，并曾在 2000 年加入布特弗利卡政府。

社阵是“和解派”，它认为与伊阵和解是终结内战的唯一途径。在 1992 年大选中，它是继伊阵之后得票最多的党派，军方取消大选结果无疑是对其利益的一种损害。它拒绝与 1992 年以来的军政府合作，呼吁最高国务委员会重启民主化进程。在亚敏·泽鲁阿勒 ③ 与伊斯兰主义者的秘密谈判破裂后，社阵参加

① James McDougall ed., *Nation, Society and Culture in North Africa*, p. 95.

② James D. Le Sueur, *Algeria since 1989: Between Terror and Democracy*, p. 64.

③ 亚敏·泽鲁阿勒（al-Yamīn Zarwāl），1994 年出任最高国务委员会主席，1995 年成为阿尔及利亚首位民选总统。

了“和解派”与伊阵在罗马的谈判。这次谈判由圣·艾智德团体居中协调，参与的党派包括民阵、社阵、伊阵和本·贝拉领导的争取阿尔及利亚民主运动等。1995 年 1 月，各党派达成和解协议，主要内容包括恢复伊阵合法地位、实现三权分立、尊重多党制和承认柏柏尔人的文化认同。①

两个柏柏尔主义政党的分歧体现在 1995 年 11 月的总统大选中。由于泽鲁阿勒政府不承认罗马谈判达成的和解协议，伊阵候选人被排除在外。社阵选择与民阵、伊阵共同进退，抵制了这次选举。而文民盟则推荐赛义德·萨阿迪作为总统候选人参选。

两党的分歧导致柏柏尔主义运动的堡垒“柏柏尔文化运动”（简称“文运”）分裂。文民盟成立时，标榜自己是柏柏尔主义运动的唯一代表，宣布文运寿终正寝。文运因此长期拒绝与文民盟合作。文民盟在 1990 年地方选举失利后，试图将文运纳入自己的体系。1992 年，文民盟成功说服文运内部的亲文民盟派独立，由文民盟成员费尔哈特·麦赫尼组建“柏柏尔文化运动全国协调委员会”。文运的另一派持亲社阵立场，自称为“柏柏尔文化运动全国委员会”。1994 年，费尔哈特·麦赫尼与文民盟其他领导人发生分歧，之后退出文民盟，组建了“柏柏尔文化运动全国联盟”。

文运的四分五裂使柏柏尔主义运动陷入低潮。1993 年 4 月，文运在提济乌祖、贝贾亚和阿尔及尔组织游行、罢课等和平示威活动，要求实现柏柏尔人的语言和文化权利。这一轮运动持续到 1995 年。政府最终让步，决定由阿马齐格高级委员会（High Amazigh Commission）负责研究将塔马齐格特语引入学校教育的可行性。1996 年阿尔及利亚修改宪法，新宪法确立了阿尔及利亚的伊斯兰、阿拉伯、柏柏尔属性。当政府首次对柏柏尔人的语言、文化权利要求做出让步时，亲社阵的柏柏尔文化运动全国委员会主张继续示威直到政府兑现承诺，而文民盟控制的柏柏尔文化运动全国协调委员会则主张停止示威活动。两派在提济乌祖、贝贾亚等地发生冲突。文运的内部分歧导致泽鲁阿勒政府的计划搁浅，柏柏尔主义运动与既定目标失之交臂。

① James D. Le Sueur, *Algeria since 1989: Between Terror and Democracy*, p. 67.

内战初期，政府军迅速清除了城市中的伊斯兰武装力量。伊斯兰武装力量因此向腹地、山区发展。卡比利亚地区因多山的地形成为伊斯兰武装力量频繁活动的区域之一。伊斯兰武装力量常在当地设置路障、杀害过往旅客，到1994年，卡比利亚的吉杰勒地区已经成为一个暴力中心。政府不得不给当地居民发放武器，组建民兵队，以保障地区安全。[①]

1993年以后，一些长期以来反对伊阵宪政路线、曾参加阿富汗战争的退伍军人以及“伊斯兰武装运动”和“伊斯兰国家运动”的一些成员联合组建了“伊斯兰武装集团”（Armed Islamic Group，GIA），该组织很快发展成最激进、最暴力的伊斯兰武装组织。伊斯兰武装集团拒绝对话、停战与和解，坚持斗争到底。它暗杀了许多知识精英以及拒绝蒙面的女性，参与谋杀阿尔及利亚前总理卡绥迪·米尔巴哈（Qāṣidī Mirbāḥ）。该组织主要在阿尔及尔及其以东地区活动。“伊斯兰武装集团”和“伊斯兰拯救军”[②]获得了卡比利亚地区一些“穆拉比兑”传统强烈的乡村的支持，两个组织中有许多成员都是卡比尔人，例如伊斯兰武装集团的“总理”穆罕默德·赛义德。[③]但绝大多数卡比人并非伊斯兰主义者，伊阵在1990年、1991年的选举中在卡比利亚地区只获得极少的选票是最直接的证明。此外，卡比尔人中的伊斯兰主义者并不认可自己是柏柏尔人，他们与其他伊斯兰主义者一样视柏柏尔主义为异端。

主张柏柏主义的卡比尔精英成为伊斯兰武装分子清除的对象。1993年，卡比尔记者、作家塔希尔·扎欧特（al-Ṭāhir Jā ‘ūt）遭暗杀。1994年，声称自己“既不是阿拉伯人也不是穆斯林的”[④]的卡比尔政治歌手卢纳斯·马图卜（Lūnas Ma ‘tūb）遭绑架。[⑤]

---

① Martin Stone, *The Agony of Algeria*, p. 212.

② “伊斯兰拯救军”1994年出现在奥兰、特莱姆森等西部地区。该组织吸引了伊阵的忠实追随者以及“伊斯兰武装运动”的一些战士，自称隶属于伊阵，反对“伊斯兰武装集团”攻击平民的做法。

③ Martin Stone, *The Agony of Algeria*, p. 212.

④ Martin Stone, *The Agony of Algeria*, p. 213.

⑤ James McDougall ed., *Nation, Society and Culture in North Africa*, p. 95.

三 1998年卡比利亚大游行

1995年泽鲁阿勒当选总统后，重启了阿尔及利亚的民主化进程。1997年，新一轮的地方选举和议会选举拉开帷幕。在这次选举中，两个柏柏尔主义政党仍无斩获。此外，政府军与伊斯兰武装分子间的冲突也没有因此次选举而平息。面对这样的局面，新一代的柏柏尔主义者对通过民主政治实现柏柏尔人权利感到失望，柏柏尔主义运动回归到最初的反政府群众运动。

1997年1月，被视为泽鲁阿勒继承人的阿尔及利亚总工会秘书长阿卜杜·哈格·本·哈穆达（‘Abd al-Ḥaqq b. Ḥamūdah）出面组建“阿尔及利亚全国民主联盟”（RND，简称“民盟”）。在他遇刺身亡后，泽鲁阿勒的另一位盟友阿卜杜·卡德尔·本·萨利赫（‘Abd al-Qādir b. Ṣāliḥ）继任该党主席。①

在1997年6月5日举行的议会选举中，民盟获得了40%的席位，争取和平社会运动（原哈马斯）获得18%的席位，民阵获得17%的席位，社阵和文民盟各得5%的席位。② 选举结果引起民众不满，一家法国媒体甚至拍摄下舞弊的影像。③ 社阵和文民盟发动民众进行游行示威，抗议选举中的舞弊行为。④ 在10月23日举行的省、市两级选举中，官方宣布民盟分别获得52%和55%的选票。⑤ 大选结果引发了1992年以来最严重的示威和抗议活动。当局被迫重新统计选票，民盟的一些得票在重新审核后计入其他党派名下。然而几乎是在大选开始前突击成立的民盟，仍在质疑声中一跃成为阿尔及利亚第一大党。

除了政治上的运作外，从1997年开始，阿尔及利亚军方发动了一场针对伊斯兰武装力量的大规模清剿行动。政府给军队配备了从西方国家进口的先进武器，还成功动员了上万名民兵参加战斗。被彻底排挤的伊阵与政府达成妥协，呼吁“伊斯兰拯救军”停止暴力活动。泽鲁阿勒的政治运作似乎将给阿尔及利

① J. N. C. Hill, *Identity in Algerian Politics: The Legacy of Colonial Rule*, p. 161.

② Frederic Volpi, *Islam and Democracy: The Failure of Dialogue in Algeria*, p. 77.

③ Martin Evans and John Phillips, *Algeria: Anger of the Dispossessed*, p. 237.

④ Ibid.

⑤ J. N. C. Hill, *Identity in Algerian Politics: The Legacy of Colonial Rule*, p. 161.

亚带来和平，然而事实并非如此。1997 年 9 月，“伊斯兰拯救军”宣布停火，但一直与它存在竞争关系的“伊斯兰武装集团”却升级了暴力活动。1997 年底至 1998 年初，阿尔及利亚西北部的埃利赞省发生了一系列大屠杀，约有 1000 人丧生，妇女、老人和孩子也未能幸免。① 泽鲁阿勒平息内战的努力宣告失败。

从“公开化”改革到内战再到泽鲁阿勒作为第一届民选总统上台，柏柏尔主义运动的主线是两个柏柏尔主义政党的合法政治参与。然而两党的内部分歧以及它们在权力斗争中逊色的表现，导致柏柏尔主义运动回到“柏柏尔之春”的运行轨迹，反政府群众运动开始回潮，标志性事件是 1998 年发生在卡比利亚的大规模游行示威。

1998 年游行示威的导火索是卢纳斯·马图卜遇刺事件。6 月 25 日，卢纳斯·马图卜在提济乌祖附近遭伏击身亡，他的死讯引发了卡比利亚地区为期数周的抗议活动。卢纳斯·马图卜是卡比尔人心目中柏柏尔文化的坚定捍卫者，被称为“卡比利亚之狮”。他的首场演唱会在 1980 年 4 月“柏柏尔之春”期间举行，他身着军装出场，以表明自己是一名坚强的卡比利亚战士。之后，他每年举办一场纪念“柏柏尔之春”的演唱会。② 尽管 1988 年“黑色十月”事件与柏柏尔问题没有直接关系，但他仍积极参与。他在提济乌祖散发传单，呼吁柏柏尔人进行罢工。③1992 年内战爆发后，他的名字出现在“伊斯兰武装集团”的刺杀名单中。虽然遭到威胁，他仍然留在阿尔及利亚，坚持宣传柏柏尔文化。1994 他遭“伊斯兰武装集团”绑架，直到文民盟支持者宣布发动针对伊斯兰主义者的全面战争后方才获释。1998 年遇刺前，他刚刚完成最后一张专辑，在专辑中他甚至改写了国歌，并指责政府和伊斯兰主义者都背叛了阿尔及利亚。

卢纳斯·马图卜遇刺后，当局立即指责“伊斯兰武装集团”策划了这次谋杀，一些柏柏尔政治领袖与政府统一口径，例如文民盟二号人物赫丽达·突米。但卢纳斯·马图卜的家人对此表示质疑，他的妻子认为凶手不像“伊斯兰武装

---

① James D. Le Sueur, *Algeria since 1989: Between Terror and Democracy*, p. 71.

② James McDougall ed., *Nation, Society and Culture in North Africa*, p. 101.

③ Martin Evans and John Phillips, *Algeria: Anger of the Dispossessed*, p. 248.

集团”分子，他的妹妹则指控政府策划了谋杀，与卢纳斯·马图卜生前过从甚密的赛义德·萨阿迪也难脱干系。[①] 一个名为“阿尔及利亚自由军官运动”的组织，在其内部网站上发表了一份声明，认为卢纳斯·马图卜之死是文民盟与阿尔及利亚军方共同策划的阴谋，他们希望“制造”一名烈士来挑起卡比尔人对伊斯兰主义者的仇恨。[②]

卢纳斯·马图卜死后第 10 天，泽鲁阿勒政府宣布执行《阿拉伯语言法令》。这项法令规定在阿尔及利亚公共生活的所有领域全面使用阿拉伯语。将卢纳斯·马图卜之死与这项法令联系起来，卡比利亚地区群情激奋，爆发了为期数周的反政府抗议活动。文运发言人指控总统和总理是“帮凶和原教旨主义者的盟友”，[③] 示威者打出了“政府，谋杀者”的标语，在阿拉伯语标志上涂上柏柏尔语：“塔马齐格特、今天、明天”。[④] 示威者袭击了地方政府，破坏了大量公共设施，与警察发生了严重冲突。这次事件是“柏柏尔之春”后最严重的一次柏柏尔群众运动。经过 8 年沉寂，柏柏尔主义运动掀起了新一轮高潮。社阵和文民盟之间的分歧被暂时搁置，它们呼吁泽鲁阿勒政府废除《阿拉伯语言法令》。柏柏尔人的武装组织发誓向凶手复仇，并消灭所有执行《阿拉伯语言法令》的阿尔及利亚人。

除了提出与柏柏尔人语言和文化权利相关的要求外，示威者还提出了“国家安全机构的角色、警察滥用职权和国家机构缺乏问责制”[⑤] 等具有全国性意义的问题。由于抗议活动带有鲜明的柏柏尔主义色彩，这些要求没有获得阿尔及利亚社会的广泛响应。但对于泽鲁阿勒政府而言，1998 年的卡比利亚示威活动是一个沉重打击，伊斯兰主义暴力活动尚未平息，柏柏尔人又再次活跃起来。如果“阿尔及利亚自由军官运动”的推测成立，那么泽鲁阿勒可能是希望利用柏柏尔人来抑制“伊斯兰武装集团”自 1997 年以来不断升级的暴力活动。无论

① Martin Evans and John Phillips, *Algeria: Anger of the Dispossessed*, p. 249.

② James McDougall ed., *Nation, Society and Culture in North Africa*, p. 102.

③ Frederic Volpi, *Islam and Democracy: The Failure of Dialogue in Algeria*, p. 105.

④ Paul Silverstein, “Rebels and Martyrs: The Mobilization of Kabyle Society and the Assassination of Lounes Matoub,” http://www.merip.org/mer/mer208/rebels-martyrs, 2011-07-18.

⑤ Frederic Volpi, *Islam and Democracy: The Failure of Dialogue in Algeria*, p. 105.

泽鲁阿勒是否是卢纳斯·马图卜之死的策划者，这一事件显然朝着不利于他的方向发展。1998 年 9 月 11 日，泽鲁阿勒突然宣布辞职，提前举行大选。

从 1980 年“柏柏尔之春”开始，柏柏尔政治精英成为推动阿尔及利亚进入民主化进程的重要力量。1988 年以后，柏柏尔主义运动开始走向政党政治，两个柏柏尔主义政党成为柏柏尔人的合法代言人。它们的出现很大程度上统一了各种分散的柏柏尔政治力量和异见派。两党肩负着柏柏尔主义运动的基本目标，即实现柏柏尔人的语言和文化权利，同时以坚定的爱国主义立场积极参与民主化进程。

但是，复杂的政治斗争导致阿尔及利亚的民主化进程乱象环生，政治阴谋、暗箱操作使民主化为泡影，伊斯兰主义与军方之间旷日持久的暴力冲突导致近 16 万人丧生。仅仅依靠卡比利亚地区的两个柏柏尔主义政党，无法发展成一支足以影响阿尔及利亚政治走向的力量，无力为柏柏尔人争取权利。此外，多山的地形使卡比利亚成为伊斯兰武装力量出没的场所，军方和伊斯兰武装力量以此为战场，卡比利亚地区的安全局势不断恶化。

1988 年以来，卡比利亚地区积累了巨大的群众运动能量，卢纳斯·马图卜之死导致这种能量在瞬间释放。20 世纪 80 年代出生的卡比尔青年充当了 1998 年示威活动的主力，他们成为柏柏尔主义运动的新一代生力军。新一代的柏柏尔主义者对两个柏柏尔主义政党失去了耐心，他们的要求也不再局限于卡比尔人的语言、文化权利。他们抗议被边缘化、不平等、缺少公平正义和“二等公民”的地位，批评政府在就业和住房分配上的腐败。从 1998 年开始，柏柏尔人的群众示威活动此起彼伏，加剧了阿尔及利亚的动荡。

第二节　布特弗利卡时期的柏柏尔主义运动

1999 年，阿卜杜·阿齐兹·布特弗利卡当选阿尔及利亚新任总统。上台后不久，布特弗利卡推动通过了《民族和解法》，阿尔及利亚内战逐渐平息。

然而柏柏尔主义运动的主力卡比尔人却对布特弗利卡缺乏好感。1999 年大选期间，布特弗利卡在一次公开活动中被卡比尔人轰下台，他们甚至向他投掷石块以表达对他的厌恶。布特弗利卡上台后，宣布柏柏尔语永远不能成为官方语言，除非通过修宪。[①]2000 年，布特弗利卡宣布加大阿拉伯化进程的财政投入。[②] 此外，尽管全国性内战已告一段落，但多山的卡比利亚地区仍受到伊斯兰武装力量、政府军以及宪兵活动的影响，安全局势不容乐观。这两方面因素导致卡比利亚地区处于极度不稳定状态，群众示威活动一触即发。

一 2001 年“黑色春天”事件

2001 年 4 月 18 日，18 岁的卡比尔少年马西尼萨·古尔玛（Massinissa Guermah）在提济乌祖附近一个小村庄的警察局遭宪兵枪击，这在随后引发了以“黑色春天”事件为名的一系列动荡。4 月 20 日，“柏柏尔之春”21 周年纪念日当天，这名少年不治身亡，4000 多人出席了他的葬礼。此后卡比利亚多个城市发生了游行示威，参与者达四五十万人，阿尔及尔也发生了 10 万人大游行。[③] 军警直接向示威者开枪，示威者则还以石块和自制燃烧瓶。卡比利亚地区成为战场，整个地区的公共设施遭到严重破坏，与外界的通信被完全切断。

事件发生时，布特弗利卡正在尼日利亚出访，因此没有立即做出回应。直到动荡持续 10 天并造成数十人丧生后，他才通过电视讲话对事件做出回应。他用阿拉伯语发表讲话，将动荡与历史上的族群差异联系起来，将这次动荡定位为某些阴谋分裂阿尔及利亚的人制造的认同危机。[④] 他呼吁卡比尔青年保持克制，但并没有追究军警随意射杀示威者的行为，也没有下令停止对示威者开火。他做出的唯一让步是，宣布建立一个由卡比尔知名律师穆罕德·艾斯阿德（Muḥand As‘ad）负责的独立调查委员会调查此事。[⑤]

布特弗利卡的表态加剧了示威者的愤怒情绪。示威活动刚刚发生时，社阵特别是 2000 年加入布特弗利卡政府的文民盟试图控制卡比尔青年的情绪。

① John Ruedy, *Modern Algeria: The Origins and Development of a Nation*, p. 280.

② James D. Le Sueur, *Algeria since 1989: Between Terror and Democracy*, p. 83.

③ John Ruedy, *Modern Algeria: The Origins and Development of a Nation*, p. 279.

④ James McDougall ed., *Nation, Society and Culture in North Africa*, p. 104.

⑤ Martin Evans and John Phillips, *Algeria: Anger of the Dispossessed*, p. 276.

布特弗利卡表态之后，卡比尔人对两党的规劝失去了耐心，卡比利亚地区传统的政治组织杰马开始发挥领导作用。5月17日，来自卡比利亚各地、各村庄的杰马代表召开集会，建立柏柏尔长老会。这一民间政治组织成为卡比尔人的代表，负责与政府对话。该组织提出了推迟高考、消除动荡不良影响、宪兵撤出卡比利亚、授予死难者烈士身份、由国际组织负责调查事件真相等若干要求。①

5月21日，在长老会的协调下，50多万卡比尔人聚集在提济乌祖举行游行示威。由于担心失去卡比尔人的支持，两个柏柏尔主义政党急忙表态。5月22日，赛义德·萨阿迪在接受《巴黎人报》采访时驳斥了布特弗利卡将动荡视为认同冲突的说法。随后，文民盟宣布退出布特弗利卡政府。社阵则谴责了布特弗利卡的"分裂阴谋"论调，同时提出承认柏柏尔语官方语言地位的要求。两党的表态更多的是在迎合示威者愤怒的情绪，但已无法控制局面。6月14日，阿尔及利亚发生了百万人大游行，抗议政府的镇压和不公正。青年示威者与军警再次发生冲突。阿尔及利亚的非官方报纸《祖国报》发表评论文章称，"暴力冲突将国家再度推向内战的边缘，这表明强硬派竭力阻止能够使阿尔及利亚成为阿尔及利亚人的国家并消除新殖民主义影响的真正的民主"。②

6月底，"黑色春天"事件已造成200余人死亡，5000多人受伤。7月7日，穆罕德·艾斯阿德公布了事件调查报告，谴责政府缺少最基本的民主精神和问责机制，并犀利地指出："马西尼萨·古尔玛之死不过是一个直接原因，深层原因在社会、经济、政治和认同层面。"③正如穆罕德·艾斯阿德所言，长期内战导致的经济下滑、政治改革没有实质性进展是这次暴乱的根本原因。1998年以来，卡比利亚地区对民主化停滞、民生艰难、安全局势无明显改善等问题的不满不断发酵，这些是阿尔及利亚全社会面临的共同问题。英国《经济学家》杂志的评论文章称："年轻的抗议者表示，他们无意强调卡比利

① James McDougall ed., *Nation, Society and Culture in North Africa*, p. 106.

② Martin Evans and John Phillips, *Algeria: Anger of the Dispossessed*, p. 277.

③ Ibid.

亚的特殊性，其他阿尔及利亚人也厌恶政府的裙带关系、任人唯亲……阿拉伯人也加入示威者的行列高呼‘我们都是卡比尔人’来表示他们都需要工作、住房和政府的尊重。”① 卡比利亚的特殊性在于柏柏尔人的语言和文化权利无法得到尊重，所有社会经济问题以及政府机构的权力滥用都被理解成对柏柏尔人的歧视。

在 1998 年示威中成长起来的新一代卡比尔示威者是 2001 年“黑色春天”事件的主力。新一代卡比尔青年对阿尔及利亚祖国的热爱远不及他们的前辈，卡比利亚主义开始在新生代中滋长。他们打出了“解放卡比尔人”的标语，在卡比利亚境内设置路障，要求过往车辆提供通行证，并袭击了政府机构和文民盟与社阵的总部。新一代的示威者开始主张自己是卡比利亚地区的主人。他们不仅反对政府，而且对坚持爱国主义立场的卡比尔人政党也失去了耐心。两党多年的内部分歧以及它们分别与政府和伊斯兰主义者结盟的做法，导致它们在年轻一代中丧失了公信力和威信。对于年轻一代而言，文民盟在 5 月退出布特弗利卡政府为时已晚。

从代际的角度看，这一代示威者是独立以来继侯赛因・阿亚特・艾哈迈德、赛义德・萨阿迪前两代之后柏柏尔主义运动的第三代。对于这一代人而言，民族解放运动的光辉早已远去，出生在动荡时代、成长在内战之中的他们对阿尔及利亚这个祖国感到绝望。与父辈相比，他们的爱国主义情怀正在逐步减弱。卢纳斯・马图卜、马西尼萨・古尔玛在很大程度上成了卡比尔人的民族英雄，柏柏尔主义出现了一种超出阿尔及利亚民族国家范畴的倾向。一位卡比尔记者做出如下评论：“自从马西尼萨死后，卡比利亚发生了前所未有的事，事实上，一切都不会再像从前一样。”②

2001 年的动荡是柏柏尔主义运动的一个重要历史节点，此后柏柏尔主义运动出现了三种取向及三个分支：以社阵和文民盟为代表，在阿尔及利亚民族国家范畴内争取柏柏尔人权利的“柏柏尔主义阿尔及利亚祖国派”；以实现全球范围内的阿马齐格认同为目标的“国际柏柏尔主义”（即“阿马齐格主义”）；

① “The Swelling Anger of Algerians,” *The Economist*, Vol. 359, Issue. 8227, 2001, p. 41.

② James McDougall ed., *Nation, Society and Culture in North Africa*, p. 104.

以实现卡比利亚地区自治甚至独立为目标的“柏柏尔主义卡比利亚地方派”（即“卡比利亚主义”）。后两个分支分别代表了柏柏尔主义运动跨国化和地方化两个新趋势，都在一定程度上对阿尔及利亚民族国家认同持否定态度。

但三种取向的出现并不意味着柏柏尔主义运动的分化。社阵和文民盟作为柏柏尔人的合法政治代表，在法律范围内谋求柏柏尔人的语言和文化权利，同时谋求自己作为反对党的最大政治利益。为了保持自己的政治影响力，它们也在迎合新的趋势。但不可否认的是，第三代已从侯赛因·阿亚特·艾哈迈德和赛义德·萨阿迪的手中接过了柏柏尔主义运动的接力棒。2001 年以后，社阵和文民盟主要致力于推动民主化进程。作为两个合法政党，它们从柏柏尔主义运动中获得自己的政治资本，实现柏柏尔人的语言和文化权利仍是它们不曾放弃的宗旨。2001 年后，它们的政治立场很大程度上受到柏柏尔主义运动新发展的影响。

二　柏柏尔主义运动的跨国化

2001 年“黑色春天”事件期间，法国巴黎、马赛和摩洛哥拉巴特等国外柏柏尔人聚居的城市均发生了游行示威，示威者谴责发生在卡比利亚的文化压迫，表达了与卡比尔人团结一致的决心。他们穿着卡比尔传统服饰，高举用塔马齐格特语书写的标语以及卢纳斯·马图卜和马西尼萨·古尔玛的照片，高呼“解放卡比尔人”、“我们不是阿拉伯人”等口号。① 全球同步的示威活动是柏柏尔主义运动跨国化的重要表现。

柏柏尔主义运动的跨国化是指该运动在全球范围内扩散，出现了世界性的阿马齐格主义运动，即国际柏柏尔主义运动。柏柏尔主义运动的跨国化具有一定的历史基础。该运动从兴起之初就表现出在国际层面的巨大影响力。1980 年的“柏柏尔之春”向世界其他国家的柏柏尔社区特别是卡比尔人社区输出了柏柏尔主义思想。卡比利亚地区和国外流散社区间的关系越来越密切，世界各地的柏柏尔社区每年 4 月都会举行各种形式的“柏柏尔之春”纪念活动。

---

① James McDougall ed., *Nation, Society and Culture in North Africa*, p. 105.

柏柏尔主义运动的跨国化在时间与空间上与法国存在着密切关系。从历史上看，柏柏尔主义运动与法国殖民存在密切关系。尽管柏柏尔人与阿拉伯人的确存在不同的历史渊源，但经历了伊斯兰化，柏柏尔人已融入阿拉伯伊斯兰文化之中，马格里布地区也由此产生了一种融合柏柏尔人传统和伊斯兰精神的阿拉伯伊斯兰文化的马格里布版本。在法国人到来之前，阿尔及利亚当地人对自己的族群差异并没有明确的概念，只有操阿拉伯语者和操柏柏尔语者的差别。法国殖民当局为维持殖民统治，竭力证明柏柏尔人与阿拉伯人之间的差别，炮制了“卡比尔神话”，声称阿拉伯人和柏柏尔人仅以“伊斯兰教为唯一联系”，[①]竭力挖掘柏柏尔人和阿拉伯人在历史上的差异。

由于这种历史渊源，法国成为当代柏柏尔主义运动最主要的海外基地。从20世纪60年代起，卡比尔人就在法国建立了许多组织，这些组织在法国开展柏柏尔文化的宣传，在卡比利亚地区秘密传播他们在海外出版的刊物、书籍。在阿尔及利亚全民接受阿拉伯语和阿拉伯文化教育的年代，这些出版物持续地为柏柏尔人勾勒他们的族群认同。柏柏尔主义者对法国怀有好感，例如柏柏尔政治歌手卢纳斯·马图卜就认为法语和法国人比阿拉伯语和阿拉伯人与柏柏尔人更接近，他曾公开宣称：“如果1962年以来法语在阿尔及利亚实现了普及，那么今天没有所谓的塔马齐格特问题。”[②]

“柏柏尔之春”首先影响了法国的卡比尔移民社区。“欧洲柏柏尔运动”1980年在法国建立，运动的主力是卡比尔人。1980年以来，他们建立了许多柏柏尔剧团、乐队、电台，一些柏柏尔小说家致力于推广源自卡比利亚的文学流派，并且以卡比利亚政治运动领袖为原型创作了许多作品。该组织致力于保持在法国卡比尔人的柏柏尔族群认同，争取卡比尔人的公民权，发展地中海两岸柏柏尔人的共同事业。

除了欧洲柏柏尔运动外，1980年以后在法国建立的柏柏尔文化组织还有

---

① 〔法〕马塞尔·佩鲁东:《马格里布通史：从古代到今天的摩洛哥、阿尔及利亚、突尼斯》，第2页。

② Muḥammad al-Mukhtār al-‘Arbāwī, *Fī Muwājahah al-Naz‘ah al-Barbariyyah wa Akhṭārihā al-Inqisāmiyyah*, p. 44.

柏柏尔文化社、柏柏尔资料信息研究社、鲁贝的手牵手组织等。柏柏尔文化社还在法国各地建立了多个分支机构。[①]这些组织在1980~1990年赞助了许多关于柏柏尔历史、文化的研讨会和柏柏尔语课程。这些组织一方面致力于维护法国卡比尔人的权利，为当地移民提供庆祝传统节日的场所及其他服务；另一方面密切关注阿尔及利亚国内的卡比尔人问题。"柏柏尔之春"期间，伊米德亚岑出版集团旗下媒体对事件进行了深度报道，成功地将一些国际人权组织的注意力吸引到卡比尔人问题上，并促成24名卡比尔激进分子在当年6月无罪获释。

从20世纪60年代至今，无论是难以在阿尔及利亚国内生存的卡比尔人组织，还是遭到政府通缉的卡比尔活跃分子，几乎都选择退避法国，遥控指挥国内的运动。1995年成立的世界阿马齐格大会、2001年成立的卡比利亚自治运动都将总部设在法国。2010年成立的卡比利亚临时政府也设在法国。尽管没有直接证据表明法国政府给这些组织和人员提供了支持，但长达50余年的实践足以证明，法国至少默许了卡比尔人在其境内的活动，这种做法极有可能是为了保持其对阿尔及利亚的影响力。

20世纪90年代以来，柏柏尔主义运动扩散至美洲，美洲"阿马齐格文化联盟"（Amazigh Cultural Association）在美国新泽西州成立。该联盟在其官方网站上宣称："尽管阿马齐格文化的腹地在北非以及加那利群岛，但由于移民的原因，阿马齐格人同样生活在全球各地。美洲阿马齐格人的子孙希望与阿马齐格世界保持文化联系的需求是美洲阿马齐格文化联盟诞生的主要原因。"[②]2000年后，阿马齐格中心在加拿大蒙特利尔建立。[③]

世界各地柏柏尔人文化组织的建立加强了全球范围内柏柏尔人的族群认同，世界各地的柏柏尔社区开始尝试建立联系，"世界阿马齐格大会"（World Amazigh Congress）应运而生。该组织成立于1995年，总部设在巴黎，目标是

① James McDougall ed., *Nation, Society and Culture in North Africa*, p. 93.

② "Introduction of Amazigh Cultural Association," http://www.tamazgha.org/about-acaa.html, 2011-07-08.

③ Jane E. Goodman, *Berber Culture on the World Stage: From Village to Video*, p. 215.

建立“真正的阿马齐格主权”，实现一个全球范围内的柏柏尔人共同体。其成员来自北非、撒哈拉沙漠以南的毛里塔尼亚、马里、布基纳法索和欧洲、美国、加拿大的卡比尔人及其他柏柏尔人社区。1997 年，该组织在加那利群岛召开了第一届代表大会。①

世界阿马齐格大会倡导恢复北非的柏柏尔属性，划出了东起埃及西瓦谷地、西至大西洋加那利群岛，北起地中海、南至马里和尼日尔的区域作为阿马齐格主权的地理范围。

1997 年第一届代表大会确定了一面象征阿马齐格文化的旗帜。这面旗帜由蓝、绿、黄三色组成，中间配以黑色提非纳格文字母“ⵣ”。蓝色代表地中海和大西洋，绿色代表绿洲、平原和山区，黄色代表努米底亚王国和撒哈拉沙漠。字母“ⵣ”代表阿马齐格。② 通过划定地理范围和制作旗帜，世界阿马齐格大会构建了一个全球柏柏尔人的共同体，柏柏尔主义运动也由此发展出一个跨越现有民族国家疆界的平台。

虽然致力于构建全球范围内的柏柏尔人共同体，该组织仍然按照国别安排代表大会。在代表大会上，各国代表分别陈述国内柏柏尔人的生存状况以及遭遇的困难等。尼日尔代表主要宣传图阿雷格人在本国的权利问题，阿尔及利亚和摩洛哥代表则主要谈论柏柏尔语在本国的官方地位问题。阿尔及利亚代表和摩洛哥代表常常发生摩擦，双方都谋求世界阿马齐格大会的主导权。

阿尔及利亚柏柏尔主义者是世界阿马齐格大会的主力，他们的言论被跨国柏柏尔主义运动奉为经典。柏柏尔主义运动精神领袖毛卢德·马米里的“一种文化被公然扼杀在阴影中”的言论，阿尔及利亚女作家塔乌斯·阿姆鲁什对北非领导人试图根除柏柏尔文化的指责，以及阿尔及利亚戏剧之父、著名作家卡提布·亚辛（Kātib Yāsīn）关于阿拉伯伊斯兰文化掩盖北非人民真实认同的批评，均在世界阿马齐格大会官方网站详细登载。③

---

① Hsain Ilahiane, *Historical Dictionary of the Berbers (Imazighen)*, pp. 140-141.

② Ibid., p. 15.

③ “Defending the Amazigh Identity in North Africa,” http://www.amazighworld.org&langpair=fr|en&hl=fr&ie=UTF-8&oe=UTF-8&prev=/language_tools, 2011-07-23.

但阿尔及利亚的柏柏尔主义者并不都热衷于实现跨国的柏柏尔认同。世界阿马齐格大会1995年成立时，阿尔及利亚的柏柏尔主义运动正因社阵和文民盟的分歧而出现内部裂痕，这种分歧同样反映在对待世界阿马齐格大会的态度上。社阵对这一组织表示支持，而文民盟最初认为参会只会造成资源浪费，卡比尔人应当将活动的重点放在国内，而非跨国的国际柏柏尔主义。随着该组织在全球范围内获得的支持越来越多，文民盟开始鼓励下属机构加入。1999年，世界阿马齐格大会分裂为两支，一支与文民盟结盟，在里昂召开成立大会；另一支是原班人马，在布鲁塞尔召开大会。① 里昂一支占据了上风，获得了世界阿马齐格大会的名称。

2008年，世界阿马齐格大会计划在提济乌祖召开第五届代表大会，这一要求遭阿尔及利亚当局拒绝。② 这一事件导致世界阿马齐格大会再次分裂，大会时任主席卢纳斯·贝勒卡西姆（Lūnas Balqāsim）决定改到摩洛哥城市梅克内斯开会，而前任主席赖世德·拉哈（Rashīd Rakhā）却坚持在提济乌祖开会。两派最终在两地各召开了一次大会。尽管存在内部分歧，世界阿马齐格大会仍是目前最有影响力的柏柏尔人跨国组织。

除了实体的跨国组织外，柏柏尔语电台、卫星电视、网络等传媒也随着科技进步不断发展。亨廷顿曾指出，现代通信联络手段让那些虽然相距遥远却有类似语言、宗教或文化背景的人得以彼此认同，也使流动人口能够继续保持为原有文化和社群的一部分。③ 居住在世界各地的柏柏尔人通过现代媒体构建起一个虚拟空间中的共同体，全球的柏柏尔社区间由此建立起快捷高效的联系。最明显的例子是在2001年的卡比利亚游行之后，巴黎、马赛、拉巴特等地的柏柏尔人很快举行了示威活动，配合阿尔及利亚卡比尔人的行动。在各种传媒手段中，网络的影响力最大。全球性的脸谱网、世界各地的柏柏

① James McDougall ed., *Nation, Society and Culture in North Africa*, p. 101.

② Imrane Binoual, “Twin World Amazigh Congresses Reveal Divide within Group,” http://www.magharebia.com/cocoon/awi/xhtml1/en_GB/features/awi/features/2008/11/04/feature-01, 2011-07-23.

③ 参见〔美〕塞缪尔·亨廷顿《我们是谁？——美国国家特性面临的挑战》，程克雄译，新华出版社，2005，第13页。

尔人组织的官方网站和以“阿格鲁新闻网”及“卡比利亚新闻网”为代表的柏柏尔人新闻网使柏柏尔人突破疆界的限制，形成了一种比实体跨国组织更具号召力的共同体。

足球也是柏柏尔主义运动跨国性表达的重要舞台。阿尔及利亚的卡比利亚青年足球俱乐部队（JSK）是一支非洲强队，曾赢得 11 次阿尔及利亚全国俱乐部联赛冠军、4 次阿尔及利亚杯冠军、2 次非洲俱乐部冠军联赛冠军、1 次非洲杯赛冠军、1 次非洲超级杯冠军。[①] 骄人的战绩使该俱乐部成为卡比尔人和全球其他柏柏尔人的骄傲。卡比利亚青年足球俱乐部队的主场比赛成为展示柏柏尔文化特别是卡比尔文化的舞台，球队的黄色队服经常在世界各地的柏柏尔人示威活动中出现。

三　柏柏尔主义运动的地方化

与跨国化相比，柏柏尔主义运动的地方化对布特弗利卡政府的挑战更为直接。“黑色春天”事件是柏柏尔主义运动地方化的起点。动荡期间诞生的两个组织“柏柏尔阿若其公民运动”（Berber Arouch Citizen’s Movement）和“卡比利亚自治运动”（Movement for the Autonomy of Kabliya）是柏柏尔主义运动向卡比利亚地方主义发展的代表。这两个组织是卡比尔人对社阵和文民盟感到失望、迫切希望改善卡比利亚政治经济状况的产物。

（一）柏柏尔阿若其公民运动

柏柏尔阿若其公民运动是以卡比利亚地区的部落政治集会传统为准则建立的，以集体会议为最高权力机构，带有一定的民主色彩。对于卡比利亚地区的未来问题，阿若其公民运动内部有三派意见：一派支持实行联邦制，一派支持地方自治，一派主张分权。该组织由六个地方协调委员会组成：提济乌祖直辖市民主协调委员会、贝贾亚省市际协调委员会、贝贾亚省人民协调委员会、贝贾亚区际协调委员会、布维拉省公民协调委员会和省际协调委员会。

2001 年 6 月 11 日，阿若其公民运动在贝贾亚的克塞尔镇召开会议，建立

① James McDougall ed., *Nation, Society and Culture in North Africa*, p. 99.

克塞尔平台，提出十五点要求，敦促政府与他们谈判。十五点要求内容如下：（1）政府尽快安抚伤者及遇难者家属；（2）由民事法庭审判凶手及其幕后支持者，将他们清除出安全部队和政府机构；（3）给予事件中所有遇难者烈士身份，并保护目击证人安全；（4）宪兵及增援的防暴警察立即撤出；（5）结束对示威者的司法程序、废除事件发生期间已做出的判决；（6）立即停止对公众的镇压、恐吓和挑衅；（7）解散当局建立的调查委员会；（8）无条件、不经过公投即满足阿马齐格人（即柏柏尔人）在认同、文明、语言和文化方面的所有要求，承认塔马齐格特语为民族和官方语言之一；（9）建立保障一切社会经济权利和民主自由的国家；（10）反对造成阿尔及利亚人民不发达和贫困的政策；（11）国家行政主体和安全机构应当接受民主选举的权力机构领导；（12）立即出台针对卡比利亚地区社会和经济建设的方案；（13）反对一切形式的藐视和不公正；（14）组织未能参加高考学生的二次考试；（15）给失业者发放相当于最低工资 50% 的失业救济金。①

阿若其公民运动建立后，卡比利亚地区的群众运动有了更强的组织性。直到 2001 年秋天，示威活动仍然没有平息的迹象，布特弗利卡政府感受到巨大的压力。12 月，总理阿里·本·弗利斯（‘Alī b. Falīs）与 1000 名卡比尔人代表进行谈判。2002 年初，双方达成一份临时协议。尽管政府以反恐为由拒绝撤出宪兵，但宣布逮捕 24 名犯有杀人罪和滥用枪支罪的宪兵。② 此外还承诺给遇难者家庭提供经济补偿。③ 布特弗利卡做出的最大让步是宣布修改宪法，承认柏柏尔语为民族语言之一。2002 年 4 月，议会一致通过布特弗利卡提出的这项宪法修正案。

阿若其公民运动事后表态，认为参加谈判的卡比尔人不具有代表性，布特弗里卡并没有同意宪兵撤出、承认柏柏尔语为官方语言等克塞尔平台的核心要求。阿若其公民运动因此号召卡比尔人抵制 2002 年的议会选举。这一号召获得

① Mohand Salah TAHI, “North African Berbers and Kabylia’s Berber Citizens’ Movement,” http://www.tamazgha.fr/North-African-Berbers-and-Kabylia-s-Berber-Citizens-Movement,225.html, 2011-07-04.

② John Ruedy, *Modern Algeria: The Origins and Development of a Nation*, p. 281.

③ James D. Le Sueur, *Algeria since 1989: Between Terror and Democracy*, p. 84.

卡比利亚地区的广泛响应，两个柏柏尔主义政党也因此拒绝参加选举。抗议活动一直持续到2003年，2004年双方的谈判宣告破裂。

阿若其公民运动抵制大选的举动，在一定程度上有利于民阵在2002年大选中重新成为执政党。2001年的动荡发生在民盟执政期内，这无疑对其政治形象产生了不良影响。卡比利亚地区抵制大选，进一步使民盟陷入不利境地。而民阵的形象却因其党员、时任总理本·弗利斯与柏柏尔人谈判时的出色表现而大大改善。本·弗利斯本人也被认为是一位公正、尊重人权、向往民主的领袖。最终民阵以199席对43席的压倒性优势战胜民盟，恢复了执政党地位。本·弗利斯在2003年当选民阵总书记，并开始为2004年总统大选做准备。

由于和政府的谈判破裂，阿若其公民运动呼吁卡比利亚地区抵制2004年总统选举。社阵支持这一倡议，但文民盟领导人赛义德·萨阿迪则决定作为候选人参加竞选。文民盟高层已从2002年以来的抵制行动中获得了实际好处。2003年5月，布特弗利卡为了显示其政治改革的诚意，任命文民盟成员赫丽达·突米为文化部部长。[①] 赫丽达·突米的任命增加了文民盟对现有体制的好感，也是赛义德·萨阿迪决定参加2004年总统选举的一个因素。大选前夕，一名阿若其公民运动的活跃分子在卡比利亚遭到暗杀，遇难者家人指控赛义德·萨阿迪策划了这起谋杀，文民盟对这一指控不置可否。[②]

2004年大选是2001年以来柏柏尔主义运动不同取向的第一次摩擦。在2004年总统大选中，卡比利亚地区的投票率仍然很低，但与2002年议会选举相比已有很大提高。赛义德·萨阿迪仅获得2%的选票，代表民阵参选的本·弗利斯获得6.4%的选票，布特弗利卡以85%的高票连任。2007年议会选举期间，社阵和文民盟再次出现意见不合，文民盟决定参选，而社阵则决定抵制选举。

由于柏柏尔主义运动的内部分歧，2004年以来，阿若其公民运动在与政府的谈判中处于下风。当年1月，阿若其公民运动与政府就克塞尔平台的

① James D. Le Sueur, *Algeria since 1989: Between Terror and Democracy*, p. 89.

② "Chronology for Berbers in Algeria," http://www.cidcm.umd.edu/mar/chronology.asp?groupId=61501, 2011-07-25.

十五点要求达成阶段性协议，政府仅同意释放被捕人员，没有做出实质性让步。2004 年大选期间，布特弗利卡对卡比利亚地区进行了 1999 年上台以来的首次视察，柏柏尔阿若其公民运动组织了一场大罢工，卡比利亚地区多数学校罢课，商店停止营业，但这次示威活动的影响并不大，阿若其公民运动的声势由此逐渐转弱。

2005 年，布特弗利卡继续推行民族和解计划，推出了《民族和解与和平宪章》。与 1999 年的《民族和解法》相比，《民族和解与和平宪章》明确提出对军队、政府官员和安全部队人员进行大赦。[①] 布特弗利卡此举促使柏柏尔人再次凝聚起来，社阵和文民盟共同呼吁抵制公投，阿尔及利亚捍卫人权联盟主席阿卜杜·努尔·阿里·叶海亚表示这份宪章“不会取得任何结果，因为它既没有使伊阵合法化，也没有承认政府的错误”。[②] 但文民盟与阿若其公民运动在 2004 年的分歧仍然影响了文民盟在卡比利亚地区的支持率。在 2005 年举行的地方选举中，社阵赢得了卡比利亚地区的 188 个议席，文民盟略逊一筹，获得 139 个议席。

2008 年，布特弗利卡以保持政策连续性、维护国家安全为由推动修改宪法，删去了关于总统任期的限制，并规定总理由总统直接任命，无须经过议会。此举使对布特弗利卡较有好感的文民盟领导人赛义德·萨阿迪感到愤慨，他表示：“我们正在经历变相的政变，11 月 12 日将是历史上最黑暗的一天。”[③] 在 2009 年总统大选中，文民盟与社阵共同呼吁抵制虚假的选举。没有获得候选人资格的两位伊阵领导人阿巴西·马达尼和阿里·贝勒哈吉支持了两党组织的抵制活动。

2011 年，阿尔及利亚爆发了全国性群众游行示威。这次示威活动与 1988 年的“黑色十月”事件性质相似。示威活动最早在阿尔及尔和奥兰附近发生，很快波及卡比利亚。在这次示威活动中，示威者的要求与全国其他区域相比没

---

① James D. Le Sueur, *Algeria since 1989: Between Terror and Democracy*, p. 90.

② Ibid., p. 92.

③ John Philipps, “Two-Term Limit Abolished by Lawmakers,” *Washington Times*, November 12, 2008, http:// www.washingtontimes.com/news/2008/nov/13/two-term-limit-abolished-by-lawmakers/, 2011-07-25.

有实质性差异，集中在扩大就业和发展经济等民生问题。文民盟曾试图将示威活动引向政治层面。1月22日，文民盟谋划在卡比利亚地区组织一场要求实现民主化的游行示威，但最终仅有300人响应。1月29日，文民盟在贝贾亚组织了一场和平示威活动，要求政府下台，并结束持续19年的紧急状态。文民盟自称共有1万多人参加游行。① 示威活动十分平静，示威者没有像2001年那样与警察发生冲突。

与2001年“黑色春天”事件相比，2011年的卡比利亚显得平静了许多。由此可见，对于新一代的卡比尔青年而言，与卡比利亚地区直接相关的事件更能引起他们的关注。2011年的事件再次印证了柏柏尔主义运动的地方化趋势。卡比尔人参与2011年示威的动力来自民生问题，对于文民盟提出的全国层面的政治改革，卡比利亚地区的反应并不热烈。

（二）卡比利亚自治运动

柏柏尔阿若其公民运动体现出卡比利亚地区民间政治组织的力量，从克塞尔平台的要求以及它与社阵、文民盟两党的互动看，该运动并没有突破阿尔及利亚民族国家的框架。卡比利亚自治运动是柏柏尔主义运动地方化更明显的一个例证，它所提出的自治主张完全是“卡比利亚主义”的直接表现。

2001年6月，与文民盟分道扬镳的费尔哈特·麦赫尼发起了“卡比利亚自治运动”。费尔哈特·麦赫尼认为，克塞尔平台的要求只有通过卡比利亚自治才能真正实现。2004年，该组织正式提出卡比利亚自治的要求，呼吁在阿尔及利亚实行联邦制。2007年该组织抛出了一份《卡比利亚自治计划》，这份文件由“序言”、“定义”、“价值”、“区域自治”、“方式”等五部分组成。“序言”部分列举了“卡比利亚自治计划”产生的历史背景和现实条件；“定义”部分对卡比尔人的身份、语言做出定义，强调“卡比尔人以其语言、文化和历史形成了独特的认同和属性”；“价值”部分强调卡比利亚自治运动追求“对不区分性别、种族、语言和宗教的人权的尊重”，呼吁实现民主、宗教回归私人空间；“区域自治”部分直接提出“作为一个地区和民族，卡比利亚必须获得并保持其自治”；

① “Thousands in Algeria Protest March: Organizers,” *AFP*, http://www.maannews.net/eng/ViewDetails.aspx?ID=355420, 2011-07-25.

“方式”部分提出“在卡比利亚地区全民公决后宣布卡比利亚自治”。[①]

此后，卡比利亚自治运动制定了《卡比利亚自治宪章》（简称《自治宪章》）作为“卡比利亚自治计划”的补充。《自治宪章》由十五条组成，每条列举了一项卡比利亚地区应当拥有的权利。内容包括：（1）卡比尔人民有权获得阿尔及利亚政府的官方承认；（2）卡比利亚有权获得符合其社会语言学自然延伸的官方行政区划；（3）卡比利亚有权获得防务、财政、外交以外的高度自治；（4）卡比利亚有权建立卡比尔人的、民主的和世俗的地方共和国；（5）卡比利亚有权拥有议会、政府等机构；（6）卡比利亚有权以卡比尔语为官方语言；（7）卡比利亚有权拥有国旗和军服；（8）卡比利亚有权拥有自己的教育体系；（9）卡比利亚有权拥有自己的民事安全机构（警察局、护林队、消防队等）；（10）卡比利亚有权建立自己的媒体系统；（11）卡比利亚有权对本地的可持续发展、土地所有权制度、城市园林绿化、交通和税收进行管理；（12）卡比利亚有权根据其人口比例享受国家石油和天然气收入的份额；（13）卡比尔人民有权在阿尔及利亚范围内被接受为一个民族；（14）卡比尔人民有权将其妇女从《阿尔及利亚家庭法》中解救出来，实现真正的男女平等；（15）卡比尔人民有权通过和平方式为实现这一宪章而奋斗。[②]

卡比利亚自治运动提出的自治主张，直接体现了 2001 年“黑色春天”事件中示威者的新要求。在该运动的努力下，实现卡比利亚自治的理念在卡比利亚地区扩散开来。2006 年 11 月，“柏柏尔主义阿尔及利亚祖国派”的社阵在提济乌祖组织了一次游行示威，呼吁增加卡比利亚地区的自治权力。2010 年 4 月 20 日，“柏柏尔之春”30 周年纪念日当天，卡比利亚自治运动宣布筹备卡比利亚临时政府，声称当前的卡比利亚是“被占领土”。[③]

争取美国的支持是费尔哈特·麦赫尼的重要战略。卡比利亚自治运动建立

---

① “Kabylia Autonomy Project,” http://mak.makabylie.info/Kabylia-autonomy-project-KAP?lang=en, 2011-07-04.

② “Charter of the MAK, For the Rights of the Kabylian People and Kabylia,” http://www.kabylia.info/charter-mak-rights-kabylian-people-and-kabylia, 2010-08-10.

③ Yāsīn Tumulālī, “Ḥukūmah Farḥāt Mahnī wa Usṭūrah al-Sha‘b al-Qabā’ilī,” http://www.ahewar.org/debat/show.art.asp?aid=214929, 2011-05-05.

后 3 个月，“9·11”事件发生，费尔哈特·麦赫尼第一时间表示对美国的同情。他曾在与友人的邮件往来中赤裸裸地吹捧美国：“美国高尚的努力是人类未来的关键。一个由超级大国引领和领导的世界，比一个核武器扩散、破坏性战争不断的多极化世界更美好。”①2002 年，他致信北约秘书长，称“他坚信北约会阻止针对伊斯兰恐怖主义和政府暴力的受害者——卡比尔人——的新的屠杀”。②

在很长一段时间里，美国并没注意到费尔哈特·麦赫尼的声音，主要原因在于布特弗利卡政府与美国的良好关系。布特弗利卡上台以来，一直谋求改善与美国的关系。2001 年 6 月，布特弗利卡对美国进行了国事访问，双方达成在石油、天然气领域加强合作的意向，两国关系解冻。“9·11”事件发生后，美阿关系迅速进入蜜月期，阿尔及利亚成为美国的反恐盟友。11 月，布特弗利卡二度访美，与布什总统就反恐问题进行磋商。2002 年，美国解除了对阿尔及利亚长达 10 年的武器禁运。2003 年美国入侵伊拉克，鉴于其他阿拉伯国家的态度和伊斯兰主义的压力，布特弗利卡难以公开支持美国，但他仍然成功地让美国相信，极端势力试图将阿尔及利亚作为训练营，以对抗入侵伊拉克的美军，并以此维持了与美国之间的盟友关系。③

近年来，一些美国学者开始关注卡比尔人的特殊性。美国价值观的积极倡导者、新保守主义堡垒“保卫民主基金会”的高级研究员瓦利德·法雷斯（Walid Phares）认为，卡比尔人“大多是世俗主义者、信仰民主，能够成为有效的反圣战同盟……帮助他们有助于实现我们的战略利益，前提是不破坏我们与阿尔及利亚世俗政府的良好关系”。④但 1994~1997 年间出任美国驻阿尔及利亚大使、现任美国外交学院院长的罗纳德·E. 纽曼（Ronald E. Neumann）则认

---

① “Singer-activist Ferhat Mehenni’s Campaign for Liberal Self-government,” http://www.kabylia.info/politic/singer-activist-ferhat-mehenni%E2%80%99s-campaign-liberal-self-government, 2010-08-16.

② Yāsīn Tumulālī, “Ḥukūmah Farḥāt Mahnī wa Usṭūrah al-Sha‘b al-Qabā’ilī,” http://www.ahewar.org/debat/show.art.asp?aid=214929, 2011-05-05.

③ James D. Le Sueur, *Algeria since 1989: Between Terror and Democracy*, pp. 88-89.

④ “New Ally in the War Against Al Qaeda,” January 28, 2010, http://liveshots.blogs.foxnews.com/2010/01/28/new-ally-in-the-war-against-al-qaeda/, 2011-06-06.

为，支持卡比尔人一定会影响美国和阿尔及利亚的关系。[①] 美国学术界的争鸣传达出一种期望，即希望奥巴马政府能够在阿尔及利亚政府和卡比尔人之间找到一个完美的平衡点。

费尔哈特·麦赫尼不遗余力地在全球范围内争取支持。2010 年，他在接受福克斯电视台记者采访时表示希望获得美国总统奥巴马的支持，承诺卡比利亚将成为反恐堡垒和民主的灯塔。[②] 但就目前而言，美国政府的表态仍然相当谨慎。

卡比利亚自治运动的目标是地方性的，但费尔哈特·麦赫尼的主要活动却在海外，因此卡比利亚自治运动一定程度上与卡比利亚地区的现实发生了脱节。对于社阵和文民盟领导人代表的柏柏尔政治精英而言，支持费尔哈特·麦赫尼意味着失去在阿尔及利亚政治体制内晋升的机会。而卡比尔群众，无论是倾向"柏柏尔主义卡比利亚地方派"的新生代，还是倾向"柏柏尔主义阿尔及利亚祖国派"的中老年人都很难接受费尔哈特谋求美国和北约干涉的做法。前者因美国入侵伊拉克造成的人道主义悲剧而对美国干涉产生疑惧，后者则对北约在阿尔及利亚民族解放战争期间支持法国而耿耿于怀。[③]

就目前而言，费尔哈特·麦赫尼的卡比尔分裂活动尚未成功，阿尔及利亚的柏柏尔主义运动大体还在布特弗利卡政府可控的范围内，但未来却充满变数。2011 年以来，北非持续动荡，阿尔及利亚的邻国突尼斯、利比亚相继发生政权更迭，两国的柏柏尔人皆有所活动。2011 年 8 月，突尼斯柏柏尔人建立"突尼斯捍卫阿马齐格语言文化协会"，要求新政府将柏柏尔属性作为突尼斯民族国家认同不可分割的一部分予以承认。利比亚内战中，内富萨山区的柏柏尔部落积极参加了反卡扎菲战争。政权更迭后，利比亚柏柏尔人要求新政权恢复柏柏尔人在卡扎菲时代被剥夺的语言和文化权利。阿尔及利亚的另一个邻国摩洛哥则在 2011 年的宪法修正案中正式将柏柏尔语列为与阿拉伯语地位相同的官方语

① "New Ally in the War Against Al Qaeda," January 28, 2010, http://liveshots.blogs.foxnews.com/2010/01/28/new-ally-in-the-war-against-al-qaeda/, 2011-06-06.

② Ibid.

③ Yāsīn Tumulālī, "Ḥukūmah Farḥāt Mahnī wa Usṭūrah al-Sha'b al-Qabā'ilī," http://www.ahewar.org/debat/show.art.asp?aid=214929, 2011-05-05.

言。这些事件表明，在地区局势的剧变中，柏柏尔主义运动对北非国家的影响力正在不断增强。在周边国家柏柏尔社群的呼应下，阿尔及利亚柏柏尔主义运动还将在一段时期内持续挑战阿尔及利亚的政治秩序。

第三节 中东变局中的阿尔及利亚柏柏尔主义运动

2010 年底以来，始于突尼斯的政治动荡波及多个中东国家。阿尔及利亚的群众游行示威几乎与突尼斯同时发生，当突尼斯发生政权更迭之时，阿尔及利亚的局势则比较稳定。尽管柏柏尔主义运动长期挑战阿尔及利亚的政治稳定，但在本轮中东国家政治动荡中，阿尔及利亚柏柏尔主义运动没有引起轩然大波，其原因可归纳为四个方面：长期动荡使得民心思定；阿尔及利亚政府民族政策的不断调整和当下较务实的改革计划缓和了矛盾；布特弗利卡执政联盟仍具备控制国内局势的能力；良好的阿美关系。尽管如此，中东以及阿尔及利亚国内局势仍在变化中，柏柏尔主义者仍在观望政府的改革计划，未来仍有可能出现变数。

第一，长期动荡使得民心思定。就目前而言，与突尼斯、埃及、利比亚等相继发生政权更迭的国家相比，阿尔及利亚群众示威活动的强度较弱，主要原因之一是阿尔及利亚自独立以来各政治派别之间的冲突时有发生。政治伊斯兰兴起后，阿尔及利亚陷入长达 8 年的内战，造成至少 16 万人丧生。长期的动荡一方面释放了民众的不满情绪，另一方面也使他们对变革产生疑惧。1980 年的“柏柏尔之春”事件并不仅仅是柏柏尔主义运动，更是一次大规模群众运动。1988 年的“黑色十月”事件、1998 年卡比利亚大游行、2001 年“黑色春天”事件乃至 2011 年的群众运动都与 1980 年的“柏柏尔之春”存在历史关联。20 世纪 80 年代的烈士子女组织以及人权运动还是推动阿尔及利亚实行民主化进程的重要力量。1988 年以来，阿尔及利亚的民主化及随后的内战，促使阿尔及利亚人在经历了长期战乱之后民心思定。2010 年底爆发的突尼斯政治动荡一度波及阿尔及利亚，但目前阿尔及利亚政局总体稳定。尽管事件还在发展之中，但已有观察家指出，经历了长期的暴力之后，阿尔及利亚民众正在权衡变革的代价。[①]

柏柏尔主义运动所产生的政治能量依然不容小觑，它关系到阿尔及利亚的国际形象，在未来甚至有可能成为影响美阿关系的一个重要因素，但从总体上看，柏柏尔人曾投身阿尔及利亚民族解放运动，拥有较强的爱国主义情怀，且1980年以来的多次示威活动持续释放了柏柏尔人对政府的不满。在很长的一段时期内，柏柏尔主义运动的诉求没有超出阿尔及利亚民族国家的框架。近年来卡比利亚自治运动出现了分离主义倾向，但这种倾向能否在卡比利亚地区获得广泛支持还存在一定疑问。对于以社阵、文民盟两党为代表的卡比尔政治精英而言，选择支持卡比利亚临时政府，无异于作茧自缚。如果无法获得其他卡比尔政治精英的支持，流亡海外的临时政府很难在卡比利亚地区组织起大规模的群众运动。[②] 由此可见，柏柏尔主义运动在一段时期内还将在阿尔及利亚民族国家框架内发展，但阿尔及利亚国内以及地区和国际形势的变化都有可能给这一问题带来新的变量。

第二，阿尔及利亚政府民族政策的不断调整和当下较务实的改革计划缓和了矛盾。柏柏尔主义运动自阿尔及利亚独立伊始便拉开序幕，在柏柏尔主义运动长期与政府对抗的过程中，阿尔及利亚政府也在逐渐改变对柏柏尔文化的态度。阿尔及利亚政府对柏柏尔主义运动的首次让步发生在内战期间。1995年，阿尔及利亚政府对柏柏尔主义运动做出了回应，决定建立阿马齐格高级委员会，尝试在教育领域使用柏柏尔语。1996年，阿尔及利亚修改宪法，承认了阿尔及利亚具有柏柏尔属性。尽管柏柏尔主义运动此后并没有平息，但阿尔及利亚政府的姿态对于防止柏柏尔主义运动超越阿尔及利亚民族国家框架起到了积极作用。

阿尔及利亚政府对柏柏尔主义运动做出第二次让步是在2001年“黑色春天”事件之后。布特弗利卡政府起初对该事件持强硬态度，但随着事态的升级，布特弗利卡做出了承认柏柏尔语为民族语言的承诺。2002年，阿尔

① Anthony Faiola, “In Algeria, A Chill in the Arab Spring,” http://www.washingtonpost.com/world/in-algeria-a-chill-in-the-arab-spring/2011/04/07/AFdA9E4C_story.html, 2011-06-02.

② Ibid.

及利亚再次修宪，承认柏柏尔语为民族语言，而非官方语言。尽管柏柏尔主义者对柏柏尔语未能成为官方语言感到不满，但布特弗利卡政府的让步仍有效遏制了“黑色春天”事件以来柏柏尔主义卡比利亚地方派的发展。费尔哈特·麦赫尼主导的卡比利亚分裂运动未能获得广泛支持与布特弗利卡政府的政策调整不无关系。阿尔及利亚的邻国摩洛哥修改宪法承认柏柏尔语官方地位后，柏柏尔语在阿尔及利亚的地位问题再次凸现。2011年7月，来自摩洛哥、阿尔及利亚、突尼斯、埃及、利比亚和加那利群岛的柏柏尔主义者在摩洛哥丹吉尔召开了一次集体会议，费尔哈特·麦赫尼在会上表示：“我对摩洛哥政府承认柏柏尔语官方地位表示感谢，这一举动给阿尔及利亚现政权带来了压力，将促使其做出改变。” ①

2010年底中东变局发生以来，阿尔及利亚政府采取了及时、有效的措施防止事态扩大。2011年1月，阿尔及利亚政府宣布降低部分商品的进口税，糖、食用油和其他食品价格降低41%，以实现平抑物价、保障民生的目的。②2011年5月，阿尔及利亚启动了政治改革协商，准备修改宪法和选举法。政府宣布“除了暴力活动的支持者外，政治改革协商不会排除任何政治力量的参与。有关改革的讨论是完全自由的，不存在任何限制，只要这些提议不违背宪法中确定的有关国家根基和民族身份的内容”。③2012年2月9日，布特弗利卡总统宣布于2012年5月10日举行新一轮的议会选举。柏柏尔主义运动内部再次出现意见分歧。赛义德·萨阿迪领导的文民盟于2012年2月18日表示，该党将抵制新一轮议会选举，除非满足两大条件：选举在国际观察员监督下进行、制定明确的竞争规则。④ 文民盟认为上述两大条件需要一段时间的准备，因此要求政府推迟选举。与此同时，费尔哈特·迈赫尼领导的卡比利亚自治运动宣布

---

① Fayṣal Būnāb, “al-Da‘wah li Farḍ al-Amāzīghiyyah fī al-Shughl wa Da‘wā li Ḥall Ḥizb al-‘Adālah wa al-Tanmiyah,” http://www.sahafat-alyawm.net/detail.php?id=920, 2012-03-13.

② “al-Jazā’ir Tukhaffiḍ al-As‘ār li Naz‘ al-Tawattur,” http://www.aljazeera.net/news/pages/d0c2f578-0df0-4d18-8635-18d7dd8744af, 2011-03-05.

③《阿尔及利亚政治改革协商正式启动》，参见 http://news.xinhuanet.com/world/2011-05/22/c_121443253.htm, 2011-06-05。

④ “al-Tajammu‘ min Ajl al-Thaqāfah wa al-Dīmqarāṭiyyah Yuqarrir ‘Adam al-Mushārakah fī al-Tashrī‘iyyāt al-Muqbilah,” http://ar.algerie360.com/83336/, 2012-03-14.

“将动用一切手段抵制投票”。[①] 这些力量的表态似乎预示着布特弗利卡政府与柏柏尔主义者之间的关系难以通过改革改善。但当布特弗利卡政府承诺在选举过程中邀请国际观察员并给予选举产生的新议会在修订宪法方面更大的权力后，侯赛因·阿亚特·艾哈迈德领导的社阵决定参加新一轮的议会选举。[②] 社阵对新一轮议会选举的支持体现了部分柏柏尔主义者对布特弗利卡政府改革的信心。

第三，布特弗利卡执政联盟仍具备控制国内局势的能力，体现在布特弗利卡本人深厚的政治资本和执政联盟中各党派的政治力量两个方面。布特弗利卡的政治资本主要有两个来源：一是其参加民族解放战争的经历；二是缓和政府与伊斯兰武装力量之间的关系并结束内战。第一个因素使布特弗利卡获得了以军方为代表的执政集团精英的支持，第二个因素使他赢得了民心。

布特弗利卡出生于 1937 年，民族解放战争时期加入民阵，并成为布迈丁的心腹。布迈丁去世后，他曾是总统候选人之一。内战期间，他再度成为军方敲定的总统人选，但由于无法获得足够的独立性，他拒绝出任总统。[③]1995 年，泽鲁阿勒成为阿尔及利亚首位民选总统，因未能结束与伊斯兰主义者之间的内战、化解与柏柏尔主义者之间的矛盾，泽鲁阿勒在 1998 年宣布提前举行大选。在 1999 年的大选中，布特弗利卡获得军方的支持，在调动资源方面得到了比其他竞争者更多的便利，最终以 74% 的得票率当选新任总统。

布特弗利卡实际上是执政集团精英的代表，军方对他的支持正是出于这一原因。在 1988 年“黑色十月”事件引发的民主化改革中，执政集团精英的代表民阵丧失了对阿尔及利亚的主导权。但这并不意味着执政集团精英放弃了对阿尔及利亚的控制。1989 年 3 月军队高层集体退出民阵中央委员会，1992 年军方取消有利于伊阵的大选，这些行动都是执政集团精英不愿放弃国

① “Shibrākah ‘Abd al-Raḥmān, al-Mashhad al-Siyāsī al-Jadīd wa al-Rabī‘ al-Barbarī,” http://www.djurdjura.info/je/index.php/2011-12-04-10-42-31/17-2011-11-29-11-36-26/237-2012-02-18-15-55-31, 2012-03-13.

② “Ḥizb Jabhah al-Qūwah al-Ishtirākiyyah al-Mu‘āriḍ Yuqarrir al-Mushārakah fī al-Intikhābāt al-Tashrī‘iyyah al-Muqbilah,” http://www.france24.com/ar/node/772902, 2012-03-13.

③ Martin Evans and John Phillips, *Algeria: Anger of the Dispossessed*, p. 255.

家主导权的表现。时至今日，阿尔及利亚的主导权实际上仍然掌握在这些精英手中。尽管从“柏柏尔之春”以来，以柏柏尔主义者和伊斯兰主义者为代表的反对派开始逐渐壮大，并提出了对阿尔及利亚未来发展方向的不同设计，但执政集团精英仍是最核心的政治精英，是国家真正的主导者，布特弗利卡正是这一阵营的代表。

上台后不久，布特弗利卡推动通过了《民族和解法》，对在押的伊斯兰武装分子实行大赦，5000多名伊斯兰武装分子获释。2004年成功连任后，布特弗利卡于2005年推出了《民族和解与和平宪章》。布特弗利卡的民族和解计划有效结束了阿尔及利亚的内战状态，这是布特弗利卡获得民众支持的关键。

阿尔及利亚目前的执政联盟由三个政党组成：民族解放阵线、全国民主联盟和争取和平社会运动。其中民阵和民盟是世俗派政党，主要代表执政集团精英；争取和平社会运动是温和的伊斯兰主义党派。这一执政联盟虽然以传统政治精英为主，但在形式上摆脱了一党制，同时接纳了具有相当群众基础的伊斯兰主义力量。

在这个由三个政党组成的执政联盟中，民阵和民盟实力较强，阿尔及利亚总理一职由两党成员轮流担任。目前担任总理的乌叶海亚是民盟总书记，前任总理阿卜杜·阿齐兹·贝勒卡迪姆（‘Abd al-‘Azīz Balkhādim）是民阵总书记，目前任国务部部长兼国家元首私人代表。自1997年以来，民阵、民盟与争取和平社会运动的执政三角基本保持稳定。2010年动荡发生以来，执政联盟的内部出现了一些裂痕。

民阵出现内部不和对现政权的维系构成了一定的挑战。自2009年起，民阵高层就已出现分歧。以萨利赫·古吉尔（Ṣāliḥ Qūjīl）为首的一批民阵领导人指责民阵中央书记阿卜杜·阿齐兹·贝勒卡迪姆贪污受贿，决定自立门户，建立了“整顿与复归运动”。布特弗利卡发起政治改革后，该运动试图正式脱离民阵，以一个全新政党的身份参与改革，这引起了阿卜杜·阿齐兹·贝勒卡迪姆的不满，双方支持者一度发生暴力冲突。“民族觉醒运动”是民阵内部的第二个反对派阵营，它由贾迈勒·萨阿迪（Jamāl Sa‘dī）领导。该运动认为民阵已经偏离了1954年11月革命的光荣传统，要求民阵中央书记阿卜杜·阿齐兹·贝勒卡迪姆辞职，呼吁民阵战士在2012年的议会选举中支持“民族觉醒运动”候选人。该运动还表示，“如果党内局面不改变，不排除组建‘觉醒变革党’的可能”。[①] 除了民阵的内部矛盾外，执政联盟三党之间的分歧也随着政治改革的推进不断显现。就目前而言，作为当前阿尔及利亚政治改革的主导者，民阵和民盟的关系较为密切。争取和平社会运动则公开表达了对当前政治改革的不满。该党现任领导人艾布·杰尔·苏尔坦尼（Abū Jarr Sulṭānī）指责政府“试图拖延时间、稀释改革”。[②]

执政联盟内部的矛盾并非不可调和。民阵内部出现的两支异见派的力量尚不足以对民阵造成致命打击。目前争取和平社会运动已退出执政联盟，但该党仍有四位成员在乌叶海亚政府中担任部长。争取和平社会运动的政治影响力是执政联盟三党中最弱的，因此执政联盟的实力并未因它的退出而明显下降。目前阿尔及利亚的政治改革虽然遭到各种批评，但仍在稳步推进。

第四，良好的阿美关系。阿尔及利亚现政权与美国之间的良好关系有利于布特弗利卡政府进行政治改革。从沙德利时代起，阿尔及利亚与美国保持了总体友好的外交关系。为了支持巴勒斯坦解放事业，布迈丁一度与美国断交。沙德利上台后，试图修复与西方国家特别是美国的关系。1979年沙德利上台时，美国和伊朗之间的人质危机爆发，沙德利抓住时机，积极参与斡旋，阿美关系开始复苏。1988年10月暴乱发生后，美国明确表态支持沙德利，支持他的经济改革和政治自由化，并给沙德利提供了经济援助。[③] 作为经验丰富的外交家，布特弗利卡上台以来在对美外交方面取得巨大成功。美国驻阿尔及利亚大使亨利·S. 恩舍（Henry S. Ensher）在2011年8月接受阿尔及利亚通讯社（APS）采访时表示：“阿尔及利亚的政治改革符合阿尔及利亚人民的心愿和期望”，强调无论任何政治体制，美国更希望实现“稳定、和平的变

---

① Ḥakīm Ṭamānī, “Balkhādim Lā Yastaṭī‘ Ḥimāyah al-Afālān wa al-Taṣḥīḥiyyah Tasīr Wifq Manṭiq al-Shakārah,” http://www.wakteldjazair.com/index.php?id_rubrique=287&id_article=26793, 2012-02-15.

② 争取和平社会运动官方网站2011年10月22日声明，http://www.hmsalgeria.net/ar/modules.php?name=News&file=article&sid=2773, 2012- 02-15。

③ John P. Entelis and Philip C. Naylor ed., *State and Society in Algeria*, Boulder: Westview Press, 1992, p. 231.

革”。[1]8 月 10 日，布特弗利卡总统会见恩舍时，恩舍重申了美国和阿尔及利亚之间的传统友好合作关系以及阿尔及利亚在解决伊朗人质危机和反恐方面做出的贡献。[2] 恩舍的密集表态显示了美国政府对布特弗利卡一定程度的支持，因此可以说布特弗利卡的外部环境仍然较为有利。

就目前而言，阿尔及利亚柏柏尔主义运动在 2010 年底以来的中东变局中表现得较为平静。2011 年以来，布特弗利卡政府开启了政治改革的进程，两个柏柏尔主义政党以及费尔哈特·麦赫尼领导的卡比利亚自治运动均表现出对这一进程的强烈关注。尽管柏柏尔主义运动各派对政府的举措做出了不同表态，但表态本身即代表了一种参与的态度。

但不可否认的是，柏柏尔主义运动仍在延续。解决柏柏尔人的族群认同与阿拉伯伊斯兰的阿尔及利亚民族国家认同之间的矛盾，根本在于发展一种淡化阿拉伯人与柏柏尔人差异、具有包容性、属于全体阿尔及利亚人的阿尔及利亚民族主义，并构建能使全体阿尔及利亚人获得尊严感的阿尔及利亚民族国家认同，这有赖于三方面因素。

首先，代表阿尔及利亚阿拉伯民族主义的执政当局的态度。阿尔及利亚新一轮的宪法修订已提上议事日程，鉴于存在类似问题的摩洛哥已在 2011 年修改宪法，承认柏柏尔语的官方地位，未来阿尔及利亚当局做出让步并非不可能。

其次，尽管目前柏柏尔人的阿尔及利亚民族国家认同有减弱的趋势，柏柏尔人也并不一定走向卡比利亚独立。毕竟穆斯林和阿尔及利亚人依然是阿尔及利亚柏柏尔人与阿拉伯人共同的身份，依然具有凝聚力。在阿尔及利亚经济、政治、社会情况全面向好、逐步实现文化多元化的情况下，柏柏尔人对于阿尔及利亚民族国家的认同感会有所上升。纵观阿尔及利亚独立以来的历史，在阿尔及利亚阿拉伯民族主义旗帜最鲜明的布迈丁时代，柏柏尔主义运动的强度并

---

① “The Political Reforms Being Implemented in Algeria Meet the Expectations and Aspirations of the Algerian People, Says U.S. Ambassador to Algeria,” http://www.algeria-us.org/algeria-us-relations-overview-mainmenu-227/998-les-reformes-politiques-engagees-en-algerie-repondent-aux-attentes-du-peuple-algerien-ambassadeur-des-etats-unis.html, 2012-02-24.

② “President Bouteflika Meets with New U.S. Ambassador Henry S. Ensher,” http://www.algeria-us.org/algeria-us-relations-overview-mainmenu-227/987-president-bouteflika-meets-with-new-us-ambassador-henry-s-ensher.html, 2012-02-24.

不及当下，主要原因在于布迈丁时期是独立以来阿尔及利亚社会最稳定、经济最繁荣的时期。“柏柏尔之春”、“黑色春天”事件等柏柏尔主义运动的高潮均与阿尔及利亚的政治动荡和经济萧条有关。由此可见，经济社会环境与柏柏尔主义运动的发展趋势存在密切关系。

最后，地区、国际局势的变化亦是不容忽视的因素。在很长一段历史时期，柏柏尔主义仅是阿尔及利亚的一个国内问题。然而随着阿尔及利亚柏柏尔主义运动跨国化的发展，北非地区跨越现有民族国家边界的柏柏尔族群认同开始抬头。这一阿尔及利亚的国内问题开始向地区性乃至国际性问题的方向发展。

结　论

阿尔及利亚柏柏尔主义是以柏柏尔认同为基础，以维护柏柏尔人在阿尔及利亚的政治、文化、社会及经济权利为目标而产生的一种思潮，并表现为柏柏尔人为此目的发起的政治、文化和社会运动，即柏柏尔主义运动。

柏柏尔认同是在长期的历史演变中逐步构建起来的。柏柏尔认同包括族群认同、穆斯林认同和阿尔及利亚认同三个方面。柏柏尔人的族群认同植根于柏柏尔人的历史，柏柏尔人的谱系、语言和部落结构是构建其族群认同的基本文化要素。柏柏尔人在阿拉伯人征服北非之前与腓尼基人、罗马人交往的历史为其族群认同构建提供了历史记忆，在此期间建立的努米底亚王国是其族群荣誉感的重要来源。

阿拉伯人征服北非后，柏柏尔人开始了伊斯兰化。在伊斯兰化的进程中，柏柏尔人经历了从为保护部落利益而游走于不同教派到在皈依逊尼派伊斯兰教的基础上发展伊斯兰文明的转变。柏柏尔人不仅在伊斯兰化进程中逐渐构建起与阿拉伯人共享的穆斯林认同，还通过建立穆拉比兑、穆瓦希德这两个北非历史上最强大的伊斯兰王朝丰富了伊斯兰教。

在奥斯曼土耳其帝国统治北非时期，阿尔及利亚首次成为一个单独的地理和政治单位，阿尔及利亚境内的阿拉伯人和柏柏尔人逐渐构建起阿尔及利亚认同。法国殖民统治时期，地理和政治意义上的阿尔及利亚认同进一步确立。法国殖民政府对法国人和阿尔及利亚当地穆斯林的分治推动“阿尔及利亚”从一个地理和政治概念向民族国家概念转变。然而正是在法国殖民统治时期，由于殖民政府对阿拉伯人与柏柏尔人实行“分而治之”政策，柏柏尔人与阿拉伯人的族群认同分化与阿尔及利亚民族觉醒同时发生了。

柏柏尔认同中的穆斯林认同和阿尔及利亚认同有利于维护阿尔及利亚民族国家认同，族群认同则有可能削弱阿尔及利亚民族国家认同，哪种认同起主导作用是由不同历史时期的政治、经济、社会和文化环境决定的。法国殖民统治时期，阿尔及利亚社会的主要矛盾是阿尔及利亚人与法国殖民者之间的矛盾，尽管阿拉伯人与柏柏尔人之间的族群认同分化已经发生，但并没有影响阿尔及利亚民族解放运动的兴起。

20 世纪 20 年代，阿尔及利亚民族解放运动正式开始，民族解放运动政治精英内部围绕着阿尔及利亚民族国家认同的属性出现了不同的倾向。柏柏尔政治精英力图实现一种区别于阿尔及利亚阿拉伯民族主义、更符合阿尔及利亚本土文化的阿尔及利亚民族主义，避免将阿尔及利亚人等同于阿拉伯人。20 世纪 50~60 年代，多个西亚北非国家在阿拉伯民族主义的指引下实现了独立。在这样的历史背景下，阿尔及利亚阿拉伯民族主义成为阿尔及利亚民族主义的主流。尽管柏柏尔政治精英在民族解放运动时期大体接受了这种民族主义，但随着武装斗争的深入，阿拉伯人与柏柏尔人的族群矛盾不断加深。

在阿尔及利亚独立后，阿尔及利亚阿拉伯民族主义者取得胜利，阿尔及利亚被定义为阿拉伯伊斯兰国家，柏柏尔人的政治、文化权利受到压制，这激化了柏柏尔认同与阿尔及利亚民族国家认同的矛盾。以侯赛因·阿亚特·艾哈迈德于 1963 年建立第一个柏柏尔主义政党社会主义力量阵线和 20 世纪 60~70 年代柏柏尔文化组织的建立为标志，柏柏尔主义运动在阿尔及利亚兴起。与此同时，阿尔及利亚执政当局开始了阿尔及利亚阿拉伯伊斯兰民族国家认同的构建，阿拉伯化政策应运而生。阿拉伯化政策以及日益严峻的经济形势进一步削弱了柏柏尔认同中起团结作用的穆斯林认同和阿尔及利亚认同，增强了起分化作用的族群认同。

1980 年，柏柏尔人聚居的卡比利亚地区爆发了大规模群众示威活动，史称“柏柏尔之春”，柏柏尔主义运动掀起了一次高潮。此后，柏柏尔主义运动围绕着建立烈士子女组织和开展人权运动两个中心展开。20 世纪 80 年代，阿尔及利亚经济形势不断恶化，社会矛盾也随之激化。1988 年，阿尔及利亚爆发了全国性群众游行示威，史称“黑色十月”事件。这一事件导致民族解放阵线一度丧失了执政党地位。

1988 年以后，阿尔及利亚开始了“公开化”改革，柏柏尔主义运动也进入了发展阶段。1988~1998 年，柏柏尔主义运动从群众运动走向政党政治。伊斯兰拯救阵线 1991 年在议会选举中胜出，这促使军方取消选举结果，强行打断阿尔及利亚的政治改革进程，此后阿尔及利亚陷入了 8 年内战。在这样的条件下，柏柏尔主义运动通过政党政治实现柏柏尔人政治、文化、社会和经济权利的梦想破灭。1998 年，卡比利亚地区因卡比尔政治歌手卢纳斯·马图卜遭暗杀而爆发群众大游行，这一事件使柏柏尔主义运动重新回到以群众运动为主的方式。

2001 年，卡比利亚地区因卡比尔少年马西尼萨·古尔玛之死爆发了“柏柏尔之春”后最严重的一场群众游行示威，史称“黑色春天”事件。此后，阿尔及利亚的柏柏尔主义运动出现了三种取向：保持对阿尔及利亚祖国忠诚的“柏柏尔主义阿尔及利亚祖国派”、主张卡比利亚地区自治甚至独立的“柏柏尔主义卡比利亚地方派”和追求全球范围内柏柏尔人大团结的“国际柏柏尔主义”。为应对“黑色春天”事件，布特弗利卡政府做出了让步，通过修改宪法承认了柏柏尔语的民族语言地位。这一政策对遏制“柏柏尔主义卡比利亚地方派”、削弱“国际柏柏尔主义”的影响以及将柏柏尔主义运动控制在阿尔及利亚民族国家框架内起到了积极作用。

2010 年底中东变局发生以来，阿尔及利亚保持了相对稳定，阿尔及利亚的柏柏尔主义运动也较为平静，这与阿尔及利亚政府不断调整民族政策、积极回应示威者的要求有着密切关系。这表明，尽管柏柏尔认同与阿拉伯伊斯兰的阿尔及利亚民族国家认同存在矛盾，但这并不一定导致柏柏尔人与国家发生对抗；在有利的政治、经济、社会和国际环境下，只要政府采取正确的措施，在促进柏柏尔人穆斯林认同和阿尔及利亚认同增强的同时不断创造新的共识，矛盾并不必然走向激化。

参考文献

一　中文文献

1.〔美〕埃里克·吉尔伯特、乔纳森·T. 雷诺兹:《非洲史》，黄磷译，海南出版社、三环出版社，2007。

2.〔美〕爱德华·W. 萨义德:《文化与帝国主义》，李琨译，生活·读书·新知三联书店，2003。

3.〔英〕安东尼·史密斯:《民族主义：理论、意识形态、历史》，叶江译，上海世纪出版集团，2006。

4.〔英〕安东尼·史密斯:《全球化时代的民族与民族主义》，龚维斌、良警宇译，中央编译出版社，2002。

5.《本·贝拉言论集（1962年9月~1965年2月）》，世界知识出版社，1965。

6.〔美〕本尼迪克特·安德森:《想象的共同体——民族主义的起源与散布》，吴叡人译，上海世纪出版集团，2005。

7.〔苏〕波斯别洛娃:《阿尔及利亚（经济政治概况）》，刘素明译，世界知识出版社，1981。

8.《布迈丁言论选编》，上海人民出版社，1974。

9. 陈嘉厚主编《现代伊斯兰主义》，经济日报出版社，1998。

10.〔美〕菲利浦·希提:《阿拉伯通史》（第十版），马坚译，新世界出版社，2008。

11.〔法〕弗朗兹·法农:《全世界受苦的人》，万冰译，译林出版社，2005。

12. 郭应德:《阿拉伯史纲》，经济日报出版社，1997。

13.〔法〕亨利·康崩:《摩洛哥史》，上海外国语学院法语系翻译组译，上海人民出版社，1975。

14.〔法〕加布里埃尔·埃斯凯:《阿尔及利亚史（1830—1957年）》，上海师范大学《阿尔及利亚史》翻译组译，上海人民出版社，1974。

15. 金宜久主编《伊斯兰教史》，江苏人民出版社，2006。

16.〔阿尔及利亚〕卡迪尔·阿里:《阿尔及利亚地理》，唐裕生等译，商务印书馆，1978。

17.〔德〕卡尔·布罗克尔曼:《伊斯兰教各民族与国家史》，〔英〕乔尔·卡迈克尔、莫希·珀尔曼英译，孙硕人、诸长福、贾鼎治等译，商务印书馆，1985。

18.〔俄〕科瓦略夫:《古代罗马史》，王以铸译，上海书店出版社，2007。

19.〔苏〕拉·马·阿瓦科夫:《法国垄断资本在北非》，北京编译社译，世界知识出版社，1959。

20. 李安山:《非洲民族主义研究》，中国国际广播出版社，2004。

21.〔美〕马丁·N. 麦格:《族群社会学》（第6版），祖力亚提·司马义译，华夏出版社，2007。

22. 马戎:《民族社会学——社会学的族群关系研究》，北京大学出版社，2004。

23.〔法〕马赛尔·艾格列多:《阿尔及利亚民族真相》，维泽译，世界知识出版社，1958。

24.〔法〕马塞尔·佩鲁东:《马格里布通史：从古代到今天的摩洛哥、阿尔及利亚、突尼斯》，上海师范大学《马格里布通史》翻译组译，上海人民出版社，1974。

25. 潘光、朱威烈主编《阿拉伯非洲历史文选：18世纪末—20世纪中》，华东师范大学出版社，1992。

26.〔奥地利〕普丽丝蒂:《斗争中的阿尔及利亚》，北京编译社译、世界知识出版社，1962。

27.〔埃及〕萨阿德·扎格卢勒·阿卜德·哈米德:《阿拉伯马格里布史》（第一卷），上海外国语学院《阿拉伯马格里布史》翻译组译，上海人民出版社，1975。

28.〔美〕塞缪尔·亨廷顿:《文明的冲突与世界秩序的重建》，周琪等译，新华出版社，2002。

29.〔美〕塞缪尔·亨廷顿：《我们是谁？——美国国家特性面临的挑战》，程克雄译，新华出版社，2005。

30. 世界知识出版社编《阿尔及利亚民族解放阵线党第一次代表大会文件集（1964年4月16日至21日）》，世界知识出版社，1965。

31. 世界知识出版社编《论阿尔及利亚民族解放运动》，世界知识出版社，1958。

32.〔苏〕苏联科学院非洲研究所编《非洲史 1918~1967》，上海新闻出版系统"五·七"干校翻译组译，上海人民出版社，1974。

33.〔德〕特奥多尔·蒙森：《罗马史》，李稼年译，商务印书馆，1994。

34.〔法〕夏尔－安德烈·朱利安：《北非史：突尼斯、阿尔及利亚、摩洛哥》（第一卷），上海新闻出版系统"五·七"干校翻译组译，上海人民出版社，1973。

35.〔法〕夏尔－安德烈·朱利安：《北非史：突尼斯、阿尔及利亚、摩洛哥》（第二卷），上海新闻出版系统"五·七"干校翻译组译，上海人民出版社，1974。

36. 熊忠英：《阿尔及利亚》，中国青年出版社，1965。

37. 言金：《阿尔及利亚人民的民族解放斗争》，世界知识出版社，1958。

38. 杨人楩：《非洲通史简编：从远古至一九一八年》，人民出版社，1984。

39. 张芝联主编《法国通史》，北京大学出版社，2009。

40. 赵慧杰：《阿尔及利亚》，社会科学文献出版社，2006。

二　阿拉伯文文献

1. ‘Abd al-Maqṣūd ‘Abd al-Ḥamīd Bāshā, *Mauqif al-Barbar min al-Fatḥ al-Islāmī li al-Shimāl al-Ifrīqī*, Mu’assasah Jawād, 1987.

2. ‘Abd al-Raḥmān b. Muḥammad b. Khaldūn, *Tārīkh Ibn Khaldūn*, al-Maktabtah al-‘Aṣriyyah, 2009.

3. ‘Abd al-Wāḥid Dhanūn Ṭah, *al-Islām fī al-Maghrib wa al-Andalus, Kayfa Intashar wa Limādhā*, Dār al-Madār al-Islāmī, 2009.

4. ‘Alī Fahmī Khashīm, *Lisān al-‘Arab al-Amāzīgh*, Dār al-Kutub al-Waṭaniyyah, 1995.

5. ‘Ammār Buḥūsh, *al-Tārīkh al-Siyāsī li al-Jazā’ir: Min al-Bidāyah wa li Ghāyah 1962*,

Dār al-Gharb al-Islāmī, 2005.

6. Aḥmad ʻĀmir, *al-Amāzīgh (al-Barbar) wa al-Siyāsah wa al-Ḥukm fī Buldān al-Maghrib: al-Judhūr, al-Taṭauwur, al-Mustaqbal*, Dār al-Kuttāb al-ʻArab, 2001.

7. Aḥmad Taufīq Madanī, *Kitāb al-Jazā'ir*, Dār al-Kuttāb al-ʻArab, 1963.

8. "Al-Jazā'ir Tukhaffiḍ al-Asʻār li Nazʻ al-Tawattur," http://www.aljazeera.net/news/pages/d0c2f578-0df0-4d18-8635-18d7dd8744af.

9. Al-Tajammuʻ min 'Ajl al-Thaqāfah wa al-Dīmqarāṭiyyah Yuqarrir ʻAdam al-Mushārakah fī al-Tashrīʻiyyāt al-Muqbilah, in http://ar.algerie360.com/83336/.

10. Fayṣal Būnāb, "al-Daʻwah li Farḍ al-Amāzīghiyyah fī al-Shughl wa Daʻwā li Ḥall Ḥizb al-ʻAdālah wa al-Tanmiyyah," http://www.sahafat-alyawm.net/detail.php?id=920.

11. Ḥakīm Ṭamānī, "Balkhādim Lā Yastaṭīʻ Ḥimāyah al-Afālān wa al-Taṣḥīḥiyyah Tasīr Wifqa Manṭiq al-Shakārah," http://www.wakteldjazair.com/index.php?id_rubrique=287&id_article=26793.

12. Ḥasan ʻAlī Ḥasan, al-Ḥaḍārah al-Islāmiyyah fī al-Maghrib wa al-Andalus, ʻAsr al-Murābiṭīn wa al-Muwaḥḥidīn, Makatabah al-Khārijī li al-Ṭibāʻah wa al-Nashr wa al-Tauzīʻ, 1980.

13. Ḥasan Aḥmad Muḥammad, Munā Ḥasan Muḥammad, Tarīkh al-Maghrib wa al-Andalus min al-Fatḥ al-ʻArabī ḥatā Suqūṭ al-Khilāfah, Dār al-Fikr al-ʻArabī, 1965.

14. Haytham Nawārah, Mustaqbal al-Thaqāfah al-Amāzīghiyyah fī al-Jazā'ir, Majallah al-Ufuq, Vol. 5, 1990.

15. "Ḥizb Jabhah al-Qūwah al-Ishtirākiyyah al-Muʻāriḍ Yuqarrir al-Mushārakah fī al-Intikhābāt al-Tashrīʻiyyah al-Muqbilah," http://www.france24.com/ar/node/772902.

16. ʻIzz al-Dīn al-Munāṣarah, al-Mas'alah al-Amāzīghīyāt fī al-Jazā'ir wa al-Maghrib, Dār al-Shurūq li-Nashr wa al-Tauzīʻ, 1999.

17. Ibn Manẓūr, Lisān al-ʻArab, Dār al-Ṣādir, 1997.

18. Ibrāhīm Aḥmad al-ʻAdawī, *Bilād al-Jazā'ir: Takwīnuhā al-Islāmī wa al-ʻArabī*, Maktabah al-Anjlū al-Miṣriyyah, 1970.

19. Ibrāhīm al-Qādirī, *al-Islām al-Sirrī fī al-Maghrib al-ʻArabī*, Sīnā li al-Nashr, 1995.

20. Ibrāhīm Ḥarakāt, *al-Maghrib ʻabr al-Tārīkh: ʻArḍ li Aḥdāth al-Maghrib wa*

Taṭauwurātih fī al-Mayādīn al-Siyāsiyyah wa al-Dīniyyah wa al-Ijtimā'iyyah wa al-'Umrāniyyah wa al-Fikriyyah mundh Mā Qabl al-Islām ilā al-'Aṣr al-Ḥāḍir, Dār al-Rashād al-Ḥadīth, 1993.

21. Mubārak b. Muḥammad al-Hilālī al-Mīlī, *Tārīkh al-Jazā'i fī al-Qadīm wa al-Ḥadīth*, Maktabah al-Naḥḍah al-Jazā'iriyyah, 1963.

22. Muḥammad 'Abd al-Mu'min Muḥammad Ḥusayn, *Thaurāt al-Barbar fī al-Andalus fī 'Aṣr al-Imārah al-Umawiyyah*, Mu'assasa Shabāb al-Jāmi'ah, 1993.

23. Muḥammad al-Mukhtār al-'Arbāwī, *Fī Muwājahah al-Naz'ah al-Barbariyyah wa Akhṭārihā al-Inqisāmiyyah*, Ittiḥād al-Kuttāb al-'Arab, 2005.

24. Muḥammad Muḥammad Aḥmad Ismā'īl, *Thaurāt al-'Arab wa al-Barbar wa al-Yahūd fī al-Maghrib al-Aqṣā wa al-Andalus*, Maktabah al-Thaqāfah al-Dīniyyah, 2007.

25. Muḥammad Nāṣir, *al-Ṣuḥuf al-'Arabiyyah al-Jazā'iriyyah: Min 1847 ilā 1954*, Dār al-Gharb al-Islāmī, 2007.

26. Nāṣir al-Dīn Sa'īdūnī, *al-Jazā'ir: Munṭalaqāt wa Āfāq*, Dār al-Gharb al-Islāmī, 2000.

27. Ṣalāḥ al-'Aqād, *al-Maghrib al-'Arabī*, Maktabah al-Anjlū al-Miṣriyyah, 1993.

28. Shakīb Arslān, *Tārīkh Ghazawāt al-'Arab fī Faransā wa Suwaysrā wa Īṭāliyā wa Jazā'ir al-Baḥr al-Mutawassiṭ*, al-Maktabah al-'Aṣriyyah, 2008.

29. Shauqī 'Aṭāllah al-Jamal, *al-Maghrib al-'Arabī al-Kabīr: Min al-Fatḥ al-Islāmī ilā al-Waqt al-Ḥāḍir*, Maktabah al-Anjlū al-Miṣriyyah, 2009.

30. Shibrākah 'Abd al-Raḥmān, "al-Mashhad al-Siyāsī al-Jadīd wa al-Rabī' al-Barbarī," http://www.djurdjura.info/je/index.php/2011-12-04-10-42-31/17-2011-11-29-11-36-26/237-2012-02-18-15-55-31.

31. 'Uthmān al-Ka'āk, *Mūjaz al-Tārīkh al-'Āmm li al-Jazā'ir: Min al-'Aṣr al-Ḥajarī ilā al- Iḥtilāl al-Faransī*, Dār al-Gharb al-Islāmī, 2003.

32. Yaḥyā Bū 'Azīz, *al-Mūjaz fī Tārīkh al-Jazā'ir*, al-Maṭba'ah al-Waṭaniyyah al-Jazā'iriyyah, 1965.

33. Yāsīn Tumulālī, "Ḥukūmah Farhāt Mahnī wa Usṭūrah al-Sha'b al-Qabā'ilī," http://www.ahewar.org/debat/show.art.asp?aid=214929.

三　英文文献

1. Abun-Nasr, Jamil M., *A History of the Maghrib in the Islamic Period*, Cambridge, New York, and Oakleigh: Cambridge University Press, 1987.

2. Adamson, Kay, *Algeria: A Study in Competing Ideologies*, London and New York: Cassell, 1998.

3. AFP, "Thousands in Algeria Protest March: Organizers," http://www.maannews. net/eng/ViewDetails.aspx?ID=355420.

4. Aghrout, Ahmed and Redha M. Bougherira ed., *Algeria in Transition: Reforms and Development Prospects*, London and New York: Routledge Curzon, 2004.

5. Aissaoui, Rabah, "Algerian Migration to France," 2008, http://www.migrationeducation.org/50.1.html?&rid=123&cHash=2db3cf7083.

6. Aissaoui, Rabah, *Immigration and National Identity: North African Political Movements in Colonial and Postcolonial France*, London and New York: Tauris Academic Studies, 2009.

7. Amin, Samir, Translated by Michael Perl, *The Maghreb in the Modern World*, Harmondsworth, Baltimore, and Ringwood: Peguin Books, 1970.

8. Andrew, Alf, "The F.F.S., An Algerian Opposition to a One-Party System," *African Historical Studies*, Boston University African Studies Center, Vol. 2, No. 1, 1969, pp.121-140, http://www.jstor.org/stable/216330.

9. Axel, Brian Keith ed., *From the Margins: Historical Anthropology and Its Futures*, Durham and London: Duke University Press, 2002.

10. Behr, Edwards, *The Algerian Problem*, Santa Barbara: Greenwood Press Reprint, 1976.

11. Bengio, Ofra and Gabriel Ben-Dor, *Minorities and the State in the Arab World*, Boulder & London: Lynne Rienner Publishers, 1998.

12. Bennoune, Mahfoud, *The Making of Contemporary Algeria, 1830-1987: Colonial Upheavals and Post-Independence Development*, Cambridge and New York: Cambridge

University Press, 1988.

13. Berger, Anne-Emmanuelle ed., *Algeria in Others' Languages*, Ithaca and London: Cornell University Press, 2002.

14. Binoual, Imrane, "Twin World Amazigh Congresses Reveal Divide within Group," http://www.magharebia.com/cocoon/awi/xhtml1/en_GB/features/awi/features/2008/11/04/feature-01.

15. Bonner, Michael, Megan Reif and Mark Tessler ed., *Islam, Democracy and the State in Algeria: Lessons for the Western Mediterranean and Beyond*, London: Routledge, 2005.

16. Bourdieu, Pierre, translated by Richard Nice, *Algeria 1960: The Disenchantment of the World, the Sense of Honour, the Kabyle House or the World Reversed*, Cambridge, London, New York and Melbourne: Cambridge University Press, 1979.

17. Brett, Michael and Elizabeth Fentress, *The Berbers*, Oxford& Cambridge: Blackwell, 1996.

18. Burke, Edmund, "Theorizing the Histories of Colonialism and Nationalism in the Arab Maghrib-Beyond Colonialism and Nationalism in North Africa," http://findarticles.com/p/articles/mi_m2501/is_n2_v20/ai_21187376/?tag=content;col1.

19. Celik, Zennep, Empire, *Architecture and the City: French-Ottoman Encounters, 1830-1914*, Seattle & London: University of Washington Press, 2008.

20. "Charter of the MAK, For the Rights of the Kabylian People and Kabylia," http://www.kabylia.info/charter-mak-rights-kabylian-people-and-kabylia.

21. "Chronology for Berbers in Algeria," http://www.cidcm.umd.edu/mar/chronology.asp?groupId=61501.

22. Cline, Walter, "Berber Dialects and Berber Script," *Southwestern Journal of Anthropology*, University of New Mexico, Vol. 9, No. 3 (Autumn, 1953), pp. 268-276, http://www.jstor.org/stable/3628698.

23. Derradji, Abder Rahmane, *A Concise History of Political Violence in Algeria, 1954-2000: Brothers in Faith, Enemies in Arms*, Lewiston, Queenston and Lampeter: Edwin Mellen Press, 2002.

24. Derradji, Abder Rahmane, *The Algerian Guerrilla Campaign: Strategy and Tactics*, Lewiston: Edwin Mellen Press, 1997.

25. Evans, Martin and John Phillips, *Algeria: Anger of the Dispossessed*, New Haven and London: Yale University Press, 2007.

26. Faiola, Anthony, "In Algeria, A Chill in the Arab Spring," http://www.washingtonpost.com/world/in-algeria-a-chill-in-the-arab-spring/2011/04/07/AFdA9E4C_story.html.

27. Galula, David, *Pacification in Algeria*, Santa Monica, Arlington, and Pittsburgh: Rand Corporation, 2006.

28. Goodman, Jane E. and Paul A. Silverstein ed., *Bourdieu in Algeria: Colonial Politics, Ethnographic Practices, Theoretical Developments*, Lincoln & London: University of Nebraska Press, 2009.

29. Goodman, Jane E., *Berber Culture on the World Stage: From Village to Video*, Bloomington and Indianapolis: Indiana University Press, 2005.

30. Gosnell, Jonathan K., *The Politics of Frenchness in Colonial Algeria, 1930-1954*, Rochester: University of Rochester Press, 2002.

31. Grandmaison, Olivier Le Cour and Le Monde Diplomatique, "Torturein in Algeria: Past Acts That Haunt France: Liberty, Eequality and Colony," http://www.algeria-watch.org/en/analyses/grandmaison_torture_algeria.htm.

32. Hannoum, Abdelmajid, "'Faut-Il Brûler L'Orientalisme?': On French Scholarship of North Africa," http://cdy.sagepub.com/content/16/1/71.

33. Hill, Jonathan N. C., *Identity in Algerian Politics: The Legacy of Colonial Rule*, Boulder & London: Lynne Rienner Publishers, 2009.

34. Hoffman, Katherine E. and Susan Gilson Miller ed., *Berbers and Others: Beyond Tribe and Nation in the Maghrib*, Bloomington and Indianapolis: Indiana University Press, 2010.

35. Ilahiane, Hsain, *Historical Dictionary of the Berbers (Imazighen),* Lanham, Toronto and Oxford: The Scarecrow Press, 2006.

36. Joffe, George ed., *North Africa: Nation, State, and Region*, London and New York:

Routledge, 1993.

37. "Kabylia Autonomy Project," http://mak.makabylie.info/Kabylia-autonomy-project-KAP?lang=en.

38. Lacey, R. Kevin and Ralph M. Coury ed., *The Arab-African and Islamic Worlds*, New York: Peter Lang Publishing Inc., 2000.

39. Laroui, Abdallah, *The History of the Maghrib: An Interpretive Essay*, Princeton: Princeton University Press, 1977.

40. Le Sueur, James D., *Algeria since 1989: Between Terror and Democracy*, London and New York: Zed Books Ltd, 2010.

41. Le Sueur, James D., *Uncivil War: Intellectuals and Identity Politics During the Decolonization of Algeria*, Lincoln and London: University of Nebraska Press, 2005.

42. Liverani, Andrea, *Civil Society in Algeria: The Political Functions of Associational Life*, London and New York: Routledge, 2008.

43. Lorcin, Patricia M. E. ed., *Algeria and France, 1800-2000: Identity, Memory, Nostalgia*, Syracuse: Syracuse University Press, 2006.

44. Macaulay, Vincent, "The Emerging Tree of West Eurasian mtDNAs: A Synthesis of Control-Region Sequences and RFLPs," http://www.stats.gla.ac.uk/~vincent/papers/980656.web.pdf.

45. Malley, Robert, *The Call from Algeria: Third Worldism, Revolution, and the Turn to Islam*, Berkeley and Los Angeles: University of California Press, 1996.

46. Marston, Elsa, *The Phoenicians*, New York: Marshall Cavendish Corporation, 2002.

47. Martinez, Luis, translated from the French by Jonathan Derrick, *The Algerian Civil War, 1990-1998*, New York: Columbia University Press, 2000.

48. McCormack, Jo, *Collective Memory: France and the Algerian War (1954-1962)*, Lanham: Lexington Books, 2010.

49. McDougall, James, *Nation, Society and Culture in North Africa*, London and Portland: Frank Cass Publishers, 2003.

50. Merrills, A. H. ed., *Vandals, Romans and Berbers: New Perspectives on Late Antique*

North Africa, Hants and Vermont: Ashgate Publishing Limited, 2004.

51. Metz, Helen Chapan ed., *Algeria: A Country Study*, GPO for the Library of Congress, Washington, 1994, http://countrystudies.us/algeria/25.htm.

52. Mhando, Lindah, *Culture and Customs of Algeria*, Santa Barbara: Greenwood Press, 2007.

53. Naylor, Philip C., *France and Algeria: A History of Decolonization and Transformation*, Gainesville: University Press of Florida, 2000.

54. Naylor, Phillip C., *Historical Dictionary of Algeria*, Lanham, Toronto, and Oxford: The Scarecrow Press, 2006.

55. Naylor, Phillip C., *North Africa: A History from Antiquity to the Present*, Austin: University of Texas Press, 2009.

56. "New Ally in the War Against Al Qaeda," http://liveshots.blogs.foxnews.com/2010/01/28/new-ally-in-the-war-against-al-qaeda/.

57. Nisan, Mordechai, *Minorities in the Middle East: A History of Struggle and Self-Expression*, Jefferson: McFarland & Co., 2002.

58. Norris, Harry T., *The Berbers in Arabic Literature*, Harlow: Longman Group, 1982.

59. Ottaway, David and Marina Ottaway, *Algeria: The Politics of a Socialist Revolution*, Berkeley and Los Angeles: University of California Press, 1970.

60. Pfeifer, Karen, *Agrarian Reform under State Capitalism in Algeria*, Boulder and London: Westview Press, 1985.

61. Philipps, John, "Two–Term Limit Abolished by Lawmakers," *Washington Times*, http://www.washingtontimes.com/news/2008/nov/13/two-term-limit-abolished-by-lawmakers/.

62. "The Political Reforms being Implemented in Algeria Meet the Expectations and Aspirations of the Algerian People, Says U.S. Ambassador to Algeria," http://www.algeria-us.org/algeria-us-relations-overview-mainmenu-227/998-les-reformes-politiques-engagees-en-algerie-repondent-aux-attentes-du-peuple-algerien-ambassadeur-des-etats-unis.html.

63. "President Bouteflika Meets with New U.S. Ambassador Henry S. Ensher," http://www.algeria-us.org/algeria-us-relations-overview-mainmenu-227/987-president-bouteflika-

meets-with-new-us-ambassador-henry-s-ensher.html.

64. Quandt, William B., *Between Ballots and Bullets: Algeria's Transition from Authoritarianism*, Washington, D.C.: Brookings Institution Press, 1998.

65. Roberts, Hugh, "Algeria between Eradicators and Conciliators," *Middle East Report*, No. 189, pp. 24-27, Middle East Research and Information Project, http://www.jstor.org/stable/3013109.

66. Roberts, Hugh, "Perspectives on Berber Politics: On Gellner and Masqueray, or Durkheim's Mistake," *The Journal of the Royal Anthropological Institute*, Royal Anthropological Institute of Great Britain and Ireland, Vol. 8, No. 1 (Mar., 2002), pp. 107-126,.

67. Roberts, Hugh, "Radical Islamism and the Dilemma of Algerian Nationalism: The Embattled Arians of Algiers," *Third World Quarterly*, Volume 10, Issue 2, April, 1988, pp. 556-589.

68. Roberts, Hugh, "The Algerian State and the Challenge of Democracy," *Government and Opposition*, Volume 27, Issue 4, October, 1992, pp. 433-454.

69. Roberts, Hugh, *The Battlefield: Algeria 1988-2002, Studies in a Broken Polity*, London and New York: Verso, 2003.

70. Roberts, Hugh, "The Economics of Berberism: The Material Basis of the Kabyle Question in Contemporary Algeria," *Government and Opposition*, Volume 18, Issue 2, April, 1983, pp. 218-235.

71. Roberts, Hugh, "The Unforeseen Development of the Kabyle Question in Contemporary Algeria," *Government and Opposition*, Volume 17, Issue 3, July, 1982, pp. 312-334.

72. Ruedy, John, *Land Policy in Colonial Algeria: The Origins of the Rural Public Domain*, Berkeley and Los Angeles: University of California Press, 1967.

73. Ruedy, John, *Modern Algeria: The Origins and Development of a Nation*, Bloomington and Indianapolis: Indiana University Press, 2005.

74. Silverstein, Paul A., *Algeria in France: Transpolitics, Race, and Nation*, Bloomington and Indianapolis: Indiana University Press, 2004.

75. Silverstein, Paul A., "Rebels and Martyrs: The Mobilization of Kabyle Society and the Assassination of Lounes Matoub," http://www.merip.org/mer/mer208/rebels-martyrs.

76. "Singer-activist Ferhat Mehenni's Campaign for Liberal Self-government," http://www.kabylia.info/politic/singer-activist-ferhat-mehenni%E2%80%99s-campaign-liberal-self-government.

77. Stone, Martin, *The Agony of Algeria*, London: Hurst & Company, 1997.

78. Stora, Benjamin, *Algeria, 1830-2000: A Short History*, translated by Jane Marie Todd, foreword by William B. Quandt, Ithaca and London: Cornell University Press, 2001.

79. "The Swelling Anger of Algerians," *The Economist*, Vol. 359, Iss. 8227, June 23, 2001, p. 41.

80. TAHI, Mohand Salah, "North African Berbers and Kabylia's Berber Citizens' Movement," http://www.tamazgha.fr/North-African-Berbers-and-Kabylia-s-Berber-Citizens-Movement,225.html.

81. Takeyh, Ray, "Islamism in Algeria: A Struggle between Hope and Agony," http://www.cfr.org/world/islamism-algeria-struggle-between-hope-agony/p7335.

82. Veugelers, John W. P., "Tocqueville on the Conquest and Colonization of Algeria," http://jcs.sagepub.com/content/10/4/339.

83. Volpi, Frederic, *Islam and Democracy: The Failure of Dialogue in Algeria*, London and Sterling: Pluto Press, 2003.

84. Wall, Irwin M., *France, the United States, and the Algerian War*, Berkeley and Los Angeles: University of California Press, Berkeley, 2001.

85. Waltz, Susan E., *Human Rights and Reform: Changing the Face of North African Politics*, Berkeley and Los Angeles: University of California Press, 1995.

86. Werenfels, Isabelle, *Managing Instability in Algeria: Elites and Political Change since 1995*, London and New York: Routledge, 2007.

87. Willis, Michael, *The Islamist Challenge in Algeria: A Political History*, New York: New York University Press, 1997.

88. Wolf, John B., *The Barbary Coast: Algiers under the Turks, 1500 to 1830*, Toronto:

George J. McLeod Limited, 1979.

89. Yacine, Tassadit, "Pierre Bourdieu in Algeria at War: Notes on the Birth of an Engaged Ethnosociology," http://eth.sagepub.com/cgi/content/abstract/5/4/487.

90. Zarobell, John, *Empire of Landscape: Space and Ideology in French Colonial Algeria*, University Park: Pennsylvania State University Press, 2010.

91. Zartman, I. William and William Mark Habeeb ed., *Polity and Society in Contemporary North Africa*, Boulder and Summertown: Westview Press, 1993.

后　记

2008年，我开始关注阿尔及利亚的柏柏尔人问题。通过初步研究，我发现该问题对理解阿尔及利亚民族国家的构建以及阿尔及利亚的政治局势具有重要意义，于是决定将其作为我的博士论文选题。2012年6月，我的论文通过答辩，并有幸获得北京大学优秀博士学位论文奖。北非研究是一个广阔的领域。毕业以来，我继续对北非柏柏尔人问题、阿尔及利亚和北非的国别与区域问题展开研究。我深知，作为一名青年学者，自己还需加倍努力。

在此，我要特别感谢拨冗参加博士论文答辩的中华人民共和国外交部前副部长杨福昌教授。杨福昌教授对论文内容给予了肯定，认为“不落俗套”，不仅指出了研究的现实意义，而且指明了未来的研究方向。杨福昌教授还在百忙之中为书稿作序。于我而言，这是莫大的支持和鼓励。

感谢我的导师吴冰冰老师。吴老师是我在阿拉伯伊斯兰文化研究上的领路人。在选题阶段，吴老师肯定了柏柏尔人问题研究的学术价值，坚定地支持我开展研究。吴老师严谨治学的态度深深地感染了我。我的论文从初稿到定稿都是在吴老师的指导下完成的。特别是在修改阶段，吴老师不辞辛劳，悉心指导，倾注了大量的心血。

感谢北京大学阿拉伯语系多位教授对我的关心和培养。在选题及初稿撰写的过程中，谢秩荣教授为我提供了许多指导和建议。陈嘉厚教授、仲跻昆教授、张甲民教授、付志明教授、林丰民教授、李生俊教授，均提供了许多有益的意见和建议。付志明教授、林丰民教授还为论文的开题、综合审查和答辩进行了辛苦的组织协调工作。

感谢北京大学非洲研究中心主任李安山教授对我的指点和帮助。李安山教授担任了我的博士论文答辩委员会主席。他的真知灼见，特别是关于非洲民族主义、法国对非洲殖民史等方面的见解对本书的完善和定稿起到了非常重要的作用。

感谢中国现代国际关系研究院李荣研究员。李老师提出的通过研究总结启示的建议为我进一步深化研究指出了方向。

感谢北京大学阿拉伯语系袁琳、肖坤两位老师，她们既是我的同窗又是我的好友，感谢她们在五年时间里对我的鼓励和支持。

感谢工作单位对外经济贸易大学阿拉伯语系杨言洪教授、葛铁鹰教授及阿拉伯语系全体教师，没有他们的支持，我无法完成学业。感谢对外经济贸易大学阿拉伯语系2008级、2010级本科生，他们的青春活力给我带来了前进的动力。

本书写作不易，凝聚了多年的心血和汗水，其间数易其稿，艰辛自不待言。感谢我的家人做出的牺牲和默默支持，特别是我的女儿罗佩韦小朋友，她的健康成长是我最大的慰藉。

本书得以顺利付梓，仰赖于社会科学文献出版社的支持。感谢社会科学文献出版社全球与地区问题出版中心副主任、国际问题编辑室主任高明秀女士，以及出版社编辑们的无私帮助和辛勤劳动。

纸短情长。落笔沉思，唯有勤勉不懈、不断进步，对国家和社会有所贡献，才能报答母校和所有在我成长道路上给予过帮助的人们。

2015年6月

于北京

图书在版编目(CIP)数据

阿尔及利亚柏柏尔主义研究 / 黄慧著. —北京：社会科学文献出版社，2015.10
ISBN 978-7-5097-8051-0

Ⅰ. ①阿…　Ⅱ. ①黄…　Ⅲ. ①民族运动－研究－阿尔及利亚　Ⅳ. ①D741.562

中国版本图书馆CIP数据核字（2015）第225715号

阿尔及利亚柏柏尔主义研究

著　　者 / 黄　慧

出 版 人 / 谢寿光
项目统筹 / 高明秀
责任编辑 / 王晓卿　赵晶华

出　　版 / 社会科学文献出版社·全球与地区问题出版中心（010）59367004
地址：北京市北三环中路甲29号院华龙大厦　邮编：100029
网址：www.ssap.com.cn
发　　行 / 市场营销中心（010）59367081　59367090
读者服务中心（010）59367028
印　　装 / 三河市尚艺印装有限公司

规　　格 / 开　本：787mm×1092mm　1/16
印　张：14　字　数：218千字
版　　次 / 2015年10月第1版　2015年10月第1次印刷
书　　号 / ISBN 978-7-5097-8051-0
定　　价 / 69.00元